변화하는 한국유권자 3

EAI 여론분석 시리즈 ⑤
변화하는 한국유권자 3

지은이 김민전 · 이내영 공편
발행자 이홍구
발행처 (재) 동아시아연구원
편 집 신영환
디자인 유정화
표지 디자인 송성재
발행일 2009년 4월 15일

주소 서울 중구 을지로 4가 310-68 삼풍빌딩 909호
전화 02-2277-1683 (代)
팩스 02-2277-1684
홈페이지 www.eai.or.kr

등록 제2-3612호 (02.10.7)

값 17,000원
ISBN 89-92395-09-0 (93300)

변화하는 한국유권자 3

패널조사를 통해 본 18대 국회의원선거

김민전 · 이내영 공편

EAI

| 서문 |

17대 대선에서 이명박 후보는 유효 투표수의 48.7%를 획득해 26.1%를 얻은 정동영 후보를 가볍게 누르고 대통령으로 당선되었다. 단순히 득표율의 차이만 컸던 것이 아니라 호남을 제외한 전국에서 승리함으로써 내용적으로도 완승을 했다. 이 때문에 대선 후 4개월 만에, 그리고 이명박 대통령의 취임 후 2개월 만에 실시되는 18대 국회의원선거에서 여당인 한나라당은 내심 200석 이상의 의석을 기대하기고 있었을 것이다.

사실 한나라당의 기대가 과도한 것은 아니었다. 대선이 있은 지 1년 이내의 선거는 대통령의 후광효과coattail effect 때문에 여당이 유리하지만, 그 이후의 선거는 중간평가효과midterm effect가 작동하기 때문에 여당에 불리하다는 이론도 있고, 사회균열이 상당 기간 고정되기fixed 때문에 정당체계가 동결된다freeze는 이론도 있기 때문이다. 모두 한나라당이 대선에서 얻은 표만큼 혹은 그 이상으로 국회의원선거에서도 표를 획득할 수 있을 것이라는 예측을 가능케 하는 근거였다. 또 2004년 국회의원선거에서는 탄핵의 역풍이라고들 하지만 소수여당이 몸집 불리기에 성공하는 것도 보았기 때문이다.

그러나 18대 국회의원선거 결과는 예상과는 상당히 달랐다. 한나라당은 기대 의석보다 약 50석이 적은 153석을 얻는 데 거쳤다. 뿐만 아니라 한나라당의 실세로 알려진 인물들이 낙선의 고배를 마시는 이변이 발생하기도 했다. 그러나 그렇다고 해서 17대 대통령선거와 18대 국회의원선거의 결과가 단절적이라고 말하는 것은 지나치다. 한나라당이 원내 과반을 차지하는데 성공했다는 측면에서 보면 결국 18대 국회의원선거 결과는 대통령선거의 연속선상에 있다고 할 수 있다.

이 책은 이와 같은 17대 대통령선거와 18대 국회의원선거에서 나타난 유권자의 태도와 투표결정에 있어서의 연속성과 변화를 살펴보는 데 목적이 있다. 이 책은 크게 3부로 나누어진다. 제1부는 18대 국회의원 선거 결과와 관련된 주요 이론적인 쟁점을 다루고 있다. 18대 국회의원선거에 있어서의 정당지지의 재편이 구조적인 것인지 아니면 일시적인 것인지, 16대 대통령선거와 17대 국회의원선거에서 급부상한 386세대가 연령효과인지 아니면 세대효과인지, 그리고 상충적 태도를 가진 유권자가 민주주의의 적인지 아니면 이상적인 유권자인지에 대한 답을 구하고자 한다.

제2부에서는 4개월의 시차로 치러진 17대 대통령선거와 18대 국회의원선거에서 나타난 유권자 투표결정의 유사성과 상이성을 추적하고 있다. 지역, 이념, 세대 등과 같은 사회균열과 경제투표에 있어서 두 차례의 선거가 어느 정도의 유사성과 상이성을 지

니고 있는지 고찰하고 있다. 또한 부동층을 고찰함으로써 대통령선거와 국회의원선거에서 나타나는 유사성과 상이성의 원인을 살펴보고 있다.

그리고 국회의원선거는 정당뿐만 아니라 의원의 의정활동, 후보의 자질 등과 같은 후보자 개인의 요소가 작용하고 있다는 점을 감안해 제3부에서는 후보자가 선거결과에 미치는 영향을 고찰하고 있다. 이를 위해 현지효과와 의정활동이 선거결과에 미치는 영향을 검증하고 있다.

이 책에 글을 실은 필자들은 모두 동아시아연구원·중앙일보·SBS·한국리서치가 공동 기획한 패널조사에 함께 참여했던 연구진이다. 패널조사는 2007년 4월부터 2008년 4월까지 1년간 총 8회 실시되었기 때문에 두 선거 간의 연속성과 변화를 추적하기에 다른 어떤 연구보다도 많은 이점을 지닌다고 할 수 있다. 원표본수 3,503명이라는 국내조사로서는 이례적으로 큰 표본수에서 시작해 마지막 조사의 표본수를 1,153명으로 유지할 수 있었던 것 역시 연구결과를 탄탄하게 뒷받침해주고 있다. 특히, 두 선거의 시차가 4개월밖에 되지 않는다는 점은 우리의 연구를 더욱 흥미롭고 값지게 한다.

이 조사가 실시되고 또 이 책이 나오기까지 많은 분들의 도움을 받았지만, 이숙종

원장을 비롯한 동아시아연구원 가족들의 노고가 가장 컸음을 더 말할 나위가 없다. 지면을 빌어 다시 한 번 감사의 말씀을 전하고자 한다.

2009년 4월
필자들을 대신하여 김민전 · 이내영

목차

- 서문
- 2008년 총선 패널조사의 방법과 운용 _김춘석·박종선 ··· 17

제1부 18대 국회의원선거의 주요 쟁점

1. 18대 총선의 정당지지의 재편 : 일시적 현상인가, 구조적 변화인가? _이내영 ··· 33
2. 386 세대는 어디로 갔나? : 2007년 대선과 2008년 총선에서의 이념과 세대 _강원택 ··· 69
3. 상충적 태도의 유권자 : 민주주의의 적인가, 이상적 유권자인가? _유성진 ··· 99

제2부 18대 국회의원선거와 17대 대통령선거의 유사성과 상이성

4. 투표참여와 학력수준 _서현진 ··· 131
5. 18대 국회의원선거에 나타난 '부동층' _진영재·김민욱 ··· 161
6. 사회균열과 투표선택 : 지역·세대·이념의 영향 _박찬욱 ··· 181
7. 경제가 선거에 미치는 영향 : 17대 대선과 18대 총선에서의 경제투표 _정한울·권혁용 ··· 205

제3부 후보자와 선거 결과

8. 의원의 의정활동과 재선 결과 : 성실성·이념성·당파성에 대한 평가를 중심으로 _김민전 ··· 243
9. 18대 총선과 현직효과 _임성학 ··· 281

부록 ··· 303

2008년 총선 패널조사의 방법과 운용

[표1] 총선 패널조사 조사설계 … 19
[표2] 2008년 총선 패널조사 패널유지율 … 19
[표3] 2007년 대선 패널조사 원 표본 대비 패널유지율 … 20
[표4] 2008년 총선 패널조사의 조사회수 및 조사기간 … 22
[표5] 언론보도 일지 … 23
[표6] 응답자 특성별 패널유지율 … 25
[표7] 대선 관심도 … 27
[표8] 대선 투표의향 … 27
[표9] 대선후보 선호도 … 28
[표10] 노무현 대통령 국정운영 지지도 … 28

제1부

[표1] 17대 총선 결과 … 36
[표2] 18대 총선 결과 … 36
[표3] 17대 총선과 18대 총선에서의 지지정당 교차분석 … 46
[표4] 17대 총선, 17대 대선과 18대 총선에서의 정당 지지기반 변화 … 49
[표5] 통합민주당 고정지지자와 지지이탈자의 인구학적 배경과 정치적 태도의 비교 … 51
[표6] 통합민주당 이탈요인에 관한 로지스틱 회귀분석 결과 … 54
[표7] 한나라당 고정지지층과 신규지지층의 인구학적 특징과 정치적 태도의 비교 … 56
[표8] 한나라당의 공천 후보 공천결과에 대한 평가 … 58
[표9] 정당의 공천결과가 지지 후보나 정당 선택에 미친 영향 … 58
[표10] 현직의원의 4년간의 의정활동에 대한 평가 … 60
[표11] 특정 정치인에 대한 호감도 비교 … 61
[표12] 주요 정당 투표자의 고향별 분포 … 62

표목차

②

[표1] 이명박-정동영 지지에 대한 이항 로지스틱 모델 … 73
[표2] 다항 로지스틱 모델 : 총선에서 주요 3당에 대한 투표 결정 요인(지역구) … 77
[표3] 가구소득과 교육별 주관적 이념 평균 … 79
[표4] 각 쟁점 정책과 가구소득, 교육수준 간의 상관관계 … 80
[표5] 투표한 후보와 정당별 유권자의 이념 성향 … 81
[표6] 2002년 대통령 선거에서의 세대별 투표 행태 … 83
[표7] 2007년 대선과 2008년 총선에서의 세대별 투표 행태 … 85
[표8] 386세대의 투표 선택의 변화 … 86
[표9] 출생 연대별 이념 평균과 주요 후보와의 이념 거리 … 87
[표10] 구체적인 쟁점 정책에 대한 세대별 태도 … 89
[표11] 대통령 선거에서 유권자가 스스로 가장 중요하게 생각하는 정책 과제 … 91
[표12] 2008년 총선 투표 결정에서 지역개발 공약에 대한 영향 … 93

③

[표1] 정당에 대한 태도에 따른 응답자 구성 … 111
[표2] 정당에 대한 유권자 태도와 후보결정시기 … 115
[표3] 정당에 대한 유권자의 태도와 투표참여 … 116
[표4] 정당에 대한 유권자의 태도와 총선캠페인 뉴스 시청빈도(TV) … 119
[표5] 정당에 대한 유권자의 태도와 총선캠페인 뉴스 습득빈도(신문) … 119
[표6] 정당에 대한 유권자의 태도와 총선캠페인 뉴스 검색빈도(인터넷) … 120

제2부

4

[표1] 사회경제적 배경과 투표참여(ANOVA 분석) … *140*
[표2] 선거관심, 이념, 정당 변수와 투표참여(ANOVA 분석) … *141*
[표3] 학력수준과 SES(ANOVA 분석) … *144*
[표4] 학력수준과 이념 그리고 정당지지 성향(ANOVA 분석) … *145*
[표5] 학력수준과 정치 태도(ANOVA 분석) … *152*
[표6] 학력수준과 이명박 정부에 대한 기대(ANOVA 분석) … *153*

5

[표1] 17대 대선과 18대 국회의원선거 사이에 나타난 부동층의 정당 지지 행태 … *169*
[표2] 17대 대선 기간에 나타난 부동층의 정당 지지 행태 … *170*

6

[표1] 2007 대선 주요 후보자 지역별 공식 득표율 … *184*
[표2] 2008 총선(비례) 주요 정당의 지역별 공식 득표율 … *185*
[표3] 유권자의 거주지역별 정당투표 : 2008 총선(비례) … *189*
[표4] 유권자의 세대별 투표선택 : 2008 총선(비례) 보수 대 진보 정당 … *194*
[표5] 유권자의 이념성향별 투표선택 : 2008 총선(비례) 보수 대 진보 정당 … *197*

표목차

[표1] 경제인식의 변화와 정당 지지의 변화 : 2007년 8월-2008년 3월 … *220*
[표2] 대선투표시점 국가경제 평가와 대선투표 … *222*
[표3] 총선투표시점 국가경제 평가와 18대 총선 지지후보 … *222*
[표4] 대선시기 국가 최우선 과제 인식과 과제별 해결능력 기대 후보 … *226*
[표5] 총선시기 국가 최우선 과제 평가와 해당 과제별 기대 정당 … *227*
[표6] 총선시점 국가경제평가 차이에 따른 지역별 총선투표 패턴 … *233*
[표7] 총선시점 국가경제평가 차이에 따른 정당지지와 총선투표 패턴 … *234*
[부록] 조사 차수별 정당지지 재분류 기준

제3부

[표1] 17대 국회 정당별 본회의 출석률 및 법안발의 건수 … *251*
[표2] 18대 당선자와 낙선자의 본회의 출석률 및 법안발의 건수 … *251*
[표3] 연도별 본회의 표결 건수 … *254*
[표4] 연도별, 정당별 정당충성도 지수 … *254*
[표5] 이념과 정당충성도 … *258*
[표6] 선수와 정당충성도 … *259*
[표7] 지역구와 정당충성도 … *261*
[표8] 지역구의원 및 비례대표의원의 정당충성도 … *262*
[표9] 재출마와 정당충성도 … *263*
[표10] 18대 당선자와 낙선자의 본회의 출석률 및 법안발의 건수 … *265*
[표11] 18대 국회의원선거 당락과 정당충성도 … *266*
[표12] 18대 국회의원선거 당락과 이념성향 … *266*
[표13] 18대 국회의원선거 결과 회귀분석 … *269*
[표14] 18대 국회의원선거 결과 프로빗 분석 … *272*

그림목차

9

[표1] 현직과 비현직의 후보득표율과 후보요인득표율의 평균 ⋯ 286
[표2] 현직, 당락과 후보요인평균득표율 ⋯ 287
[표3] 미국 하원 현직후보의 재선율 ⋯ 288
[표4] 선거비용 보전을 받은 현직, 비현직 후보의 선거비용 평균액수 ⋯ 295

제1부

3

[그림1] 태도에 관한 일차원적/양극적 관점 ⋯ 102
[그림2] 태도에 관한 이차원적/양변적 관점 ⋯ 104
[그림3] 이차원적/양변적 관점에서 본 개인의 대상에 대한 태도 ⋯ 105
[그림4] 유권자 태도와 미결정층 ⋯ 113

제2부

4

[그림1] 역대 선거 투표율 변화 ⋯ 132
[그림2] 기권 이유 변화 ⋯ 136
[그림3] 학력수준과 보수 세력 지지 ⋯ 146
[그림4] 학력수준과 정책 이슈 입장 차이 ⋯ 148
[그림5] 학력수준과 총선 의미 ⋯ 150

그림목차

6

[그림1] 유권자 거주지역별 투표선택 : 2007 대선 정동영 후보와 2008 총선(비례) 통합민주당 … *187*

[그림2] 유권자의 거주지역별 투표선택 : 2007 대선 이명박 후보와 2008 총선(비례) 한나라당과 친박연대 합계 … *188*

[그림3] 유권자 거주지역별 투표선택 : 2007 대선 이회창 후보와 2008 총선(비례) 자유선진당 … *188*

[그림4] 유권자의 세대별 투표선택 : 2007 대선 … *191*

[그림5] 유권자의 세대별 투표선택: 2008 총선에서 한나라당, 친박연대, 자유선진당의 경우 … *192*

[그림6] 유권자의 세대별 투표선택 : 2008 총선에서 통합민주당, 민주노동당, 창조한국당의 경우 … *193*

[그림7] 유권자의 이념성향별 투표선택 : 2007 대선 … *195*

[그림8] 유권자의 이념성향별 투표선택 : 2008 총선에서 한나라당, 친박연대, 자유선진당의 경우 … *196*

[그림9] 유권자의 이념성향별 투표선택 : 2008 총선에서 통합민주당, 민주노동당, 창조한국당의 경우 … *196*

7

[그림1] 경제심판론(5년 경제회고)과 대선 투표 … *216*

[그림2] 경제심판론(5년 경제회고)과 총선투표 … *216*

[그림3] 향후 5년 경제 전망과 대선투표 … *224*

[그림4] 향후 5년 경제 전망과 총선투표 … *225*

[그림5] 경제문제 해결 기대 후보 별 대선 투표 … *229*

[그림6] 경제문제 해결 기대 정당 별 총선 투표 … *230*

그림목차

제3부

8

[그림1] 이념과 정당충성도 ··· *257*

9

[그림1] 역대 총선 당선자 선수별 분포율 ··· *289*
[그림2] 역대 총선 공천자 중 신인 비율 ··· *290*

2008년 총선 패널조사의 방법과 운용

김춘석 · 박종선

 동아시아연구원 · 중앙일보 · SBS · 한국리서치의 4개 기관은 2006년 지방선거와 2007년 대통령선거 당시 패널조사를 활용하여 다양한 결과를 분석, 보도한 바 있다. 이는 한국의 선거 보도 및 연구에 있어서 획기적인 시도인 동시에 기념비적인 성과로 평가받고 있다. 이러한 성과를 지속적으로 이어가기 위해 4개 기관은 2008년 총선에서 세 번째 패널조사를 진행하였다.
 2008년 총선은 정권교체 이후 실시되는 최초의 대규모 선거라는 점에서 민심의 향방을 판단할 수 있는 중요한 잣대가 되었다. 특히, 한나라당의 절대안정의석(168석) 확보 여부, 민주당의 개헌저지지선(100석) 확보 여부, 친박연대의 성공 여부, 자유선진당의 원내교섭단체 구성 여부, 민주노동당과 진보신당의 성공 여부 등에 관심이 집중된 선거였다.
 이러한 의미를 감안하여, 시간의 흐름에 따라 변화하는 유권자의 태도를 측정하고 원인을 분석할 수 있는 패널조사라는 방법론을 선택하였으며, 특히 2007년 대선 패널조사에 참여한 패널을 다시 활용하여 총선 패널조사를 진행함으로써 조사의 연속성을 확보하고자 했다. 구체적으로 대선 패널조사에서 구축한 3,503명의 최초 패널 중 6차 조사까지 지속적으로 참여한 2,111명의 대선패널을 대상으로 총선 패널조사를 진행하였다. 이처럼 대선 패널조사에 참여한 패널을 이용함으로써, 2007년 4월부터 2008년 4월까지(대선에서 총선까지)의 유권자들의 인식변화를 추적하여 분석할 수 있다는 이점을 가질 수 있었다.

본 장에서는 동아시아연구원·중앙일보·SBS·한국리서치 4개 기관이 총선 패널조사의 성공적인 진행을 위해 실시한 다양한 방법에 대해 설명하고, 실제 조사표본의 대표성을 얼마나 확보할 수 있었는지 구체적으로 정리하고자 한다.

총선 패널조사의 조사설계

2008년 총선 패널조사는 2007년 대선 패널조사의 최종 유효패널을 대상으로 진행한 조사라는 점에서 대선 패널조사의 조사설계와 유사한 설계를 가진다. 구체적인 조사설계는 다음과 같다.

조사대상 및 조사표본

2008년 총선 패널조사의 1차 조사는 2007년 대선 패널조사의 최종 유효표본 (1차 조사에서 6차 조사까지 모두 참여한 패널) 2,111명을 대상으로 진행하였다. 그 결과 1,370명에 대해 1차 조사를 성공하여 64.9%의 성공률을 보였다. 2007년 대선 패널조사의 원 표본(3,503명) 중에서는 39.1%에 해당한다.

[표1] 총선 패널조사 조사설계

구분	1차 조사	2차 조사
조사대상	대선패널조사 최종 유효표본 2,111명	1차 조사 참여자 1,370명
조사표본	1,370명	1,153명
조사방법	컴퓨터를 이용한 전화면접조사 (Computer Aided Telephone Interview: CATI)	
표집오차	± 2.6%	± 2.9%
가중치부여	모집단의 지역별(권역별), 성별, 연령별(10세단위), 학력별 분포에 따라 가중치를 부여함	
조사기간	2008. 3. 16 – 18(3일간)	2008. 4. 10 – 11(2일간)

[표2] 2008년 총선 패널조사 패널유지율

구분	표본	패널유지율
1차 조사	1,370명	–
2차 조사	1,153명	84.2%

 2차 조사는 1차 조사 참여자 1,370명을 대상으로 진행하였으며, 그 중 1,153명에 대해 조사를 성공하였다. 조사대상 표본 대비 84.2%의 성공률이다. 이는 2007년 대선 패널조사의 원 표본 대비 32.9%에 해당하는 비율이다.
 이전과 비교할 때, 총선 1차 조사에서 패널유지율이 크게 떨어진 것은 사전에 조사계획이 수립되어 있지 않았다는 데에 그 원인이 있다. 당초 대선 패널

조사를 진행할 당시 총선 패널조사에 대해 고려하지 못했기 때문에 연속성 있는 패널유지율을 기대하기 어려웠던 것이다. 조사대상 패널들이 1차 조사 이전까지 총선 패널조사 진행 사실을 전혀 알지 못했고, 대선 6차 조사 이후 패널 관리를 위한 대응이 전무했다는 점에서 패널유지율의 급감은 사전에 충분히 예상된 결과이다.

[표3] 2007년 대선 패널조사 원 표본 대비 패널유지율

조사차수	조사표본	패널유지율
대선 1차 조사	3,503명	-
대선 2차 조사	2,911명	83.1%
대선 3차 조사	2,524명	72.1%
대선 4차 조사	2,382명	68.0%
대선 5차 조사	2,208명	63.0%
대선 6차 조사	2,111명	60.3%
총선 1차 조사	1,370명	39.1%
총선 2차 조사	1,153명	32.9%

조사방법

2008년 총선 패널조사는 컴퓨터를 이용한 전화면접조사Computer Assisted Telephone Interview: CATI 방법을 활용하였다. 컴퓨터를 이용한 전화면접조사는 응답자 재접촉 예약, 응답자 접촉횟수 지정, 패널 참여 거부횟수 등을 자동으로 축적되는 정량적인 자료를 통해 확인할 수 있으며, 이를 기반으로 패널 대상자 요건 판정을 할 수 있다는 점에서 패널조사에 특히 유용한 측면이 있다.

가중치 부여

조사결과에 대해서는 패널 할당변인(지역별·성별·연령별)과 학력별 가중치를 부여하였다. 할당변인인 지역·성·연령은 각각의 교차 값을 기준으로, 학력은 전체 값을 기준으로 가중치를 부여하였다. 지역별·성별·연령별 가중치는 2006년 12월 31일을 기준으로 한 주민등록 인구현황을, 학력 가중치는 2005년

$$S_{ij} = \frac{P_{ij}}{N} \cdot n$$

$$W_{ij} = \frac{S_{ij}}{R_{ij}}$$

W_{ij} : ij번째 가중값
N : 전체 유권자수
n : 전체 유효표본수
P_{ij} : ij번째 유권자수
S_{ij} : ij번째 할당표본수
R_{ij} : ij번째 유효표본수

인구센서스 결과를 기준으로 하였다. 가중치를 부여한 방식을 수식화하면 다음과 같다.

가중값은 지역별, 성별, 연령별 교차 가중값과 학력 전체 가중값을 가중하는 방식으로 부여하였으며, 최종 결과가 최초 할당값과 유사한 수준이 될 때까지 가중값 부여 절차를 지속하였다.

조사회수 및 조사기간

2008년 총선 패널조사는 선거 전과 선거 후로 구분하여 총 2회로 진행하였다. 총선의 경우, 대선과는 달리 경쟁구도가 조기에 확정되기 어려울 뿐 아니라 선거에 대한 관심도 상대적으로 낮다는 점에서 선거 당일로부터 지나치게 이

른 시점에서의 조사 진행이 어렵다는 특징이 있다. 때문에 총선 패널조사의 전반적인 조사기간(1차 조사부터 최종 조사까지의 전체 기간)은 1개월 이상으로 설정하는 것이 현실적으로 어렵다고 하겠다. 본 조사에서는 1개월 이내라는 전체 조사기간과 함께 선거상황의 변화가능성, 그리고 조사비용 등을 종합적으로 고

[표4] 2008년 총선 패널조사의 조사회수 및 조사기간

조사회수	조사기간
2회 조사	- 1차 조사 : 2008. 3. 16 - 18 - 2차 조사 : 2008. 4. 10 - 11

참고 : 2007년 대선 패널조사의 조사회수 및 조사기간

조사회수	조사기간
6회 조사	- 1차 조사 : 2007. 4. 25 - 28 - 2차 조사 : 2007. 8. 10 - 13 - 3차 조사 : 2007. 10. 17 - 20 - 4차 조사 : 2007. 11. 25 - 27 - 5차 조사 : 2007. 12. 11 - 12 - 6차 조사 : 2007. 12. 20 - 21

려하여 총선 패널조사의 전체 조사회수를 2회로 설정하였다. 선거 전 1차 조사는 후보자 간 경쟁구도가 어느 정도 확정되고, 선거상황의 변화를 기대할 수 있는 시점을 고려하여 3월 16일에 시작, 3일간 진행하였다. 선거 후 조사는 선거가 종료된 이후 가장 빠른 시간에 진행하는 것이 효과적이라는 현실적인 이유로 선거 익일(4월 10일)부터 2일간 진행하였다.

조사결과의 활용

한국리서치는 가중치를 부여한 최종 데이터를 토대로 다음 두 가지 형태의 데이터를 산출하였다. 첫째, 원 자료 raw data를 통계분석 프로그램인 SPSS 파일로 전환하였다. 둘째, 개별문항을 인구·사회학적 변인(성별, 연령, 학력, 직업, 소득 등) 및 주요 분석문항과 교차한 결과표를 한글파일 및 인쇄물로 작성하였다.

조사결과는 조사 직후 언론에 보도되었다.

[표5] 언론보도 일지

조사차수	보도일자 및 내용
1차 조사	[SBS 2008년 3월 21일 저녁8시 뉴스] "총선 쟁점인 대운하… 반대여론 급속히 확산" [SBS 2008년 3월 21일 저녁8시 뉴스] "대선때 이명박 후보 지지했지만…?" [중앙일보 2008년 3월 22일자 1면] "MB 찍은 사람 '3명 중 1명' 이탈" [중앙일보 2008년 3월 22일자 4면] "MB 찍은 사람 이탈 왜" [중앙일보 2008년 3월 22일일자 4면] "달라진 민심, 총선 표심 될진 미지수" [중앙일보 2008년 3월 24일 종합8면] "'이 대통령 찍은 3명 중 1명 이탈' 본지 패널조사에 정치권 회오리"
2차 조사	[SBS 2008년 4월 13일자 저녁8시 뉴스] "대운하반대여론 크게 확산… 66.6%" [SBS 2008년 4월 14일자 아침7시 뉴스] "친박연대 돌풍"의 비결은? "정당투표 덕 봤다" [중앙일보 2008년 4월 14일자 종합8면] MB에 바라는 리더십 → "안정적 화합" 44% [오마이뉴스 2008년 4월 14일자] 국민 5%만 "대운하 예정대로 추진"… 반대 증가세

언론보도에서는 패널조사의 장점을 보여주는 다양한 분석이 이루어지면서, 선거패널조사로의 의미를 충분히 살릴 수 있었다.

대선 패널조사 최종 유효 표본 이용에 따른 장단점

2008년 총선 패널조사에서 표본을 새롭게 구축하지 않고, 2007년 대선 패널조사 당시의 최종 유효 표본에서 추출한 것은 다음과 같은 다양한 효과들을 기대할 수 있기 때문이다.

첫째, 총선 기간 동안뿐 아니라 2007년 4월부터 1년 동안의 유권자들의 정당에 대한 지지 변화를 분석할 수 있다.

둘째, 대선과 총선 전 기간 동안의 유권자 인식 변화를 비교 분석함으로써 1년 동안의 시기별, 혹은 대선과 총선이라는 선거 유형별 인식 차이를 파악할 수 있다.

셋째, 유권자 인식 변화의 원인을 보다 포괄적이고 다양한 관점에서 분석이 가능하다는 장점이 있다.

마지막으로, 1년 동안의 축적된 자료를 활용함으로써, 총선 결과를 예측하는 데에 도움이 된다.

반면, 대선 패널조사를 위해 구축한 3,503명의 최초 패널에서 6차례에 걸쳐 걸러진 최종 유효 표본만을 대상으로 진행되는 조사라는 점에서, 모집단을 대표할 수 있는 대표성을 충분히 확보하고 있는지에 대한 명확한 근거가 부족하다는 단점이 있다. 또한, 패널조사를 지속적으로 참여한 응답자라는 점에서 패널오염에 따른 조사결과의 왜곡은 없는지 우려가 있을 수 있다.

[표6] 응답자 특성별 패널유지율

		대선 1차 조사	총선 2차 조사	패널유지율(%)
전체		3503	1153	32.9
성별	남자	1725	597	34.6
	여자	1778	556	31.3
연령	19 - 29세	760	210	27.6
	30 - 39세	820	273	33.3
	40 - 49세	792	278	35.1
	50 - 59세	544	189	34.7
	60세 이상	587	203	34.6
학력	중졸 이하	441	88	20.0
	고졸	1100	368	33.5
	대재 이상	1962	697	35.5
직업	화이트 칼라	967	344	35.6
	블루 칼라	493	136	27.6
	자영업	685	240	35.0
	주부	899	300	33.4
	학생	243	63	25.9
	무직/기타/무응답	216	70	32.4
소득	100만원 미만	320	78	24.4
	100 - 199 만원	458	148	32.3
	200 - 299 만원	773	265	34.3
	300 - 399 만원	778	277	35.6
	400만원 이상	1088	371	34.1
	모름/무응답	86	14	16.3

조사표본의 대표성 검증

앞서 언급한 바와 같이 대선 패널조사에 참여한 최종 유효 표본을 대상으로 총선 패널조사를 진행하였다는 점에서 조사표본이 모집단을 충분하게 대표할 수 있는 지에 대한 검증이 필요하다. 이를 위해, 첫째 응답자 특성에 따른 패널 유지율, 둘째 최초 응답자 패널과 최종 응답자 패널 간 주요 응답내용 비교라는 두 가지 측면에서 검증을 진행하였다.

응답자 특성에 따른 패널 유지율

2007년 대선 1차 조사 3,503명 대비 총선 2차 조사 1,153명의 패널유지율은 32.9%이며, 응답자 특성에 따라서는 20-35% 정도로 편차를 보이고 있다. 응답자 특성에 따른 편차가 심각한 수준으로 큰 편은 아니며 주요 특성에 대해서는 가중치로 보정했다. 따라서 응답자 특성에 따른 패널유지율의 차이로 인해 조사결과가 왜곡되었다는 근거는 찾기 어렵다. 이에 대한 실증적인 검증은 주요 문항에 대한 응답내용을 비교하면 더욱 명확하게 구분될 수 있다.

응답자 특성에 따라 패널유지율을 살펴보면 몇 가지 특징을 찾을 수 있다. 성별로는 여자보다 남자가 패널유지율이 높은 것으로 나타났으며, 학력이 높을수록, 소득이 높을수록 패널유지율이 높은 경향을 보인다. 연령별로는 30대와 40대에서 패널유지율이 높은 반면, 20대와 60대 이상에서 상대적으로 패널유지율이 낮았다. 이는 성·학력·소득·연령 등의 변수가 패널유지율에 영향을 미친다는 기존 연구 결과를 다시 한 번 확인시키는 결과이다.

최초 응답자 패널과 최종 응답자 패널 간 주요 응답내용 비교

조사 표본의 대표성을 보다 엄밀하게 검증하기 위해 주요 문항에 대한 응답 결과를 비교하여 분석하였다. 검증문항은 대선 1차 조사에서 진행한 문항 중 주요 문항을 선정하였으며, 각 문항에 대해 대선 1차 조사 당시 전체 응답자 3,503명이 응답한 결과와 총선 2차 조사 응답자 1,153명이 응답한 결과를 비교하였다. 각각의 응답결과는 모집단 분포를 반영하여 가중치를 부여한 결과이다.

[표7] 대선 관심도

(단위 : %)

	대선 1차 조사 (A)	총선 2차 조사 (B)	차이 (B-A)
사례수	3503	1153	-
매우 관심이 많다	30.2	34.5	4.3
대체로 관심이 있다	45.6	44.2	-1.4
별로 관심이 없다	21.4	19.8	-1.6
전혀 관심이 없다	2.5	1.5	-1.0

2007년 대선에 대한 관심도 응답결과를 비교하였더니, '매우 관심이 있다'는 응답이 1차 조사 패널보다 총선 2차 조사 패널에서 4.3% 낮을 뿐 다른 항목은 응답결과에 큰 차이가 없는 것으로 나타났다.

대선 투표의향에 대한 응답결과 역시, '반드시 투표하겠다'는 응답이 1차 조사 패널과 총선 2차 조사 패널 사이에 차이가 1.7%로 큰 차이가 없다.

[표8] 대선 투표의향

(단위 : %)

	대선 1차 조사 (A)	총선 2차 조사 (B)	차이 (B-A)
사례수	3503	1153	-
반드시 투표할 것이다	72.4	74.1	1.7
아마 투표할 것이다	19.5	21.0	1.5
아마 투표하지 않을 것이다	1.5	1.1	-0.4
투표하지 않겠다	0.8	0.8	0.0
아직 결정하지 못했다	5.8	3.0	-2.8

[표9] 대선후보 선호도 (단위 : %)

	대선 1차 조사 (A)	총선 2차 조사 (B)	차이 (B-A)
사례수	3503	1153	-
이명박	44.4	45.8	1.4
박근혜	22.2	21.7	-0.5
손학규	5.7	6.9	1.2
정동영	3.4	3.2	0.2

[표10] 노무현 대통령 국정운영 지지도 (단위 : %)

	대선 1차 조사 (A)	총선 2차 조사 (B)	차이 (B-A)
사례수	3503	1153	-
매우 잘하고 있다	1.7	1.2	0.5
내세로 살하고 있나	28.1	29.1	-1.0
별로 못하고 있다	49.8	49.8	0.0
매우 못하고 있다	19.5	19.4	-0.1
모름/무응답	0.9	0.4	-0.5

    2007년 대선후보 선호도에서도, '이명박' 후보 지지도가 1.4%, '박근혜' 후보 지지도는 0.5%, '손학규' 후보 지지도는 1.2% 차이를 보여 대선 1차 조사 패널과 총선 2차 조사 패널 간에 차이가 없다.

    당시 노무현 대통령에 대한 국정운영 평가에 있어서도 대선 1차 조사 패널과 총선 2차 조사 패널 간에는 차이가 없는 것으로 나타났다.

    지금까지 대선 1차 패널조사에서 전체 3,503명의 응답내용과 총선 2차 패널까지 8차례에 거쳐 패널조사에 참여한 1,153명의 응답내용을 비교하였다. 선거 패널조사의 가장 핵심 문항을 중심으로 비교하였음에도 불구하고, 두 집단의 응답내용에는 큰 차이가 없는 것으로 나타났다.

이러한 결과는 8차례의 패널조사를 거치면서 마지막까지 남아있는 응답자들이 최초에 구축된 전체 패널의 특성을 고루 반영하고 있음을 의미하는 것으로 대표성에 문제가 없음을 보여주는 결과라 하겠다. 다만, 앞서 언급한 바와 같이 8차례에 걸친 패널조사에 지속적으로 참여하면서 발생할 수 있는 패널오염[1]에 대해서는 기술적인 한계로 인해 구체적인 검증을 하지 못하였다. 그럼에도 최초 구축 패널과 최종 참여 패널 간의 대표성에는 문제가 없다는 점만으로도, 본 조사 결과에 대해 신뢰할 수 있는 충분한 근거가 될 것으로 기대한다.

---

1) 정치적 지식이나 관심이 높아져 평범한 일반국민과 다른 성향과 태도를 갖게 되는 정치적 각성효과나 잦은 조사 빈도, 혹은 조사과정의 미숙함으로 인해 응답자의 심리적·육체적 피로를 유발하여 진실하게 응답하는 비율이 낮아지는 패널 피로효과 등.

제1부
18대 국회의원선거의 주요 쟁점

1
18대 총선의 정당지지 재편:
일시적 현상인가, 구조적 변화인가?
_이내영

2
386 세대는 어디로 갔나?:
2007년 대선과 2008년 총선에서의 이념과 세대
_강원택

3
상충적 유권자:
민주주의의 적인가 이상적 유권자인가?
_유성진

18대 총선의 정당지지 재편:
일시적 현상인가, 구조적 변화인가?

이내영

서론

민주화 이후 한국 선거정치의 특징의 하나는 선거 변동성electoral volatility이 지속적으로 증가해왔다는 점이다.[1] 최근 한국 선거정치의 변동성을 보여주는 뚜렷한 현상이 급격한 정당지지의 재편partisan realignment이다. 정당지지의 재편이란 주요 정당의 지지층이 급격히 바뀌는 현상을 의미한다.

18대 총선의 과정과 결과를 정당 지지기반의 재편의 관점에서 보면 두 가지 뚜렷한 특징이 발견된다. 첫째는 보수 정당인 한나라당의 지지기반이 확대된 반면, 중도 진보 정당인 통합민주당과 진보정당인 민노당의 지지기반은 축소되었다. 다음의 [표1]과 [표2]에 요약되어있는 17대 총선과 18대 총선 결과를 비교해 보면 주요 정당이 차지한 의석 수와 지지율이 급격하게 변화하였음을 확인할 수 있다. 2008년 총선의 의석 배분을 상황을 보면 한나라당 153석, 자유선진당 18석, 친박연대 14석, 보수계 무소속 18석을 합해 보수진영의 의석수는 200석을 넘어선 203석에 이른다. 17대 총선에서 탄핵역풍의 도움으로 152석을 차지하여 다수당이 되었던 열린우리당이 민주당과의 어려운 통합을 통해 통합민주당으로 간판을 바꿔달고 한나라당의 독주를 견제하려 노력했지만, 결

---

1) 선거의 변동성이란 선거마다 주요 정당들이 획득한 지지율이 급격히 변화하는 현상을 의미한다.

과는 81석에 그쳐서 중도진보의 세력이 대폭 약화되었다. 나아가 통합민주당은 의석 수가 크게 감소하였을 뿐만 아니라, 정동영, 김근태, 손학규 등 당내 유력 정치인들이 대거 낙선하여 리더십의 위기를 겪게 되었다. 18대 총선결과는 2006년 지방선거와 2007년 대통령 선거에서 나타난 보수세력으로의 권력이동의 추세가 의회정치에서도 반복된 것으로 평가할 수 있다.

이러한 총선 결과는 선거이전부터 어느 정도 예상되었던 것이다. 이명박 후보가 지난 12월 대선에서 압승하고 취임한 후 2달후에 치루어졌기 때문에, 대부분의 전문가들은 총선에서 압승을 예상했다.[2] 그러나 한나라당내의 주류파와 친박파와의 계파 갈등과 공천 불복 등으로 인해 한나라당에 대한 압도적 지지 분위기가 바뀌었다. 민주노동당의 경우에도 17대 총선에서 13.0%의 정당득표율과 비례대표 8석과 지역구 2석 총 10석을 획득하여 제 3당의 지위를 차지하면서 제도권 정치에 성공적으로 진입하였으나, 18대 총선에서는 당의 일부 세력이 진보신당으로 분당하는 내분을 치르면서 정당득표율은 5.7%로 하락하고, 전체 의석도 5석에 머무는 부진한 결과를 보였다.

2008년 총선에서 나타난 한국 선거정치의 변동성을 보여주는 또 다른 지표는 신생 정당과 무소속 후보가 대거 당선되었다는 점이다. 2008년 총선에서는 민주화이후의 역대 어느 선거보다도 많은 정당이 난립해서 경쟁하는 양상이 나타났고, 17대 총선에 비해 무소속 후보들의 약진이 두드러져서 25명의 무소속 후보가 당선되었다. 무소속 당선자 수는 14대 총선 이후 15대 16명, 16대 5명, 17대 2명으로 지속적으로 감소해 왔다. 이번 총선의 '무소속 신드롬'은 통합민주당과 한나라당의 강세지역인 호남과 영남에서 유력 전·현직 의원이 대거 무소속으로 출마하면서 나타났다. 특히 전신인 신한국당을 포함해 한나라당이 좀처럼 무소속에 자리를 내주지 않던 영남권에서 박근혜 전 대표 바람을

---

[2] 집권초기에는 새 대통령에 대한 기대감이 작용하는 밀월효과를 감안하면 과반의석 확보는 물론 2/3 개헌의석의 확보까지 가능하다는 전망이 지배적이었다. 이를 감안하면 통합민주당이 81석을 차지한 것은 그나마 선방한 것이라고 평가되었다.

등에 업은 '친박 무소속 연대' 후보가 대거 당선돼 정치권에 파문이 일어났다. 무소속 열풍은 호남에서도 거셌다. '영원한 DJ 비서실장' 무소속 박지원(전남 목포) 후보를 비롯하여 다수의 무소속의원들이 민주당 후보들을 제치고 당선되었다.

문제의 심각성은 정당분절화가 나타난 주요 이유가 정당의 이념과 노선의 차이 때문이 아니라 당내 계파간의 갈등과 공천의 공정성에 대한 반발 때문이었다는 데에 있다. 보수, 진보 정당 모두 당내 파벌갈등으로 분열과 대결의 양상을 보이다가, 공천결과에 승복하지 않는 세력과 개인들이 탈당후 출마를 감행해 대거 당선되었다. 이러한 결과는 우리 정당의 응집성과 기율이 매우 취약하고 정당에 대한 국민들의 신뢰의 수준이 매우 낮다는 점을 여실히 보여주고 있다.

정당 간의 노선과 정책의 차이가 없고, 뚜렷한 쟁점이 부각되지 않으면서 최근 선거에서 약화되는 추세였던 지역주의 투표가 다시 살아나는 조짐을 보였다. 지역주의 극복을 슬로건으로 창당한 열린우리당을 계승한 통합민주당이 거의 호남지역정당으로 왜소화되었고, 이회창 대표가 이끄는 자유선진당은 충청지역당의 한계를 넘지 못했다. 한나라당의 경우에도 영남을 기반으로 하는 친박파와 수도권을 기반으로 하는 주류파간의 지역적 분점 현상이 나타났고, 향후 파벌경쟁이 심화될 경우 이러한 지역기반을 바탕으로 분당 가능성을 내포하고 있다는 점에서 18대 총선은 지역주의가 다시 한국정치의 가장 중요한 변수로 작동하고 있는 점을 보여주었다.

요약하면 18대 총선은 한국 정당체제의 취약성과 퇴행성을 보여주고 있다. 특히 정당 지지기반의 급속한 재편과 신생 정당과 무소속 후보가 대거 당선된 결과는 한국 민주주의가 공고화의 단계에 돌입했지만 정당체제는 여전히 불안정하고 선거변동성은 매우 높다는 점을 보여준다.

본 논문은 다음의 두 가지 핵심 연구목적을 가지고 있다. 첫째 목적은 18대

[표1] 17대 총선 결과

정당명	전체의석수	지역구의석수	비례대표의석수	정당득표율
열린우리당	152석	129석	23석	38.3%
한나라당	121석	100석	21석	35.8%
민주노동당	10석	2석	8석	13.0%
민주당	9석	5석	4석	7.1%
자민련	4석	4석	0석	2.8%
무소속/기타	3석	3석	0석	3.0%

자료: 중앙선거관리위원회
*정당득표율은 비례대표 의석수 기준

[표2] 18대 총선 결과

정당명	전체의석수	지역구의석수	비례대표의석수	정당득표율
한나라당	153석	131석	22석	37.5%
통합민주당	81석	66석	15석	25.2%
자유신진낭	18석	14석	4석	6.9%
친박연대	14석	6석	8석	13.2%
민주노동당	5석	2석	3석	5.7%
창조한국당	3석	1석	2석	3.8%
무소속/기타	25석	25석	0석	h7.8%

자료: 중앙선거관리위원회
*정당득표율은 비례대표 의석수 기준

총선에서 나타난 정당지지의 급격한 재편 현상을 분석하는 것이다. 특히 한나라당 지지기반의 확대와 열린우리당 지지층의 급격한 축소라는 정당지지의 변화를 설명하는 것이다. 이를 위해 17대 총선과 18대 총선의 이동투표 swing vote를 면밀히 분석하여, 이동투표의 규모와 향배를 살펴보고 나아가 누가, 왜 열린우리당을 대거 이탈하였으며, 한나라당을 새롭게 지지했는가를 분석할 것이다. 선거는 정당에 대한 유권자의 선호와 태도가 표출되는 마당이다. 이 과정에서 많은 유권자들이 지난 선거와는 다른 정당에게 투표하고 이러한 개별 유권자들의 집합이 선거결과로 나타난다.

본 논문의 두 번째 목적은 18대 총선에서 많은 신생 정당이 난립을 하고, 신생 정당 후보와 무소속 의원들이 대거 당선된 이유는 무엇인가를 분석할 것이다. 이를 위해 기존 정당 후보와 신생 정당과 무소속 후보에게 투표한 유권자들을 비교하여 신생 정당과 무소속 후보가 대거 당선된 이유를 추적할 것이다. 보다 구체적으로 본 논문은 신생 정당과 무소속 후보에 대한 투표선택에 미친 요인으로 정당의 공천결과에 대한 불만, 현직의원의 의정 활동에 대한 부정적 평가, 특정 정치인에 대한 호감도와 지역주의 투표 경향 등을 제시할 것이다.

정당지지의 재편에 대한 이론적 논의

선거정치의 변동성의 증가는 한국정치에서만 나타나는 특수한 현상은 아니다. 많은 연구들은 서구 민주주의 국가에서도 국민들의 정당일체감party identification이 약해지고 정당의 전통적인 지지자의 이탈partisan dealignment이 지속화되며, 무당파independent가 증가하는 추세가 나타나고 있다는 점을 보여주고 있다(Karvonen & Kuhnle 2001; Abramowitz 1999; Bartel 2000; Dalton 2000).

서구 민주주의 국가에서 정당 지지의 재편이 나타나는 주요 이유로는 다음과 같은 점들이 지적되어왔다. 우선 정당지지의 사회-집단적 기반social-group basis이 지속적으로 약화되어 왔다. 립셋과 로칸(1967)의 고전적 연구를 통해 알 수 있는 것처럼 서구민주주의에서 정당체제는 사회의 지배적인 사회균열을 반영하여 형성되었고, 우파와 좌파 정당은 상이한 사회적 기반과 노선과 이에 상응하는 노선과 정강을 제시하면서 경쟁하여왔다. 그러나 서구민주사회가 경험한 산업구조의 변화와 이에 따른 직업구조의 변화는 주요 정당의 사회-집단적 기반을 약화시켜왔다. 전통적 노동계급의 비율은 줄어드는 반면 화이트칼라 노동자와 전문직의 증가 추세는 정당에 대한 유권자의 일체감과 충성심을 약화시키고 전통적 지지기반의 변화를 초래하였다.

둘째로 정당일체감 혹은 정당과의 유대가 약화되는 추세가 나타났다. 물론 유권자의 정당지지가 선거마다 변동하는 것은 민주적 선거정치의 본질이지만, 과거에 비해 선거의 변동성volatility이 커졌고 새로운 정당들이 등장하면서 정당의 분절화fragmentation도 진행되어왔다. 정당일체감의 약화되면서 과거에 비해 강한 정당 지지자partisans의 비율은 줄고 무당파independents 혹은 소극적 지지자party leaners의 비중이 지속적으로 증가하였다(Bartel 2000). 미국의 예를 들면 1960년까지 정당일체감을 가지고 있는 유권자의 비율은 70~75%를 지속적으로 유지했지만, 1980년대 이후에는 30%중반이상의 유권자가 정당일체감을 가지고 있지 않은 것으로 나타났다(Dalton 2006; Aldrich 1995). 또한 로스 페로Ross Perot와 같은 제3 후보의 등장이 공화당/민주당 양당에 대한 일체감을 약화시키는데 기여하였다.

마지막으로 매스미디어와 이익집단의 역할이 증대하는 추세도 정당에 대한 소속감과 일체감을 약화시키는데 기여하였다. 서구 민주국가에서 매스미디어는 정치적 아젠다를 설정하고 쟁점들을 부각시키는 기능을 증가시켜왔는데, 매스미디어의 증대와 반비례해서 정당의 역할이 약화되게 되었다. 또한 각종 이익집단의 영향력이 증대하는 추세도 정당의 역할을 약화시키는데 기여하였다. 또한 선진국 선거에서 정당보다 후보자의 자질과 이미지가 정당의 정책이나 노선보다 중요성이 커진 점도 정당 소속감을 약화시키는 요인으로 작용하였다.

정당의 전통적 지지자의 비율이 줄고 정당일체감도 약화되면서, 집권여당의 국정운영 성과나 특정 이슈에 따라 정당의 지지율이 단기적으로 변화하는 추세가 나타나고 있다. 달튼Dalton과 메이휴Mayhew는 미국에서 장기간 안정적인 투표결정요인으로서 사회균열에 기초한 정당일체감이 약화되면서 정당지지가 단기적으로 변동하는 추세가 나타나고 있다고 지적한다. 따라서 그들은 정당지지의 변동을 설명하기 위해서는 후보자 이미지나 이슈 등 단기적 요인들에 주목할 필요가 있다고 주장한다(Dalton 1996; Mayhew 2000).

선진민주국가에서 과거의 안정적인 정당 지지패턴이 약화되고 지지자의 재정렬이 나타나고 있는 반면, 신생민주국가나 후발 민주국가들의 경우에는 정당체제 자체가 매우 취약하고 유권자의 정당지지도 심한 변동성을 보이고 있다. 예를 들면 구공산권 국가들의 경우에는 민주화 이후의 선거에서 평균적으로 약 5.6개의 신생정당이 매 선거에서 출현하였고, 다수의 선거에서 신생정당이 과반수이상의 득표율을 보이는 변동성과 불안정성을 보여왔다(Tavits 2007, 114).

한국의 경우도 선거마다 주요 정당들이 획득한 지지율과 의석수가 크게 변화하면서 선진민주주의 국가와 비교하여 매우 높은 변동성을 보여왔다. 메인워링Mainwaring과 조코Zoco(2007)가 47개국의 선거 변동성을 측정한 연구에 따르면 한국의 선거변동성은 아프리카와 동구권 국가들 다음으로 높은 것으로 나타났다.[3] 더구나 한국 선거의 변동성은 최근 선거에서 더욱 커지고 있는 듯하다. 2004년 총선에서 신생정당인 열린우리당이 탄핵정국의 바람을 타고 제1당을 차지한 것은 이변이었다. 또한 2008년 총선을 앞두고 열린우리당이 간판을 내리고 다른 야당과의 합당을 통해 통합민주당으로 출범하여 선거에 임했지만, 의석수가 대폭 감소한 반면 야당인 한나라당이 제1야당으로 등장한

---

3) 한국민주주의가 공고화의 단계에 진입했다는 평가에도 불구하고 높은 선거변동성을 보이는 점은 정당체제의 제도화가 달성되지 못했다는 것을 의미하고, 이러한 취약한 정당체제는 정치의 안정성, 대표성, 책임성을 심각하게 훼손시키는 주요 요인이다.

것은 한국 유권자의 정당 지지가 급격하게 변동하고 있음을 나타낸다.

그러나 기존의 한국 선거연구는 최근 선거정치에서 나타나고 있는 정당지지 패턴의 단기적 변동에 충분한 학문적 관심을 두지 못했다. 일차적으로는 한국의 선거자체가 불확실성과 변동성이 너무 크기 때문에 이에 대한 이론적 설명이 어렵기 때문이기도 하지만, 기존의 한국 선거연구들이 균열이론이나 중대선거이론 등 서구의 경험에 기초한 이론에 과도하게 의존하는 경향을 가졌기 때문이다. 사실 한국 정당지지기반의 급속한 재편 현상은 서구 정당체제의 변화를 설명하는 기존의 이론적 틀로만은 충분한 설명이 되지 않는 현상이다. 균열이론cleavage theory이나, 재정렬이론realignment theory는 사회경제의 구조적 변화와 정당지지의 장기적 변화를 설명하는 이론이지만, 한국을 비롯한 신생민주국가에서 나타나는 정당들의 빈번한 이합집산과 부침을 설명하는 데는 한계를 가진다. 균열이론이나 재정렬이론은 정당체제의 내구성durability을 전제로 한 가운데 정당지지의 장기적인 변화를 설명하지만, 한국을 비롯한 신생 민주주의 국가에서 정당정치의 불안전성과 선거정치의 변동성volatility은 선진민주주의 국가와는 달리 일상적인 현실이다.[4] 따라서 한국에서 최근 나타나고 있는 급격한 정당지지의 재편과 정당의 분절화 현상을 설명하기 위해서는 한국의 독특한 선거정치의 현실적 동학dynamics과 한국 유권자의 투표선호의 변화를 면밀히 분석할 필요가 있다는 것이 본 연구의 이론적 시각이다.

이러한 시각에서 본 연구는 18대 총선에서 한나라당의 지지기반이 확대되고, 통합민주당과 민주노동당 지지가 급격하게 축소한 정당 지지의 재편 현상을 설명하기 위해 17대 총선과 18대 총선에서의 투표이동swing vote을 면밀히 분석할 것이다. 정당체제가 취약하고 정당일체감이 약한 한국의 경우 선거마

---

4) 따라서 신생민주주의 국가의 정당체제는 서구의 경험에 기초한 이론들로서는 설명할 수 없고 신생민주주의의 특수한 정치환경과 사회적 현실을 반영하는 이론적 접근이 필요하다는 주장이 제기되어왔다. 모자파르 Mozaffar와 갈라이치Galaich(2003)의 아프리카 정당체제에 관한 연구는 아프리카의 정당은 서구 정당과는 차별화되는 특수한 정당체제 형성의 경로가 있다는 점을 밝히고 있다.

다 지지하는 정당을 바꾸는 투표이동자swing voters의 규모는 매우 크다. 선거에서 나타난 투표이동의 규모와 방향은 정당들의 승리와 패배를 결정한다. 물론 이 논문이 자료로 쓰고 있는 여론조사와 실제 정당의 득표율에는 차이가 있다. 그러나 유권자 개인수준의 비집합 자료의 분석을 통해서 선거결과를 설명하는 것은 집합자료를 이용한 분석보다 선거의 미시적 측면과 유권자의 인구사회학적 배경과 정치적 태도가 어떻게 투표행태에 영향을 미치는 가를 설명할 수 있는 장점이 있다. 본 논문은 우선 17대 총선과 18대 총선에서 지지정당을 변경한 유권자의 규모가 어느 정도이고, 누가 특정 정당에 대한 지지를 철회하고 새로운 정당을 지지했는가를 미시적으로 분석할 것이다. 또한 어떤 변수들이 지지정당 이탈에 영향을 미쳤는가를 분석하고 변수들의 상대적 영향력을 비교할 것이다.

정당 지지변화에 영향을 미친 주요 변수로는 네 가지의 독립변수군을 포함하여 분석하였다. 먼저 연령, 소득, 학력 등의 사회경제 지위변수들을 포함하였다. 이 가운데 연령변수에 주목하였는데 그 이유는 세대균열의 약화가 총선에 어느 정도 영향을 미쳤는가를 분석하기 위한 것이다. 2002년 대선에서 노무현 후보의 당선과 2004년 총선에서 열린우리당이 제1당으로 부상한 것은 젊은 세대의 압도적 지지에 힘입은바 컸고 나이든 세대는 한나라당 지지율이 커지면서 세대균열이 한국 정치의 새로운 변수로 등장하였다(이내영 2002). 그러나 2007년 대선에서 20~30대의 정동영 후보 지지가 뚜렷하게 하락하고 이명박 후보 지지율이 오히려 높게 나타나면서 이러한 세대균열이 약화되는 추세가 나타났다. 본 연구는 연령대별 정당지지 패턴의 비교를 통해 18대 총선에서 세대균열의 약화가 지속적으로 나타나는지를 분석할 것이다.

또한 본 연구는 지역 변수에 주목하면서 지역주의의 영향력을 검증할 것이다. 최근 한국 선거에서 정당지지의 변화가 커지는 중요한 이유의 하나는 한국 선거의 주요 결정요인이었던 지역주의의 약화 혹은 성격 변화와 밀접한 관련이 있는 것으로 보인다. 강원택(2008)은 2007년 대선에서 지역주의의 영향력이 여전히 위력을 발휘했지만 지역주의의 속성이 출신지역에 따른 유대감에서 거주지역에 대한 일체감으로 변화했다고 주장하고 있다. 2002년 대선에서 노무현 후보가 당선된 것과 2004년 총선에서 열린우리당이 압승을 거둔 주요 요인은 노무현 대통령의 지지기반인 부산 경남과 호남, 그리고 충청의 지역선거연합을 결성할 수 있었기 때문이다. 이 시기에 한나라당은 지역선거연합을 결성하는데 실패하여 지지기반이 영남에 한정되는 지역당의 한계를 가졌다. 반대로 2008년 선거에서는 한나라당이 영남에 한정된 지역적 기반을 넘어 수도권에서 지지기반을 확대하는데 성공한데 비해, 통합민주당은 영남과 수도권의 지지기반을 잃고 호남지역당으로 왜소화되었다. 이 논문은 정당지지의 재편에 지역주의 투표행태가 어떻게 변했고 선거결과에 영향을 미쳤는가를 분석할 것이다.

세 번째 독립변수들로 국정운영 평가와 경제상황에 대한 평가를 포함하였다. 서구민주주의 국가에서도 정당 지지의 단기적 변화가 정부여당의 실적이슈에 의해 크게 좌우된다는 연구 결과가 제시되어왔다. 먼저 노무현 정부와 이명박 정부의 국정운영 평가 변수를 포함하였다. 지난 2007년 대선에서 이명박 후보의 당선은 노무현 정부의 국정운영에 대한 실망감이 크게 작용하였다. 18대 총선은 2007년 대선 이후 4개월만에 치루어졌기때문에 노무현 정부에 대한 심판론이 18대총선의 유권자의 정당지지에도 지속적으로 영향을 미쳤을 가능성이 높다. 그러나 18대 총선이 이명박 대통령의 취임 이후에 치루어졌다는 점을 고려하여 이명박 정부의 국정운영 평가도 포함하였다. 노무현 정부 국정평가가 회고적 투표 retrospective voting 라면, 이명박 정부 국정평가는 전망적 투표 prospective voting 라고 할 수 있다. 이외에도 2006년 지방선거와 2007년 대선에서 경제이슈가 투표결정에 중요한 영향을 미쳤다는 점을 고려하여 경제상황에 대한 평가와 가정살림에 대한 평가, 5년후 경제전망 등의 경제투표 관련 변수를 포함하여 경제적 이슈가 18대 총선의 정당지지패턴에 어떠한 영향을 미쳤는가를 분석하였다(권혁용 2008).

마지막 독립변수군으로는 유권자의 이념성향과 주요 정당과의 이념적 근접성 변수들을 분석모형에 포함하였다. 이념성향 변수들을 포함한 이유는 한국 유권자의 이념성향이 보수화되는 추세가 최근 여론조사에서 나타나고 있기 때문이다. 한국 국민들의 이념성향의 변화를 추적한 조사들에 따르면 지난 2002년 대선을 전후로 진보의 비율이 증가하였지만, 이후 2004년 이후에는 자신을 진보라고 주장하는 국민들의 비율은 지속적으로 감소한 반면 중도와 보수의 비율은 증가하는 추세를 보이고 있다(이내영 2006). 이러한 유권자의 이념성향의 보수화 추세가 18대 총선에서도 나타나고 있는지, 또한 이러한 이념적 보수화 추세가 한나라당 지지의 확대와 중도/진보 정당 지지의 급감이라는 최근의 정당지지의 변화에 어떠한 영향을 미쳤는가는 한국 선거정치의 핵심 쟁점이다. 유권자들은 자신의 이념성향과 가장 근접한 이념적 위치를 가지는 정당을 선호하는 경향을 가진다는 다운즈(Downs 1957)의 주장에 따르면, 한국 유권자의 이념적 보수화는 보수 정당인 한나라당에 대한 지지를 확대하는데 기여하였을 가능성이 높다. 다른 한편으로는 2007년 대선에서 나타난 것처럼 자신의 이념성향을 진보라고 응답한 유권자들의 상당수가 보수정당인 한나라당을 지지하는 이념성향과 정당지지의 불일치 현상이 나타날 가능성도 있다(이내영·정한울 2007). 그러나 유권자 자신의 이념성향의 변화와는 별도로 주요 정당의 이념적 위치에 대한 유권자의 인식이 변화되어 정당에 대한 지지를 변화시킬 가능성도 있다. 따라서 유권자 자신의 이념성향과 정당의 이념적 위치에 대한 인식의 변화를 동시에 파악하기 위해 유권자의 민주당 및 한나라당과의 이념적 거리 변수를 분석 모형에 포함하였다.

본 논문의 두 번째 연구 목적은 18대 총선에서 나타난 한국 정당 지지기반의 급속한 재편 현상의 일환으로 신생 정당과 무소속 후보의 당선을 통한 정당 분절화 현상을 설명하는 것이다. 한국유권자들에게 정당의 이합집산은 익숙한 현상의 하나다. 한국정치사에서 정당의 파벌 경쟁이나 정치엘리트의 대선 전략에 따라 정당이 합치거나 쪼개지고 때로는 새로운 정당이 생기는 현상은 반복적으로 나타났다. 2008년 총선에서도 과거처럼 많은 신생 정당이 선거경쟁에 참여해서 의석을 차지했고, 무소속 후보도 대거 당선되어 정당의 분절화가 극심하게 나타났다.[5]

서구 정당의 경우에도 기존 정당에 대한 지지가 약화되면서 신생 정당이 지지기반을 넓히는 현상이 증가하고 있다. 예를 들면 독일 녹색당처럼 환경문제나 삶의 질 등 소위 탈물질적 가치를 제시하면서 새롭게 등장한 정당이 있다. 정당체제의 제도화의 수준이 낮은 신생 민주주의 국가들의 경우에는 정당의 이합집산과 신생정당의 등장은 더욱 빈번하게 일어나고 있다. 기존의 연구는 신생정당과 무소속 후보의 당선은 기존 정당에 대한 불신의 수준과 기존의 정당들이 한 사회의 사회균열을 제대로 대표하는가에 따라 크게 영향을 받는 것으로 나타났다. 라틴아메리카 정당체제의 분절화fragmentation 경향에 대한 연구를 진행한 마드리드(Madrid 2005)에 따르면 라틴아메리카에서 정당체제의 분절화가 발생한 가장 큰 이유는 기존의 정당들이 다양한 인종균열을 제대로 대표하지 못했기 때문이라고 주장한다.[6]

18대 총선에서 신생 정당과 무소속 후보가 대거 출마한 배경은 기존 정당내의 파벌 경쟁과 공천결과에 대한 불만, 특정 정치인의 지역주의 동원전략 등이 작용하였다. 그러나 신생정당이나 무소속 후보들이 실제로 총선에서 당선된 결과는 상당수 유권자가 기존 정당에 대한 지지를 철회하고 신생 정당과 무소

---

5) 빈번한 정당의 이합집산과 신생 정당 및 무소속 후보의 대거 당선은 기존 정당에 대한 유권자의 실망과 불신이 반영된 것이지만, 이러한 정당체제의 분절화는 안정적인 정당체제의 형성에 장애가 된다는 점에서 우려스러운 현상이다.

6) 반면에 버미르와 반 코트(Birmir & Van Cott 2006)은 라틴아메리카 정당체제 분절화의 원인이 인종적 다양성에 기인한 것은 맞지만 이것이 인종적 균열를 기반으로 하는 정당을 출현시킨 것이 아니라 소수 정당이나 좌파 정당에 대한 지지로 나타났다고 주장한다.

속 후보에게 투표하였기 때문이다. 본 논문에서는 18대 총선에서 유권자들이 신생정당이나 무소속 후보에게 투표하게 하는 요인은 무엇이었는가를 면밀히 분석할 것이다. 이를 위해 신생정당과 무소속 후보에게 투표한 유권자들과 기존 주요 정당에 투표한 유권자들을 비교하여 새 정당과 무소속 후보에게 투표한 주요 요인들을 찾아볼 것이다. 이러한 비교분석의 결과 18대 총선에서 신생정당과 무소속 후보가 대거 당선된 것은 주요 정당의 공천에 대한 불만, 현직 의원의 의정활동에 대한 부정적 평가, 특정 정치인의 대중적 인기, 그리고 지역주의 투표 성향이 복합적으로 작용한 것이라는 점을 제시할 것이다.

18대 총선 정당 지지기반의 변화 분석

17대 총선과 18대 총선의 정당지지 변화의 규모와 방향

앞의 [표1]과 [표2]에서 요약한 집합적 자료를 통해 18대 총선에서 주요 정당이 확보한 의석과 지지율을 17대 총선과 비교하면, 18대 총선도 선거변동성이 매우 컸다는 점을 알 수 있다. 이 절에서는 17대 총선과 18대 총선에서 주요 정당들이 획득한 의석수와 지지율의 급격한 변화를 초래한 원인을 유권자 개인의 정당선호의 변화라는 미시적 차원에서 분석하려고 한다. [표3]은 17대 총선과 18대 총선의 투표정당을 교차 분석하여 이동투표 swing vote의 규모와 방향을 보여주고 있다. 18대 총선의 패널여론조사 문항에서 17대 총선에서 어느 정당 후보에게 투표하셨습니까? 라는 질문과 18대 총선의 정당투표 결과를 교차 분석하였다. 이 표에서 나타난 결과는 17대 총선에서 열린우리당 투표자의 49.7%, 민주당 투표자의 68.7%만이 18대 총선에서 통합민주당에 다시 투표하였고 17대 총선 열린우리당 투표자의 26.9%와 민주당 투표자의 10.4%가 한나라당 지지로 돌아섰다. 반면 한나라당의 경우에는 17대 총선 지지자 가운데 70.2%가 한나라당 후보에게 다시 투표했고, 8.1%가 친박연대, 그리고 6.9%가 무소속 후보에게 투표하여 한나라당 지지자의 이탈비율이 상대적으로 적은 것으로 나타났다. 또한 17대 총선에서 국민중심당을 지지했던 유권자의 44.4%, 무소속 지지자의 34.4%, 그리고 17대 총선에서 불참했던 유권자의 50%가 한나라당 후보에게 투표하였다. 민주노동당의 경우에는 17대 총선투표자의 22.5%, 7.5%만이 18대총선에서 민주노동당과 진보신당 후보를 지지하여 지지자의 이탈 규모가 가장 크게 나타났다. 이 결과는 한국의 진보정당의 지지기반이 매우 불안정하다는 점을 확인시켜주고 있다. 종합적으로 보면 한국 유권자의 상당한 규모가 17대 총선과 18대 총선에서 투표한 정당이 달라졌음을 확인할 수 있었다. 특히 한나라당 지지자들에 비해 통합민주당과 민주노동당 지지자들의 지지이탈이 대규모로 이루어졌음을 확인할 수 있었다. 18대 총선에서

[표3] 17대 총선과 18대 총선에서의 지지정당 교차분석

		18대총선 지지정당							
		통합민주당	한나라당	친박연대	자유선진당	민주노동당	진보신당	창조한국당	무소속
17대 총선 지지정당	열린우리당	49.7	26.9	4.2	3.6	4.5	2.3	1.6	6.2
	민주당	68.7	10.4	0.0	7.5	1.5	3.0	0.0	9.0
	한나라당	9.5	70.2	8.1	2.8	1.6	0.2	0.5	6.9
	국민중심당	0.0	44.4	0.0	44.4	0.0	0.0	0.0	11.1
	민주노동당	30.0	17.5	0.0	10.0	22.5	7.5	0.0	7.5
	다른정당	50.0	33.3	0.0	16.7	0.0	0.0	0.0	0.0
	무소속	25.0	34.4	0.0	0.0	3.1	3.1	0.0	25.0
	불참	32.0	50.0	4.0	2.0	2.0	2.0	2.0	4.0

자료: 18대 대선패널자료
17대 총선문항: 2004년 국회의원 선거에서 어느 정당 후보에게 투표하셨습니까?
18대 총선문항: 이번 지역구 국회의원 선거에서 다음 중 어느 정당의 후보에게 투표하셨습니까?

한나라당이 제 1당으로 부상한 반면 통합민주당과 진보정당의 의석 점유율이 크게 줄어든 선거결과는 결국 이러한 유권자의 큰 폭의 이동투표의 결과이다.

17대 총선 · 17대 대선 · 18대 총선에서의 정당지지기반의 변화

앞 절에서 17대 총선과 18대 총선 사이에 상당한 규모의 투표이동이 나타났다는 점은 이 시기동안 주요 정당의 지지기반이 큰 폭으로 재편되었다는 점을 의미한다. 〔표4〕는 통합민주당과 한나라당의 지지자를 연령, 이념성향, 지역별로 구분하여 두 정당의 지지기반의 변화를 보여주고 있다.

먼저 통합민주당의 전체 유권자의 지지율의 변화를 살펴보면 17대 총선의 지지율이 2007년 대선에서 큰 폭으로 감소했다가, 18대 총선에서 어느 정도 회복되었지만 17대 총선과 비교하면 크게 낮아진 것을 알 수 있다. 연령대별로 보면 전 연령대에서 지지율이 감소했지만 20대와 30대 지지자의 비율이 큰 폭으로 줄었고, 특히 20대의 경우 한나라당 지지율에도 뒤지고 있다는 점이 주목할 만한 특징이다. 통합민주당(이전 열린우리당)의 핵심 지지층이었던 20~30대의 지지기반이 흔들리고 있음을 보여준다. 또한 이념성향별로 지지율변화를 보면 진보와 보수 성향 유권자의 지지율은 약간씩 감소하였지만, 중도적 성향의 유권자의 지지율이 큰 폭으로(54.9% -> 29.5%) 하락하였다. 이렇게 18대 총선에서 통합민주당을 이탈한 중도성향 유권자가 한나라당 지지로 선회하면서 한나라당 지지율이 대폭 상승하였다고 볼 수 있다. 마지막으로 지역별로 살펴보면 전 지역에서 지지율이 하락하였지만 하락의 폭은 지역별로 편차가 있었다. 광주/전라의 지지율 감소폭은 상대적으로 적은 반면, 대전/충청, 부산/경남, 수도권 순으로 지지율의 하락 폭이 크게 나타났다. 이러한 결과가 보여주는 점은 2002년 대선에서 노무현 후보의 당선과 2004년 열린우리당이 압승을 거둔 이유의 하나가 노무현 대통령의 지지기반인 부산 경남과 호남, 그리고 충청을 엮는 지역선거연합을 결성할 수 있었기 때문이었지만, 18대 총선에서 통합민주당은 충청, 부산/경남, 수도권의 지지기반을 잃고 호남정당으로 왜소화되었다는 점을 보여준다.

한나라당의 경우에는 전 연령대별로 지지율이 증가했지만, 특히 20대와 30대의 지지율이 대폭 상승하였다. 2002년 대선과 17대 총선에서 젊은 세대로부터 외면을 받았던 한나라당으로서는 고무적인 현상이다. 이념성향별로 보면 중도와 진보성향 유권자의 지지율이 크게 상승하였는데 이 결과는 열린우리당 정부의 국정운영에 대해 실망감 때문에 진보와 중도 유권자가 한나라당으로 지지를 변경한 점도 있지만, 한나라당이 그동안 수구보수의 이미지를 탈피하기 위해 뉴라이트 진영을 끌어드린 노력이 성과를 거두었다고 볼 수도 있다.

또한 지역별 지지율 추이는 대구/경북은 물론 부산/울산/경남의 전통적인 지지기반을 유지하고 수도권, 대전/충청에서 17대 총선에 비해 지지율이 크게 증가하여 50%이상의 지지율을 차지하였다. 또한 광주/전라 지역의 지지율이 뚜렷하게 증가한 점도 한나라당에게는 고무적인 현상이다. 이 결과는 한나라당이 2007년 대선과 2008년 총선을 통해 영남정당의 지역적 한계를 뛰어넘어 전국정당화에 어느 정도 성공하였음을 보여주고 있다.

앞의 분석의 결과를 요약하면 17대 총선과 비교하여 18대 총선에서 통합민주당이 참패하여 한나라당에 제1당의 지위를 넘겨준 것은 세대, 지역, 이념성향별로 골고루 지지율이 하락했기 때문이다. 2002년 대선에서의 노무현 후보의 당선과 17대 총선에서의 열린우리당의 압승을 가능하게 했던 젊은 세대의 일방적 지지가 약화되었고, 중도적 성향의 유권자가 대거 이탈하여 한나라당 지지로 선회하였고, 대전/충청, 부산/울산/경남 및 수도권의 지지가 크게 감소하였다. 다음 장에서는 누가 왜 열린우리당 지지를 철회하였는가를 보다 구체적으로 분석할 것이다.

[표4] 17대 총선, 17대 대선과 18대 총선에서의 정당 지지기반 변화(%)

		한나라당			통합민주당		
		17대총선	17대대선	18대총선	17대총선	17대대선	18대총선
연령	20대	17.6	43.0	41.5	62.3	21.4	33.3
	30대	20.4	44.1	35.9	62.5	27.9	40.9
	40대	38.7	56.2	48.4	43.3	21.1	29.1
	50대	44.1	61.8	49.4	44.9	23.2	25.6
	60대이상	48.7	71.7	60.8	44.2	16.9	18.6
이념	진보	10.6	32.5	23.2	65.6	34.0	50.9
	중도	29.1	54.2	49.8	54.9	26.1	29.5
	보수	64.4	67.4	57.5	27.8	11.5	18.8
권역	수도권	31.7	58.3	53.1	53.8	16.8	31.4
	대전/충청	20.8	56.6	50.3	55.7	15.2	28.5
	광주/전라	0.8	23.6	18.7	83.6	61.3	60.4
	대구/경북	64.3	72.4	62.6	25.2	8.9	6.7
	부산/울산/경남	42.6	64.3	54.6	41.5	8.6	15.1
	제주/강원	36.8	54.1	41.4	44.7	22.1	31.0

17대 총선은 선거연구회 자료
17대 대선, 18대 총선은 대선, 총선 패널조사 자료
17대 총선에서의 통합민주당은 열린우리당과 민주당을 합한 값을 사용함
17대 대선에서의 통합민주당은 정동영(열린우리당)후보 지지자와 이인제(민주당)후보 지지자를 합한 값을 사용함

정당지지 변화의 원인

열린우리당 지지이탈자 분석 : 누가, 왜 열린우리당 지지를 철회하였는가?

17총선결과에서 가장 두드러진 점은 앞에서 살펴본 것처럼 열린우리당이 제

1당의 지위를 상실하였을 뿐만 아니라, 지지자들이 대거 이탈하여 지지기반이 축소되었다는 점이다. 이 절에서는 보다 미시적인 차원에서 누가, 왜 열린우리당에 대한 지지를 철회하고 다른 정당을 지지하게 되었는가를 분석할 것이다. 이를 위해 17대 총선에서 열린우리당과 민주당을 지지한 응답자 가운데, 18대 총선에서 다시 통합민주당을 지지한 고정지지자와 지지이탈자의 인구학적 변수와 정치적 태도의 평균값을 비교하였다. 그 결과는 [표5]에 요약되어있다. 고정지지자와 지지이탈자들의 비교를 통해 누가, 왜 민주당 지지를 철회하였는가를 추론할 수 있다.

분석 결과를 보면 우선 연령, 소득에서는 통계적으로 의미 있는 차이가 나타나지 않았고 학력에서만 지지이탈자들의 학력이 고정지지자들에 비해 상대적으로 낮았다. 연령에서 큰 차이가 나타나지 않은 결과는 통합민주당 지지이탈이 전 연령대에서 골고루 나타났고 특정 연령대에서 특별히 많이 나타난 것은 아니라는 점을 의미한다. 자기이념인식에서 지지이탈자들이 고정지지자와 비교해 보수적인 이념성향을 가지고 있는 것으로 나타났다. 이 결과는 과거 열린우리당을 지지했지만 보수적 성향의 유권자들일수록 지지를 철회하는 경향이 있다는 점을 의미한다. 또한 지지이탈자들은 고정지지자들에 비해 민주당과의 이념적 거리에서 멀게 느끼고 있고, 한나라당에 대해서는 가깝게 느끼고 있는 것으로 나타났다. 통합민주당과 한나라당에 대한 호감도를 비교해 보면 고정지지자들은 한나라당에 비해 통합민주당에 대해 높은 호감도를 가졌지만 지지이탈자들은 통합민주당에 비해 한나라당에 대한 호감도가 높다는 점이 나타났다. 국정운영에 대한 평가에서도 지지이탈자들은 고정지지자 보다 노무현 정부의 국정운영을 부정적으로 평가하고 있고, 이명박 정부가 노무현 정부보다 국정운영을 잘 하고 있는 것으로 평가하고 있다. 경제상황에 대한 평가 측면에서도 지지이탈자들은 국가경제와 가정경제 상황에 대해 부정적으로 평가하고 있는 것으로 나타났고, 5년후 경제전망에서는 지지이탈자들이 고정지지자들

[표5] 통합민주당 고정지지자와 지지이탈자의 인구학적 배경과 정치적 태도의 비교

	고정지지자	지지이탈자	F-값
연령	43.11	44.43	1.034
학력 **	2.62	2.47	4.675
소득	3.77	3.69	0.418
노무현국정운영평가 ***	2.36	2.75	27.690
이명박국정운영평가 ***	2.72	2.35	25.523
통합민주당호감도 ***	6.69	4.86	88.220
한나라당호감도 ***	3.46	5.36	56.412
자기이념인식 ***	4.57	5.29	14.381
민주당과의 이념적 거리 **	1.39	1.82	5.223
한나라당과의 이념적 거리 ***	3.17	2.12	19.555
국가경제평가 *	3.34	3.48	3.135
가정경제평가 *	2.90	3.07	3.547
5년후 경제전망 ***	2.78	2.39	23.376

*** $p<0.01$, ** $p<0.05$, * $p<0.1$
분석대상: 17대 총선에서 열린우리당과 민주당 후보자에 투표한 유권자
학력(3점 척도) 1: 중졸이하, 2:고졸, 3:대졸이상
소득(5점 척도) 1: 100만원미만, 5: 400만원이상
국정운영평가(4점척도) 1: 매우 잘했다(잘하고있다), 4: 매우 잘못했다(잘못하고 있다)
정당호감도(11점척도) 0: 매우 싫어한다, 10: 매우 좋아한다
이념인식(11점척도) 0: 매우 진보, 10: 매우 보수
경제평가문항(5점척도) 1: 매우 만족한다, 5: 매우 만족하지 못한다
경제전망문항(5점척도) 1: 매우 좋아질 것이다, 5: 매우 나빠질 것이다
민주당과의 이념적 거리: |본인의 이념인식-정당에 대한 이념인식|
한나라당과의 이념적 거리: |본인의 이념인식-정당에 대한 이념인식|

에 비해 더 낙관적인 평가를 하고 있는 것으로 나타났다. 이 결과는 통합민주당 지지이탈자들은 이명박 정부 아래서 한국경제가 좋아질 것이라는 기대를 가지고 있는 것을 의미한다.

통합민주당 지지이탈 요인에 관한 다변량 분석

앞에서 논의한 정당지지이탈에 영향을 미치는 다양한 변수들의 상대적 영향력의 크기를 종합적으로 검증하기 위해 다변량 회귀분석을 수행하였다. 본 연구는 종속변수가 통합민주당 지지이탈 여부라는 이분형 범주이기 때문에 이분형 로지스틱 회귀분석 기법을 활용하였다. 분석 모형에는 4가지의 독립변수군을 포함시켰다. 먼저 학력, 연령, 소득 등 기본적인 인구사회학적 변수들을 모형에 포함시켰다. 다음으로는 노무현 정부 국정운영평가, 이명박 정부국정운영평가, 경제상황평가, 가정살림평가, 5년후 경제전망 등 다양한 이슈와 경제변수들을 분석모형에 포함시켰다. 이는 최근 선진국에서 정당지지의 변화에 실적 이슈가 영향을 미친다는 주장들을 검증하기 위한 것이다. 다음으로는 이념성향 요인들을 포함하였다. 응답자의 자기이념평가와 통합민주당과의 이념적 거리와 한나라당과의 이념적 거리를 분석 모형에 포함하였다. 유권자의 주관적 이념성향만이 아니라 유권자의 특정 정당과의 이념적 근접성에 대한 인식이 정당 지지변화에 영향을 미친다는 이론적 주장을 검증하기 위해서다. 이와 함께 지역변인들의 영향력을 통제하기 위해, 출신지역을 기준으로 수도권, 영남, 호남 순으로 더미변수화하여 회귀방정식에 포함하였다.

이러한 분석모형에 따라 로지스틱 회귀분석을 수행한 결과는 [표6]에 요약되어 있다. 우선 이 분석모형의 전체적 설명력을 보여주는 콕스와 스넬의 R2값이 0.223으로 아주 높지는 않았지만 어느 정도는 설명력을 가지고 있는 것으로 판단된다. 통합민주당 지지이탈에 영향을 미친 개별 독립변수들의 영향력을 살펴보면 인구사회학적 요인 중에서는 학력만이 미약하게나마 통계적으로 의미 있는 변수로 나타났다. 학력의 계수인 B값이 -0.454라는 것은 학력이 낮을수록 지지이탈자가 많아진다는 것을 의미한다. 이 결과는 앞 절에서 열린우리당 고정지지자와 지지이탈자의 학력 평균을 비교 분석한 결과와 일치한다.

이슈와 관련된 변수 가운데는 노무현 정부의 국정운영평가와 이명박 정부의 국정운영평가가 민주당 지지이탈에 유의미한 영향을 미친 것으로 나타났다. 노무현 정부의 국정운영을 부정적으로 평가하는 유권자들일 수록 통합민주당 지지를 철회하는 비율이 높은 것으로 나타났다. 또한 이명박 정부의 국정운영을 긍정적으로 평가할수록 통합민주당 지지를 철회하는 비율이 높은 것으로 나타났다. 다음으로 이념성향과 관련하여 지지이탈에 영향을 미친 변수는 한나라당과의 이념적 거리로 나타났다. 한나라당과 본인의 이념위치가 가깝다고 인식하는 유권자들일수록 통합민주당에 대한 지지를 철회하는 비율이 높다는 것을 나타낸다. 이 결과는 다음과 같이 해석할 수 있다. 우선 지난 2-3년간 한국 유권자들의 이념성향이 보수화되는 추세가 나타났는데, 과거 열린우리당이나 민주당 지지자들 가운데 이념성향이 보수화된 유권자들일수록 통합민주당과의 이념적 거리는 멀어지고 한나라당과의 이념적 거리는 짧아지면서 결국 통합민주당 지지를 철회한 것으로 볼 수 있다.

출신지역 변수 가운데는 영남 출신과 호남 출신 더미변수가 통합민주당 지지이탈에 통계적으로 중요한 영향을 미친 것으로 나타났다. 특히 영남출신 변수의 p-value가 $p<0.01$로 지지이탈에 가장 큰 영향을 미친 것으로 나타났다. Exp(B)값이 3.09라는 사실은 2004년에 열린우리당이나 민주당에 투표한 사람들 중에서 영남지역 출신은 다른 지역 출신에 비해 2008년 총선에서 통합민주당 지지를 철회한 비율이 세배 가량 높다는 점을 나타낸다. 앞의 분석결과를 요약하면 2007년 총선에서 열린우리당에 투표해서 제 1당으로 부상하는데 기여했던 과거 지지자들 가운데 과반수이상이 2008년 총선에서 통합민주당에 대한 지지를 철회하였는데 주요 이유로는 우선 17대 선거의 영남출신 지지자들이 18대 총선에서는 대거 이탈하였다는 점과, 또한 노무현 정부의 국정운영에 대한 실망감이 2008년 총선에서 중요한 이탈요인으로 작용하였다.

[표6] 통합민주당 이탈요인에 관한 로지스틱 회귀분석 결과

	통합민주당 지지이탈 = 1				
	B	S.E	Wald	P-Value	Exp(B)
인구사회적 변수					
학력 *	-0.454	0.247	3.364	0.067	0.635
연령	-0.016	0.013	1.536	0.215	0.984
소득	0.082	0.117	0.490	0.484	1.085
이슈변수					
노무현국정운영평가 **	0.439	0.203	4.662	0.031	1.551
이명박국정운영평가 *	-0.382	0.224	2.900	0.089	0.683
경제상황평가	0.048	0.190	0.065	0.799	1.050
가정살림평가	0.232	0.165	1.984	0.159	1.262
5년후경제전망	-0.282	0.187	2.290	0.130	0.754
출신지역					
수도권	-0.061	0.376	0.026	0.872	0.941
영남 ***	1.130	0.408	7.664	0.006	3.096
호남 *	-0.568	0.333	2.912	0.088	0.567
이념성향 변수					
주관적 이념성향	0.12	0.080	2.267	0.132	1.127
민주당과의 이념적 거리	0.069	0.075	0.845	0.358	1.071
한나라당과의 이념적 거리 *	-0.135	0.072	3.565	0.059	0.874
상수	-0.866	1.496	0.335	0.563	0.421
-2Loglikelihood			377.553		
Cox&Snell n^2			.223		
분류정확도(%)			73.7		
빈도수(명)			335		

*** p<0.01, **p<0.05, *p<0.1
분석대상: 17대 총선에 통합민주당 계열(열린우리당, 민주당) 투표자
학력(3점척도) 1: 중졸, 2: 고졸, 3: 대졸이상
소득(5점척도) 1: 100만원미만, 5: 400만원 이상
국정운영평가(4점척도) 1: 매우 잘했다(잘하고있다), 4: 매우 잘못했다(잘못하고 있다)
경제평가문항(5점척도) 1: 매우 만족한다, 5: 매우 만족하지 못한다
경제전망문항(5점척도) 1: 매우 좋아질 것이다, 5: 매우 나빠질 것이다
주관적 이념성향(11점척도) 0: 매우 진보, 10: 매우 보수
민주당과의 이념적 거리: |본인의 이념인식-정당에 대한 이념인식|
한나라당과의 이념적 거리: |본인의 이념인식-정당에 대한 이념인식|

한나라당 지지기반의 확대 : 누가, 왜 한나라당을 새롭게 지지했나?

18대 총선의 결과는 열린우리당의 지지율과 의석 점유율이 급속하게 감소한 반면, 한나라당은 전통적 지지층이외에 새로운 지지자들이 대거 유입되어 지지기반이 확대되었다. 18대 대선에서 이명박 후보의 압도적 승리를 가져온 한나라당의 확대된 지지기반이 2008년 총선에서도 이어졌다고 할 수 있다. 물론 이명박 후보에 투표했던 지지자들의 상당수가 지난 총선에서 친박연대 후보나 무소속 후보를 선택해서 한나라당 지지기반이 2007년 대선에 비해서는 축소되었지만, 17대 총선과 비교하면 지지기반이 넓어졌다는 사실은 부인할 수 없다. 18대 총선에서 한나라당을 새롭게 지지한 유권자들은 누구이며, 왜 한나라당에 투표했는가? 이를 알아보기 위해 한나라당 지지자들을 고정지지자와 신규지지자로 구분하여 인구사회학적 배경 변수와 정치적 태도를 비교한 결과는 다음의 [표7]에 요약되어있다.

이 표에서 확인할 수 있는 것은 한나라당 신규지지층의 평균 연령이 고정지지자들에 비해 매우 젊지만, 학력과 소득에서는 뚜렷한 차이가 나타나지 않았다. 신규지지자들이 자기이념평가에서 고정지지자들에 비해 진보적인 성향을 가지는 것으로 나타났다. 또한 신규 지지자들은 고정지지자들에 비해 한나라당과 이명박 대통령의 이념적 위치를 상대적으로 진보적으로 인식하고 있는 것으로 나타났다. 이 결과의 의미는 18대 총선에서 한나라당 후보에 대한 지지율이 17대 총선에 비해 증가한 이유가 유권자의 이념적 보수화의 영향이기도 하지만, 한나라당의 이념적 위치에 대한 인식이 변했기 때문이기도 하다는 점을 의미한다. 정치적 태도의 측면에서도 흥미로운 결과가 나타났다. 우선 신규지지자들은 이명박 정부의 국정운영에 대해 노무현 정부보다 상대적으로 긍정적으로 평가하고 있지만, 고정지지자들보다는 그 격차가 크지 않다는 점을 확인할 수 있다. 또한 신규지지자들은 통합민주당보다 한나라당에 대해 높은 호감도를 가지고 있지만, 고정지지층보다는 그 격차가 크지 않다는 점도 나타난

[표7] 한나라당 고정지지층과 신규지지층의 인구학적 특징과 정치적 태도의 비교

	고정지지층	신규지지	F-값
연령 ***	49.86	43.40	24.759
학력	2.39	2.47	1.617
소득	3.43	3.59	1.488
노무현국정운영평가 **	3.18	2.98	8.687
이명박국정운영평가 **	1.93	2.05	6.576
통합민주당호감도 ***	3.36	4.42	25.129
한나라당호감도 ***	7.44	6.69	18.426
본인이념인식 ***	6.31	5.68	11.319
통합민주당이념인식 ***	4.16	4.86	13.009
한나라당이념인식 ***	6.69	6.11	8.183
대통령(이명박)이념인식 ***	6.35	5.45	16.567
민주당과의 이념적 거리 ***	2.84	2.12	9.407
한나라당과의 이념적 거리	1.27	1.44	1.235
국가경제평가 *	3.32	3.45	2.966
가정경제평가 **	2.86	3.08	6.448
5년후 경제전망	2.14	2.23	1.934

***p<0.01, **p<0.05, *p<0.1
분석대상: 18대 총선에서의 한나라당 정당투표자
국정운영평가(4점척도) 1: 매우 잘했다.(잘하고있다), 4: 매우 잘못했다(잘못하고 있다)
정당호감도(11점척도) 0: 매우 싫어한다, 10: 매우 좋아한다.
이념인식(11점척도) 0: 매우 진보, 10: 매우 보수
경제평가문항(5점척도) 1: 매우 만족한다, 5: 매우 만족하지 못한다
경제전망문항(5점척도) 1: 매우 좋아질 것이다, 5: 매우 나빠질 것이다
정당과의 이념적 거리: |본인의 이념인식-정당에 대한 이념인식|

다. 이러한 결과가 시사하는 점은 한나라당 신규지지자들은 이명박 정부와 한나라당에 대한 평가가 나빠질 경우 지지를 철회할 가능성이 높다는 점이다. 또한 경제평가에서는 신규지지자들이 고정지지자들과 비교하여 현재의 가정경

계 상황을 부정적으로 인식하고 있으며, 5년후의 경제상황도 부정적으로 전망하고 있는 것으로 나타났다.

정당 분절화의 원인 분석 : 누가, 왜 신생정당과 무소속 후보에게 투표했는가?

2008년 총선에서 나타난 한국 선거정치의 높은 변동성을 보여주는 중요한 현상은 신생 정당과 무소속 후보가 대거 당선되어, 정당의 분절화fragmentation가 진행되었다는 점이다. 친박연대, 자유선진당, 창조한국당, 진보신당 등 어느 선거보다도 많은 신생 정당이 난립해서 선거경쟁에 참여했고 유권자들의 지지를 통해 많은 의석을 차지했고, 무소속 후보들도 대거 출마해서 역대 최대인 25명의 무소속 후보가 당선되었다. 정당 분절화는 정당체제의 제도화의 수준이 낮은 신생 민주주의 국가들이 겪는 일반적 현상의 하나이다.

한국정치사를 돌이켜 보면 선거정치에서 신생 정당의 출범과 무소속 후보들이 대거 출마하는 주요 원인은 기존 정당내의 파벌 경쟁과 공천결과에 대한 불만, 특정 정치인의 지역 동원전략 등과 밀접한 관련이 있었다. 18대 총선에서 신생정당이나 무소속 후보들이 선거에서 당선될 수 있었던 것은 이러한 정치엘리트 차원의 요인 이외에도 유권자의 기존 정당에 대한 태도와 투표행위를 분석할 필요가 있다. 신생 정당과 무소속 후보가 당선된 것은 유권자들이 투표결정에서 이들 후보들을 선택했기 때문이다. 따라서 이 논문에서는 18대 총선에서 유권자들이 신생정당이나 무소속 후보에게 투표한 주요 이유는 무엇이었는가를 면밀히 분석할 필요가 있다. 이를 위해 신생 정당과 무소속 후보에게 투표한 유권자들과 기존 주요 정당에 투표한 유권자들을 비교하여 새 정당과 무소속 후보에게 투표한 핵심 요인들을 추적하였다.

정당의 공천결과에 대한 불만

먼저 18대 총선에서 신생정당과 무소속 후보가 대거 당선된 결과는 주요 정당의 공천과정을 둘러싼 갈등과 내홍(內訌)이 컸다는 점과 깊은 관련을 가지는 것으로 보인다. 18대 총선은 주요 정당의 공천을 둘러싼 잡음과 불만이 어느 때 보다도 높았다. 대표적으로 친박연대는 한나라당 박근혜 계파가 공천과정

[표8] 한나라당의 공천 후보 공천결과에 대한 평가 (%)

	매우 만족	대체로 만족	대체로 불만	매우 불만	기타	합계
전체	4.0	36.3	24.5	7.9	27.6	100
한나라당투표자	5.2	51.1	22.9	5.2	15.5	100
친박연대투표자	4.0	22.0	38.0	18.0	18.0	100
자유선진당투표자	0	37.2	32.6	14.0	16.3	100
무소속후보투표자	4.2	29.6	38.0	9.9	18.3	100

[표9] 정당의 공천결과가 지지 후보나 정당 선택에 미친 영향 (%)

	지지후보나 정당을 바꿈	바꾸지 않음
전체	23.8	76.2
한나라당투표자	17.2	82.8
민주당투표자	24.7	75.3
친박연대투표자	40.0	60.0
자유선진당	37.2	62.8
무소속	38.0	62.0

에서 배제된 것을 계기로 생겨났고, 이후 한나라당으로 복귀하였다. 무소속 후보들의 상당수도 한나라당과 통합민주당 공천에서 탈락한 후보들이 독자적으로 출마하였다. 따라서 이들 후보들이 대거 당선된 것은 유권자들도 주요 정당의 공천에 대해 불만을 가지고 있었기 때문이라고 추론할 수 있다. 〔표8〕은 한나라당에 대한 공천결과에 대한 평가를 투표 정당별로 비교한 결과이다. 이 표를 통해 알 수 있는 점은 친박연대, 자유선진당, 그리고 무소속 후보에 투표한 응답자들이 한나라당 공천결과에 대한 불만이 상대적으로 높았다는 사실이다. 다음의 〔표9〕는 공천결과가 후보선택에 미친 영향을 보여준다. 정당의 공천 결과에 따라 지지 후보나 정당을 바꾸었는가? 라는 질문에 대해 전체 응답자의 23.8%가 '그렇다'라고 대답하였다. 특히 친박연대, 자유선진당, 무소속 후보에게 투표한 응답자들의 경우에는 공천결과에 따라 이전에 지지했던 후보나 지지정당을 바꾸었다는 비율이 한나라당과 통합민주당 투표자들에 비해 뚜렷하게 높았다. 주요 정당의 공천결과에 대한 불만이 신생정당이나 무소속 후보에 대한 지지로 이어졌음을 나타내고 있다.

현직의원에 대한 부정적 평가

일반적으로 신생 정당과 무소속 후보가 대거 당선되는 주요 이유는 기존 정당과 정치인에 대한 높은 불신과 부정적 평가 때문이다. 18대 총선 투표행위에서 이를 검증하기 위해 현직의원의 의정활동에 대한 평가가 신생정당과 무소속 후보에 대한 투표에 어떠한 영향을 미쳤는가를 분석하였다. 〔표10〕이 나타내는 것처럼 전체적으로 현역의원의 지역구 활동과 의정활동에 대해 불만을 가진 유권자의 비율이 만족하는 유권자의 비율보다 현저히 높았다. 한국 유권자의 정치권과 정치인에 대한 불신이 매우 높다는 점을 나타낸다. 특히 무소속 후보와 친박연대 후보에게 투표한 유권자들의 경우에는 현직의원의 활동을 부

[표10] 현직의원의 4년간의 의정활동에 대한 평가 (%)

	매우 만족	대체로 만족	대체로 불만	매우 불만	기타	합계
전체	2.1	21.3	37.0	11.2	28.4	100
한나라당투표자	2.4	26.9	38.0	8.5	24.2	100
통합민주당투표자	2.8	28.6	35.2	9.4	24.0	100
친박연대투표자	0	18.0	46.0	12.0	24.0	100
자유선진당투표자	2.3	25.6	34.9	11.6	26.6	100
무소속후보투표자	1.4	16.9	49.3	12.7	19.7	100

정적으로 평가한 비율이 상대적으로 높았다. 이는 기존 정치인에 대한 부정적 평가가 신생정당과 무소속 후보에 대한 지지로 이어졌음을 보여주고 있다.

특정 정치인의 대중적 인기와 특정지역을 기반으로 하는 신생정당

한국 정치에서 정당의 이합집산이 빈번하고 신생 정당이 선거에서 유권자의 지지를 받는 현상이 반복되는 중요한 이유의 하나는 신생 정당의 상당수가 지역적 기반을 가진 특정 정치인의 카리스마와 대중적 인기에 기반을 가지고 있기 때문이다. 18대 총선의 경우에도 선거직전에 창당된 '친박연대'는 정당의 이름이 시사하는 것처럼 한나라당내의 박근혜 계파가 한나라당 공천과정에서 배제된 것에 대한 반발이 창당의 배경이 되었고, 박근혜 전 대표의 대중적 인기에 기초해서 선거운동을 했다는 점에서 정당의 사당화를 극명하게 보여주는 사례이다. 친박연대후보들은 영남지역에서 가장 많이 출마하였고, 이 지역에서 높은 지지를 받았다.

자유 선진당의 경우에도 이회창 전총리의 대중적 지명도와 충청의 지역적 기반을 바탕으로 총선을 치루었다. 다음의 [표11]은 주요 정당 투표자들의 주요 정치인에 대한 호감도를 비교한 결과이다. 이 표에서 확인할 수 있는 것처럼 친박연대 투표자들은 박근혜에 대한 호감도가 가장 높았다. 자유선진당 투표자들은 이회창에 대한 호감도도 높았지만 박근혜에 대한 호감도에는 미치지 못한 점이 주목할 만하다.

〔표12〕는 주요 정당 투표자의 고향별 분포를 보여준다. 이 표에서 확인할 수

[표11] 특정 정치인에 대한 호감도 비교

	이명박 호감도	정동영호감도	이회창호감도	박근혜 호감도
한나라당 투표자	7.12	3.86	4.69	6.67
통합민주당 투표자	5.71	5.30	4.26	5.39
친박연대 투표자	6.32	3.94	5.60	7.46
자유선진당 투표자	5.44	4.23	5.93	6.72
무소속 투표자	7.23	5.69	5.84	7.66

질문지: 다음 불러드리는 정치인에 대해 얼마나 좋아하거나 싫어하는지 0에서 10사이의 숫자로 말씀해 주십시오. 0은 아주 싫어함, 10은 아주 좋아함.

있는 점은 한나라당 지지자들의 고향이 전국적으로 고르게 분포되어 있는 것과는 대조적으로, 통합민주당 투표자들의 고향은 광주/전라, 자유선진당은 대전/충청, 그리고 친박연대 투표자들은 영남지역에 집중되어 있다는 현상이다. 한나라당이 전국정당화를 달성한 것과 대조적으로 주요 정당들이 특정 지역 출신들의 집중적 지지를 기반으로 하는 지역정당의 한계를 뛰어넘지 못하고 있다는 점을 보여준다. 무소속 투표자의 경우에도 광주/전라, 대구/경북 출신의 비율이 높다는 점은 한나라당과 통합민주당의 공천에서 제외된 후보들이 무소속으로 출마해서 당선된 사례가 많기 때문으로 해석된다.

[표12] 주요 정당 투표자의 고향별 분포(%)

	통합민주당 투표자	한나라당 투표자	자유선진당 투표자	친박연대 투표자	무소속 투표자
서울	14.6	17.0	11.6	4.0	5.6
인천/경기	12.2	11.4	14.0	10.0	2.8
대전/충청	15.0	16.6	46.5	6.0	9.9
광주/전라	39.4	7.6	9.3	8.0	23.9
대구/경북	3.8	22.3	4.7	32.0	29.6
부산/울산/경남	8.0	18.1	4.7	36.0	18.3
기타	7.0	6.7	9.3	4.0	9.8

결론

　최근 한국의 선거에서는 주요 정당의 지지층이 바뀌는 급격한 정당지지의 재편이 반복적으로 나타나고 있지만 그동안 한국 학계에서 이러한 정당지지의 급격한 재편이라는 현상에 대한 학문적 관심이 부족했고 체계적인 연구도 많지 않았다. 이러한 배경아래 본 연구는 17대 총선과 18대 총선의 투표이동에 대한 미시적 분석을 통해 유권자의 인구학적 배경과 정치정향 변수들이 어떻게 정당선호로 나타나고 이것이 집합되어 정당의 지지기반이 어떻게 재편되는가를 분석하였다.

　본 논문은 구체적으로 다음 두 가지의 핵심 연구목적을 가지고 있었다. 첫째, 한나라당의 의회권력의 장악과 통합민주당 및 진보 정당의 참패라는 18대 총선 결과를 가져온 유권자의 정당지지의 변화를 설명하는 것이다. 이를 위해

17대 총선과 18대 총선의 이동투표 swing vote을 면밀히 분석하여 이동투표의 규모와 향배를 살펴보고 나아가 누가, 왜 열린우리당을 대거 이탈하였으며 한나라당을 새롭게 지지했는가를 분석하였다. 본 연구의 분석의 결과 우선 18대 총선에서 유권자의 상당수가 17대 총선과는 다른 정당 후보에게 투표한 것으로 나타났다. 특히 17대 총선 열린우리당에 투표했던 유권자의 과반수가 18대 총선에서는 다른 정당에 투표하는 지지이탈이 광범위하게 나타났다. 반면 한나라당의 경우에는 17대 총선 한나라당 투표자의 70.2%가 다시 한나라당에 투표해서 지지자의 이탈비율이 상대적으로 적었다. 또한 17대 총선에서 다른 정당 투표자의 상당수가 18대 총선에서 한나라당 지지로 선회하여 지지기반이 확대되었다.

17대 총선과 18대 총선의 지지층의 변화를 구체적으로 살펴보면 통합민주당의 경우 2002년 대선에서의 노무현 후보의 당선과 17대 총선에서의 열린우리당의 압승을 가능하게 했던 젊은 세대의 일방적 지지가 약화되었고, 중도적 성향의 유권자가 대거 이탈하여 한나라당 지지로 선회하였으며, 대전/충청, 부산/울산/경남 및 수도권의 지지가 크게 감소하였다. 반면 한나라당의 경우 20~30대의 지지율이 대폭 상승하였고, 중도와 진보 성향 유권자의 지지도 크게 높아졌으며, 지역별로는 영남의 전통적 지지기반은 유지하고 대전/충청과 수도권에서 지지율이 50%를 넘어서면서 전국정당화에 성공하였다. 통합민주당 지지자들의 이탈 요인에 대한 분석의 결과 지지이탈에 영향을 미친 주요 요인으로는 노무현 정부 국정운영에 대한 부정적 평가와 이명박 정부 국정운영에 대한 기대감, 그리고 17대 총선에서 열린우리당을 지지했던 영남지지자들이 18대 총선에서 다른 정당으로 지지를 선회한 점으로 나타났다.

본 논문의 두 번째 목적은 18대 총선에서 많은 신생 정당이 난립을 하고, 신생 정당 후보와 무소속 의원들이 대거 당선된 이유를 분석하는 것이다. 이 논문에서는 18대 총선에서 신생 정당과 무소속 후보에게 투표한 유권자들과 주요 정당에 투표한 유권자들을 비교하여 새 정당과 무소속 후보에게 투표한 핵심 요인들을 추론하였다. 분석의 결과 유권자의 상당수가 신생 정당과 무소속 후보에게 투표한 주요 이유로는 주요 정당의 공천에 대한 불만, 현직의원의 의정활동에 대한 부정적 평가, 특정 정치인의 대중적 인기와 지역주의 투표성향 등이었다는 점을 제시하였다.

18대 총선에서 정당지지가 급속하게 재편되고 신생 정당과 무소속 후보가 대거 당선된 결과는, 한국 민주주의가 공고화의 단계에 돌입했음에도 불구하고 정당체제는 여전히 취약하고 선거변동성은 매우 높다는 점을 여실히 보여준다. 선거마다 유권자의 정당선호가 변하고 정당의 지지율이 달라지는 것은 민주적 선거경쟁의 본질이다. 그러나 최근 한국 선거에서 나타난 지나친 표쏠림 현상과 이로 인한 정당지지의 급격한 재편은 안정적인 정당체제의 형성을 어렵게 하고, 이러한 취약한 정당체제 아래서는 대의민주주의의 대표성과 책임성이 심각하게 훼손된다는 점에 문제의 심각성이 있다. 또한 정당의 빈번한 이합집산, 신생 정당의 등장, 무소속 의원의 증가 등도 한국 성낭정치의 불안정성을 보여주는 현상이다. 신생 정당과 무소속 후보가 대거 출마하고 당선된 이유가 기존 정당과는 다른 노선과 이념의 차이 때문 보다는 당내 파벌 경쟁과 공천에 대한 불만과 유권자의 기존 정당과 현역의원에 대한 불신의 정도가 매우 컸기 때문이라는 본 연구의 분석 결과가 이러한 부정적 평가를 뒷받침한다. 더욱 우려스러운 점은 한국 선거의 변동성이 18대 총선에서 나타난 일회적 현상이 아니라 향후에도 지속될 가능성이 높다는 점에 있다. 본 논문의 분석에서 급격한 정당지지의 재편과 정당체제의 분절화를 초래한 요인들로 지적된 기존 정당과 정치인에 대한 높은 불신, 낮은 정당 일체감, 정부여당의 국정운영에 대한 부정적 평가, 지역주의적 투표행태 등이 상당한 기간 동안 지속될 것으로 전망되기 때문이다.

참고문헌

강원택. 2008. "지역주의는 변화했을까: 2007년 대통령 선거와 지역주의." 이현우·권혁용 공편.《변화하는 한국 유권자 2》. 서울: EAI.
_____. 2004.《한국의 선거정치: 이념, 지역, 세대와 미디어》. 서울: 푸른길.
권혁용. 2008. "2007년 대통령 선거에 나타난 경제투표." 이현우·권혁용 공편.《변화하는 한국 유권자 2》. 서울: EAI.
이내영·정한울. 2007. "이슈와 정당지지의 변동." 〈한국정치학회보〉. 41집 1호 2007년 봄호.
_____. 2006. "5.31 지방선거와 정당지지기반의 재편: 이탈투표의 분석." 이내영·이현우·김장수 공편.《변화하는 한국 유권자》. 서울: EAI.
_____. 2002. "세대정치와 이념." 〈계간사상〉. 2002년 가을호.
_____. 2006. "좌엔 심판을… 우엔 비판을." 〈넥스트〉. 2006년 9월.
이준한·임경훈. 2005. "과연 '중대선거' 인가?: 제17대 대 국회의원 선거에서의 유권자 투표결정요인 분석." 박찬욱 편.《제17대 국회의원 총선거 분석》. 서울: 푸른길.
이현우. 1998. "한국에서의 경제투표." 이남영 편.《한국의 선거 II》. 서울: 푸른길.
정한울·이상우. 2002. "이탈투표를 중심으로 한 지역투표 이완현상 분석." 〈동아시아연구〉 제4호.

Abramowitz, Alan I. & Kyle L. Saunder. 1999. "Ideological Realignment in the US Electorate." *The Journal of Politics* 60, No. 3(Aug.).
_____. 1994. "Issue Evolution Reconsidered: Racial Attitudes and Partisanship in the U.S. Electorate." *American Journal of Political Science* 38, No. 1(Feb.).
Aldrich, John. 1995. *Why Parties?: The Origin and Transformation of Political Parties in America*. The University of Chicago Press.
Bartel, M. Larry. 2000. "Partisanship and Voting Behavior, 1952-1996." *American Journal of Political Science* 44, No. 1(Jan.).
Brancati, Dawn. 2008. "Winning Alone: The Electoral Fate of Independent Candidates Worldwide." *The Journal of Politics* 70, No.3, pp.648-662.
Campbell, Angus, Philip E. Converse, Warren E. Miller, and Donald E. Stokes. 1960. *American Voter*. New York: John Wiley and Sons.
Carmines, Edward G. 1986. "On the Structure and Sequence of Issue Evolution." *The American Political Science Review* 80, No. 3(Sept.).

Dalton, Russell. eds. 2000. *Parties without Partisans: Political Change in Advanced Industrial Democracies*. Oxford: Oxford Unviersity Press.

_____. 2004. Citizen Politics. New York: Chatham House Publishers.

_____. and Steven Weldon. 2007. "Partisanship and Party System Institutionalization." *Party Politics* 13, pp. 179-196.

Downs, Anthony. 1957. *An Economic Theory of Democracy*. New York: Wiley.

Geer, John G. 1991. "Critical Realignments and the Public Opinion Poll." *The Journal of Politics* 53, No. 2.

Howell, Susan E. 1981. "Short Term Forces and Changing Partisanship." *Political Behavior* 3, No. 2.

Inglehart, Ronald. 1977. *The Silent Revolution*. Princeton. N.J.: Princeton University Press.

_____. 1990. *Culture Shift in Advanced Industrial Society*. Princeton, N.J.: Princeton University Press.

Key, Jr. V. O. 1955. "A Theory of Critical Elections." *The Journal of Politics* 17, No. 1 (Feb.).

Karvonen, Lauri and Stein Kuhnle, eds. 2001. *Party Systems and Voter Alignments Revisisted*. London: Routledge.

Lee, Nae-Young. "Assesment of 5.31 Local Lections and Prospects for the Next Presidential Election," paper for International Conference organized by the Council on ROK-U.S. Security Studies, October 21, 2006. Seoul.

Mainwaring, Scott and Edurne Zoco. 2007. "Political Sequences and the Stabilization of Interparty Competition: Electoral Volatility in Old and New Democracies." *Party Politics* 13.

Mair, Peter. 1997. *Party System Change: Approaches and Interpretations*. New York: Clarendon Press.

Madrid, Raul. 2005. "Indigenous Voters and Party System Fragmentation in Latin America." *Electoral Studies* 24, pp. 689-707.

Mayhew, David R. 2000. "Electoral Realignments." *Annual Review of Political Science*. Vol 3.

Niemi, Richard G. and Herbert F. Weisberg. 1993. "Do Voters Think Ideologically?" Richard G. Niemi and Herbert F. Weisberg, eds. *Classics in Voting Behavior*.

Washington DC: Congressional Quarterly Inc.

Lipset, S. Martin and Stein Rokkan, eds. 1967. *Party Systems and Voter Alignments*. New York: Free Press.

Mozaffar, S., Scarritt, J.R., Galaich, G. 2003. "Electoral institutions, ethnopolitical cleavages and party systems in Africa's emerging democracies." *American Political Science Review*, 97(3), pp. 379-390.

Schattschneider, E. E. 1960. *The Semisovereign People*. Illinois: The Dryden Press.

Weisberg, Herbert F. and Charles E. Smith, Jr. 1991. "The Influence of the Economy on Party Identification in the Reagan Years." *The Journal of Politics* 53, No. 4(Nov.).

Tavits, Margit. 2007. "Party Systems in the Making: The Emergence and Success of New Parties in New Democracies." *British Journal of Political Science* 38, pp. 113-133.

386 세대는 어디로 갔나? :
2007년 대선과 2008년 총선에서의 이념과 세대

강원택

서론

2002년의 대선, 2004년의 총선과 비교하여 2007년 대통령 선거와 2008년의 국회의원 선거에서 나타난 흥미로운 특성 중 하나는 소위 '386세대'의 실종이다. 386세대는 노무현 돌풍의 주역이었고 세대 간 격렬한 이념 갈등을 불러오기도 했다. 그러나 4-5년 뒤에 실시된 선거에서 386세대는 정치적으로 별다른 주목의 대상이 되지 못했다. 2002년 당시 386세대를 상징했던 것은 그들의 강한 이념적 진보성이었다. 80년대 권위주의 정권에 맞서 싸우면서 형성된 진보적 이념에 대한 세대적 공감대가 386세대의 정치적 특성을 규정하는 것이었다. 그런 점에서 볼 때 2007, 2008년 선거에서 나타난 또 다른 흥미로운 점은 이념 요인의 쇠퇴였다. 386세대의 정치적 실종과 함께, 적어도 2002년만큼 강한 이념적 균열의 영향을 선거 기간 중 느끼기는 어려웠다.

이 글은 이러한 문제의식에서 출발하여 다음과 같은 두 가지 의문점에 대한 해답을 찾고자 한다. 첫째는 2007, 2008년 선거에서 이념의 영향이다. 과연 유권자의 정치 이념은 2007년의 대통령 선거와 2008년의 국회의원 선거에서 후보자와 정당의 선택에 어떠한 영향을 미쳤으며, 얼마나 강한 효과를 가졌을까 하는 의문에 대한 답을 구하고자 한다. 이와 함께 이념이 담고 있는 속성이 어떤 것인지, 일관성 있는 가치 체계를 반영하는지에 대해서도 살펴볼 것이다.

두 번째는 386세대의 '정치적 실종'에 대한 것이다. 불과 4-5년 전인 2002년과 2004년 선거에서 커다란 주목을 받았던 이들 세대가 2007, 2008년 선거에서는 왜 두드러진 특성을 보이지 않았는지 그 원인을 찾고자 한다. 만약 이들이 세월의 흐름에 따라 자연스럽게 '보수화' 되었기에 이러한 결과가 나타났다고 한다면 2002년의 '386세대'는 그저 연령 효과age effect에 불과한 것이었다고 말할 수 있을 것이다. 그렇지 않다면 세대 효과를 보여줄 만한 어떤 특성이 2007, 2008년 선거에서도 계속해서 존재했을 것이라는 것이 이와 같은 글의 가정이다. 이 두 가지 의문점은 서로 연계되어 있는 것이기도 하다. 이 두 가지 의문점을 풀기 위해서는 2007, 2008년의 두 차례 선거의 특성을 2002, 2004년의 두 선거와 비교하며 분석하고자 한다.

이 글에서는 논의의 폭을 이념과 관련된 요인에 국한하고자 한다. 즉 2007, 2008년 선거에서 개별 유권자의 투표 행태에 영향을 미칠 수 있는 다른 변인들, 예컨대 지역주의나 노무현 정부의 평가 등 2007, 2008년 선서 기간 중 제기된 다른 변인들은 고려하지 않을 것이다. 여기서 사용하는 자료는 동아시아연구원EAI과 중앙일보, SBS, 한국리서치가 공동으로 실시한 2007년 대통령 선거에서의 여섯 차례 조사와 2008년 국회의원 선거에서의 두 차례 조사 등 모두 여덟 차례의 패널 조사 데이터이다.

2007년 대선과 2008년 총선에서 이념의 영향

한국 선거에서 이념의 영향에 대한 학문적 논의가 시작된 것은 1997년 대통령 선거 이후이라고 할 수 있다. 지역주의가 유권자의 선거 행태를 지배했다고 할 수 있지만, 1997년 대통령 선거에서도 후보 지지에 대한 이념 변인의 영향이 확인되었다(강원택 2003, 제1장). 특히 이회창, 김대중 두 후보에 대한 지지층의 이념적 성향은 서로 뚜렷이 대조되는 특징을 보였는데 이회창의 경우 보수, 안정 희구의 계층이, 김대중의 경우 변화, 진보 지향 유권자의 지지가 보다 두드러지게 나타났으며, 두 후보의 이념적 위치 역시 그들의 지지자들과 근접해 있는 것으로 분석되었다.

그러나 한국 선거에서 이념의 영향이 피부로 느껴질 만큼 본격적으로 드러나기 시작한 것은 역시 2002년 대통령 선거부터일 것이다. 한국 대통령 선거에서 최초로 자신을 '진보적'이라고 규정했던 노무현 후보의 등장과 386세대로 대표되는 진보적 유권자 층의 결속, 여중생 사망 사건 등으로 인한 대미관계 변화를 둘러싼 사회적 논쟁, 전임 김대중 정부 하에서 추진된 햇볕정책에서 파생된 싼 정치적 갈등 등 여러 가지 요인이 결합하여 격렬한 이념적 갈등이 생겨났다. 한나라당 이회창 후보의 매우 강한 보수적 태도 역시 후보자 간 이념적 차별성이 부각되는데 큰 영향을 끼쳤다. 이러한 이념의 영향은 그 뒤 2004년 국회의원 선거에서도 유사한 형태로 확인되었다. 많은 기존 연구에서 2002, 2004년 선거에서 이념적 요인이 유권자에 미친 영향을 실증적으로 확인하고 있다(Kang 2008; Jhee 2006; Lee 2007; 김욱 2006; 조성대 2004; 강원택 2003). 이러한 연구들은 이념적 요인이 선거에 미친 구체적인 효과나 방식에 대해서는 각기 상이한 해석을 내리고 있지만, 이념이 우리나라 선거에서 중요한 요인으로 부각되었다는 점에 대해서는 대체로 동일한 결론에 도달하고 있다.

그렇다면 과연 2007년 대통령 선거와 뒤이은 2008년 총선에서 이념의 영향은 어떠했을까? 과연 이 두 선거에서도 유권자의 이념적 위치ideological position나 후보자 혹은 정당과의 이념적 거리의 근접성proximity of ideological distance이 후보자나 정당의 선택에 영향을 미쳤을까? 이러한 질문이 새삼스럽게 제기되는 것은 2002, 2004년과는 달리 2007, 2008년 선거에서는 선거 운동 기간 중에 이념의 영향이 상대적으로 그다지 강하게 제기되지 않았기 때문이다. 실제로 2002년에 보았던 것과 같은 격렬한 이념적 대립이나 세대 간 갈등을 초래한 쟁점은 2007, 2008년에는 크게 부각되지 않았다. 강원택(2008a)은 2007년 대통령 선거에서는 회고적 투표retrospective voting의 경향이 강했으며, 무엇보다 경제가 가장 중요한 이슈가 되었다고 분석하면서, 민주화 이후 네 차례 대통령 선거에서 권위주의 청산, 정치개혁, 지역주의 타파, 정경유착 해소, 행정개혁, 재벌개혁 등 정치적 이슈가 선거 과정을 주도해 왔던 것과 비교할 때 매우 새로운 모습을 보였다고 평가했다. 즉 민주화 이후에 실시된 다른 대통령 선거와는 상이한 특성을 보인 선거였다는 것이다. 또한 2008년 국회의원 선거에서는 대통령 선거 이후의 정치적 상황의 전개나 이명박 정부의 초기 실책이 일부 유권자의 지지의 변화를 가져오는데 커다란 영향을 미쳤다(강원택 2008b). 그렇다면 과연 2007, 2008년 선거에서도 이념이 중요한 투표 결정의 요인으로 작용했을까?

2007년 대통령 선거와 2008년 국회의원 선거에서 이념이 후보와 정당 선택에 미친 영향을 분석하기 위해서 유권자들이 주관적으로 평가하는 이념적 입장에 대한 태도와, 특정 쟁점 정책을 중심으로 한 시각의 차이 등 두 가지 측정 방식을 모두 고려하였다. 유권자들의 주관적 이념 평가는 자기 자신의 이념적 위치에 대한 인식, 그리고 이명박, 정동영 두 후보 간의 이념적 거리 등 세 가지 변인을 포함했다. 후보자와의 이념 거리에서 설정하고 있는 가정은 다운즈Downs적인 이념적 근접성 모델이다. 즉 이념적 거리가 가까울수록 그 후보에 대한 지지의 확률이 커질 것이라는 입장이다.

한편 이념적 갈등의 쟁점이 되는 구체적인 정책 사안에 대해서는 크게 네 가지 범주의 변인들을 고려했다. 첫째는 '국가 대 시장'의 범주이다. 이는 매우 전통적인 좌우 구분의 기준으로 '국가'를 강조하는 쪽이 진보적 입장으로 국가의 개입을 통한 형평성, 균등을 추구하는 입장이며, 반대로 '시장'을 강조하는 쪽이 보수적인 입장으로 효율과 경쟁을 추구하는 입장이다. 이 모델에서는 성

[표1] 이명박-정동영 지지에 대한 이항 로지스틱 모델

범주	정책	B	Wald	Exp(B)
국가 대 시장	성장보다 분배 중요	0.47[1]	20.01	1.60
	대기업 규제 완화	-0.35[1]	11.89	0.70
	대학 본고사 실시	0.42[2]	5.66	1.52
자유, 권리 대 권위, 질서	집회 및 시위 보장	-0.13	1.56	0.88
	여성의무 고용제	0.03	0.07	1.03
반공 이데올로기	국가보안법 개정/폐지	0.29[1]	7.82	1.33
	남북정상 회담 평가	1.09[1]	49.81	2.97
	한미동맹 강화	-0.23[2]	4.45	0.79
	대북지원	-0.48[1]	15.21	0.62
대외 개방	한미 FTA 비준	0.28	3.40	1.32
	대외개방	-0.22	3.38	0.80
주관적 이념	개인 주관적 이념 위치	0.19[1]	13.30	1.21
	이명박과 이념 거리	-0.15[1]	10.28	0.86
	정동영과 이념 거리	0.15[1]	9.10	1.17
	상수	-1.65[2]	4.66	

-2 Log likelihood = 876.7 Cox & Snell R^2= 0.29 percentage correct 80.4

주1. 종속변인 : 정동영 - 0, 이명박 - 1
주2. 1 - p<0.01, 2 - p<0.05
주3. 여성의무고용제, 집회/시위 보장, 분배가 성장보다 중요, 대기업 규제 완화, 한미동맹 강화, 국가보안법 개정/폐지(1차 조사) : 1 - 매우 찬성, 2 - 대체로 찬성, 3 - 대체로 반대, 4 - 매우 반대
대북 지원(4차 조사) : 1 - 대북지원 전면 중단, 2 - 인도적 지원에 한정, 3 - 현재 수준 유지, 4 - 대북지원 확대
대외개방정책(2차 조사) : 1 - 지금보다 더 적극적으로 개방 확대해야 한다, 2 - 현재 속도로 개방 유지해야 한다, 3 - 현재보다 개방 속도 늦춰야 한다, 4 - 개방정책 축소/폐지해야 한다
남북정상회담(2차 조사. 정상회담 이전) : 1 - 매우 긍정적, 2 - 어느 정도 긍정적, 3 - 다소 부정적, 4 - 매우 부정적
한미 FTA 비준(1차 조사) : 1 - 비준해야 한다, 2 - 체결내용 검토 후 비준여부 결정해야 한다, 3 - 비준하지 말아야 한다
대학본고사 실시 : 0 - 실시해야 한다, 1 - 실시해서는 안 된다[참조범주]
개인 주관적 이념(6차 조사) : 0 - 가장 진보, 5 - 중도, 10 - 가장 보수
이명박, 정동영 이념거리(6차 조사) : (Σ | 개인 주관적 이념 위치-각 후보 주관적 이념 위치 |)/n

장 대 분배, 대기업 규제 완화, 대학 규제와 자율 등 세 가지 변인을 포함했다.

두 번째 범주는 '자유, 권리 대 권위, 질서'에 대한 것이다. 자유지상주의 libertarian와 권위적 authoritarian 태도의 차이를 의미하는 것으로, 개인의 자유와 인권, 소수자 보호를 강조하는 쪽이 진보적 입장이며 전통, 질서, 권위 등을 주장하는 쪽이 보수적 입장이다. 여기서는 여성 우대 정책과 집회 및 시위에 대한 관용적 태도 등 두 가지 변인을 포함했다.

세 번째는 반공 이데올로기의 범주이다. 이는 비교정치적으로 보편적인 보수-진보 구분의 기준이라고 할 수는 없지만 우리나라 정치에서는 매우 중요한 영향을 미치는 요인이다. 이는 한국정치에서 이념적 갈등의 역사적 요인 혹은 정치상황적 contextual 요인이라고 정의할 수 있으며, 그동안 경험적으로 가장 첨예한 정치적 갈등의 근원이었다. 여기에서는 국가보안법 개정/폐지, 남북정상회담에 대한 평가, 대북지원, 미국과의 안보동맹 강화 등 네 가지 변인이 포함되어 있다. 그런데 이 세 가지의 범주는 이전의 연구에서도 자주 거론되었던 구분이다(Kang 2008; Lee 2007).

네 번째 범주는 다소 새로운 것이다. 대외개방과 관련된 시각의 차이이다. 그동안 대외개방 문제는 한국정치에서 그다지 심각한 쟁점으로 부상하지 않았으며, 보수-진보로 구분하기 어려운 애매한 점이 있었다. 그러나 한-칠레 FTA, 한미 FTA 등을 둘러싼 사회적 논란을 경험하면서 정치적으로 중요한 의제로 등장하기 시작했고 유권자들의 입장도 비교적 이전에 비해 보다 명료해지는 것으로 보인다. 실제로 이 조사 자료에서는 이념적 입장에 따라 대외개방 문제에 대해 비교적 분명한 이념적 차이가 확인된다.[1] 대외개방을 주장하는 입장이 보다 보수적이며, 대외개방에 소극적인 입장이 진보적인 것으로 나타

---

1) 이번 조사에서 대외개방에 대한 태도와 자기 주관 이념의 관계는 다음과 같이 t-test 결과 비교적 분명하게 구분되어 나타났다. 보수적 입장이 개방에 호의적이며, 진보적 입장에 개방에 소극적이거나 부정적인 것으로 나타났다.

구분	개방 확대해야	개방 축소/조정해야	t - test
평균	5.60	5.23	4.09

주. 0 - 아주 진보, 5 - 중도, 10 - 아주 보수

났다. 이러한 이념적 태도는 신자유주의나 세계화를 바라보는 시각과 관련이 있는 것으로 보인다. 로지스틱 모델 속에서는 한미 FTA의 국회 인준에 대한 태도와 전반적인 대외개방에 대한 입장 등 두 가지 변인이 포함되었다.

이러한 이념적 변인에 따른 정치적 선택의 효과가 [표1]과 [표2]에 정리되어 있다. 이들 표는 각각 대통령 선거에서 이명박과 정동영 후보의 선택에 대한 이항 로지스틱 모델, 그리고 국회의원 선거에서 한나라당, 통합민주당, 자유선진당/친박연대의 지지에 대한 다항 로지스틱 모델의 결과를 정리한 것이다. 두 표에서 모두 비교적 매우 일관되고 분명한 이념의 영향을 확인할 수 있다. 2007년 대통령 선거에서 이념을 가르는 쟁점 정책 범주 네 가지 가운데 '국가 대 시장'과 '반공 이데올로기' 두 범주에 속한 모든 변인에서 투표 결정에 뚜렷한 효과가 나타났다. 이 두 범주에 대해서는 여기에 속한 변인들이 모두 통계적으로 유의미한 결과가 나타났으며, 반면 '자유, 권리 대 권위, 질서'와 같은 사회적 이념의 문제나 '대외 개방'의 범주는 통계적인 유의미성이 확인되지 않았다.

'국가 대 시장'의 범주를 보면 분배보다 성장을 강조할수록, 대기업 규제 완화를 찬성할수록, 대학 본고사 부활을 찬성할수록 정동영 후보보다 이명박 후보에 대한 지지가 높아지는 것으로 나타났다. '반공 이데올로기' 범주에서는 국가보안법의 개정이나 폐지에 반대할수록, 남북정상회담을 부정적으로 평가할수록, 한미동맹 강화를 지지할수록 그리고 대북지원에 반대할수록 이명박 후보에 대한 지지가 상대적으로 높아지는 것으로 나타났다. 즉 어느 항목을 막론하고 보수적인 응답을 한 유권자는 이명박 후보에게, 진보적인 응답을 한 유권자는 정동영 후보에게 투표할 확률이 높게 나타났다. 이 두 범주의 응답 패턴은 매우 분명하고 일관된 특성을 보이고 있다. 이런 이념적 패턴은 스스로 자신의 이념적 위치를 평가한 주관적 이념 위치에 대한 인식과 두 후보 간의 이념거리에 대한 인식에서도 마찬가지로 확인된다. 개인의 주관적 이념 위치가 보수적이라고 생각할수록, 자신과 이명박 후보와의 이념 거리가 가깝다고 생각할수록, 정동영 후보와의 이념거리가 멀어질수록 이명박 후보에 대한 지지가 높아지는 것으로 나타났다.

[표1]의 결과는 2007년 대통령 선거에서 이념적 요인은 후보자 선택에 있어서 매우 뚜렷하고 분명한 영향을 미쳤다는 사실을 잘 보여주고 있다. 그리고 특히 '국가 대 시장'이나 '반공 이데올로기'와 관련된 쟁점 정책 분야에 대한 이념적 태도는 매우 일관된 특성을 보여주고 있다. 여기서 한 가지 주목할 점은 전통적으로 좌와 우를 가르는 '국가와 시장'에 대한 이념적 범주는 2002년 대선에서는 유권자의 정치적 선택을 결정하는 요인으로 그다지 강하게 부각되지 않았다는 사실이다(Kang 2008, 471-472). 그러나 [표1]의 결과를 통해 2007년에서는 반공 이데올로기와 함께 '국가와 시장' 범주가 매우 뚜렷한 이념적 균열의 요소로 작용하였음을 확인해 볼 수 있다.

[표1]에서 발견한 이념적 일관성은 국회의원 선거 결과에서도 마찬가지로 확인할 수 있다. 2008년 총선에서도 2007년 대선 때와 매우 유사한 형태로 각 변인의 영향이 확인된다. [표2]는 지역구 투표에서 각 정당을 선택하는데 영향을 끼친 요인을 보여주고 있다. 대통령 선거에서와 마찬가지로 통합민주당과 한나라당에 대한 지지자의 속성은 네 항목에 걸쳐 매우 분명한 차이가 나타났다. 대통령 후보에 대한 선택의 경우만큼 이념의 영향이 분명하고 강하게 나타나지는 않았지만, 이념 범주 네 가지 가운데 [표1]에서와 마찬가지로 '국가 대 시장', '반공 이데올로기' 두 범주에 대해서 통계적으로 유의미한 결과가 나타났다. 2008년 국회의원 선거에서 유권자들은 성장이 중요하다고 생각할수록, 대기업 규제 완화가 필요하다고 생각할수록, 한미동맹 강화가 중요하다고 생각할수록, 국가보안법 개정/폐지에 반대할수록, 남북정상 회담에 대해 부정적으로 평가할수록 그리고 대북지원에 반대할수록 통합민주당보다 한나라당을 지지할 확률이 높아지는 것으로 나타났다. 이러한 특성은 주관적으로 평가한

[표2] 다항 로지스틱 모델 : 총선에서 주요 3당에 대한 투표 결정 요인(지역구)

구분	정당	변인	B	Wald	Exp(B)
한나라당	국가 대 시장	성장보다 분배 중요	0.29[2]	5.40	1.34
		대기업 규제 완화	-0.25[2]	4.23	0.78
		대학 본고사 실시	0.23	1.17	1.26
	자유, 권리 대 권위, 질서	집회 및 시위 보장	-0.006	0.24	0.94
		여성의무 고용제	-0.15	1.16	0.86
	반공 이데올로기	국가보안법 개정/폐지	0.30[2]	6.13	1.35
		남북정상 회담 평가	0.61[1]	12.72	1.83
		한미동맹 강화	-0.23	3.06	0.79
		대북지원	-0.33[2]	4.01	0.72
	주관적 이념	개인 주관적 이념	0.21[1]	11.83	1.23
		이명박 이념거리	-0.10	3.14	0.90
		정동영 이념거리	0.04	0.57	1.04
		상수	-1.19	1.70	
자유선진/친박연대	국가 대 시장	성장보다 분배 중요	0.20	1.28	1.23
		대기업 규제 완화	-0.24	1.73	0.79
		대학 본고사 실시	0.43	1.92	1.54
	자유, 권리 대 권위, 질서	집회 및 시위 보장	0.05	0.63	1.05
		여성의무 고용제	-0.21	1.03	0.81
	반공 이데올로기	국가보안법 개정/폐지	0.20	1.43	1.23
		남북정상 회담 평가	-0.13	0.28	0.60
		한미동맹 강화	-0.04	0.03	0.86
		대북지원	-0.37	2.09	0.69
	주관적 이념	개인 주관적 이념 위치	0.23[2]	6.48	1.26
		이명박과 이념거리	-0.13	2.13	0.88
		정동영과 이념거리	0.11	1.75	1.11
		상수	-0.98	0.54	

-2 Log likelihood = 997.3 $\chi2$=161.8 (p<0.01) Cox & Snell $R2$ = 0.23

주1. 기준범주 : 통합민주당
주2. 각 변인의 설명은 [표1]과 동일

이념적 입장에 대한 차이에서도 다시 확인되는데 자신이 보수적이라고 느낄수록 한나라당에 대한 지지가 높아졌다. 한편, 통합민주당과 또 다른 보수정당들인 자유선진당/친박연대와의 정당 선택에 대해서는 대다수 변인이 통계적으로 유의미하게 나타나지는 않았으며, 개인의 주관적 이념 위치의 효과만이 입증되었다. 개인의 주관적 이념이 보수적일수록 통합민주당보다 자유선진당이나 친박연대 등에 투표할 확률이 높아지는 것으로 나타났다.

　전체적으로 볼 때 〔표1〕과 〔표2〕에서는 2007년 대통령 선거와 2008년 국회의원 선거에서 유권자들이 각 후보나 정당을 선택할 때 이념적 태도가 매우 중요한 영향을 미쳤다는 사실을 알 수 있다. 이념을 구분하는 여러 가지 쟁점 정책에서 매우 일관되고 분명한 차이가 나타났으며 주관적으로 평가한 이념 척도에서도 유사한 차이가 확인되었다. 1997년 대통령 선거 이후 '반공 이데올로기'에 대한 태도를 중심으로 정치 전면에 서서히 부각되기 시작한 이념적 균열이 '국가와 시장'과 같은 전통적이며 실용적인 문제에까지 확대되면서 한국 선거 정치에 이념적 균열이 '내재화' 되어 가고 있음을 보여주는 것이라고 할 수 있다. 이념 변인의 내재화의 경향을 감안할 때, 향후에 치러질 선거에서도 이념은 한국 선거에서 중요한 요인으로 계속해서 영향을 미칠 것으로 보인다 (이갑윤 외 2008 참조).

　그러나 이러한 이념적 균열의 내재화가 '국가와 시장'과 같은 경제 정책에 대한 가치를 반영하게 되었지만 서구에서와 같은 계급적 특성을 지니는 것으로 변모하고 있다고 보기는 아직은 어렵다. 〔표3〕에서 보는 것처럼 가구 소득이 높아질수록 보다 진보적인 성향이 강해지는 경향이 나타나고 있기 때문이다. 즉 가구 소득별 이념의 차이가 확인되기는 하지만 서구에서 나타나는 패턴과는 오히려 반대되는 모습이 나타나고 있다. 오히려 이념적 입장에 대한 차이는 교육 수준에 따라 보다 뚜렷하게 나타난다. 교육 수준이 높아질수록, 특히 대학재학 이상 학력 집단의 경우에 상대적인 진보성이 다른 학력 집단에 비해 보다 강하게 나타나고 있다.

[표4]는 구체적인 쟁점 정책별 태도 및 자기 이념평가와 가구소득과 교육 간의 상관관계 correlation를 정리한 것이다. 여기에서도 교육 변인의 상관계수가 보다 강하게 나타나고 있다. 즉 전반적으로 우리나라 정치에서 이념에 영향을 미치는 요인은 가구 소득과 같은 경제적 변인보다는 교육 변인이 보다 중요하다는 것이다. 그러나 [표4]에서는 가구 소득의 차이 역시 쟁점 정책의 성격에 따라서는 매우 분명한 이념적 차이를 만들어 낸다는 것을 보여주고 있다. 예컨대 분배와 성장의 항목에서는 교육 변인에서보다 강한 상관관계가 확인되었고, 대외개방 문제에 대해서도 통계적인 유의미성을 얻지 못한 교육 변인과는 달리 저소득층일수록 거부감이 커지는 뚜렷한 경향이 확인되었다. 이 두 가지 정책 모두 실생활과 관련된 경제 이슈라는 점에서, 정책의 속성에 따라서는 가구 소득과 같은 '계급적' 요인이 이념적 차별성을 보다 뚜렷하게 만들어 낼 가능성을 시사해 주고 있다.

[표3] 가구소득과 교육별 주관적 이념 평균

변인	구분	평균	n	분산분석
가구 소득	하	6.21	141	F=6.68
	중하	5.62	254	p<0.01
	중	5.52	481	
	중상	5.38	495	
	상	5.33	711	
교육 수준	중졸 이하	5.96	179	F=23.95
	고졸	5.80	661	p<0.01
	대재 이상	5.24	1271	

주1. 이념 : 0 - 가장 진보적, 5 - 중도, 10 - 가장 보수적
가구소득: 하(-99만원), 중하(100-199만원), 중(200-299만원), 중상(300-399만원), 상(400만원+)

이념의 효과와 관련하여 이번에는 각 후보별 지지자의 이념적 분포에 대해서 살펴보았다. [표5]는 2007년 대통령 선거와 2008년 국회의원 선거에서 각 후보와 정당을 선택한 유권자의 이념 평균은 그 이전의 대선과 총선에서의 각 정당/후보자에 대한 지지자의 평균과 비교한 것이다. 지지자들의 이념 평균을 보면 이전 선거와 2007, 2008년 선거 간에 분명한 차이를 느낄 수 있다. 2002년 대선과 비교해 보면, 이회창 지지자들에 비해 이명박 지지자들의 이념 평균

[표4] 각 쟁점 정책과 가구소득, 교육수준 간의 상관관계

정책	여성의무 고용	집회 및 시위 자유	분배 중시	대기업 규제 완화	한미 동맹 강화	국가보안법 개폐
가구 소득	0.09[1]	0.01	0.13[1]	0.04[2]	0.08[1]	-0.03
교육	0.10[1]	-0.03	0.10[1]	0.12[1]	0.16[1]	-0.08[1]
정책	대북 지원 축소/조정	본고사 실시	대외개방 확대	남북정상 회담 평가	한미 FAT 인준	주관적 이념 평가
가구 소득	0.00	0.06[1]	-0.05[1]	-0.03	-0.03	-0.10[1]
교육	0.04	0.14[1]	0.00	-0.07[1]	0.01	-0.13[1]

주. 1 - p<0.01; 2 - p<0.05

이 중도 쪽으로 가까워진 반면, 정동영 지지자들의 이념 평균은 노무현 지지자들에 비해 오히려 진보 쪽으로 더욱 강화되었다. 총선에서도 2004년 총선에 비해 한나라당 지지자들의 이념 평균은 중도 쪽으로 이동한 반면, 통합민주당 지지자들은 열린우리당(그리고 민주당) 지지자들에 비해 보다 진보적 성향이 강해졌다. 즉 2007년 대선, 그리고 2008년 총선에서 이명박 후보와 한나라당 지지

층의 이념적 범위는 상대적으로 이전에 비해 넓어진 반면, 정동영 후보와 통합민주당에 대한 이념적 지지 기반은 진보적 이념 성향이 강한 유권자층으로 제한되어 협소해진 것이다. 2007, 2008년 선거에서 이명박 후보와 한나라당 승리의 중요한 한 가지 이유를 짐작하게 해 주는 결과라고 할 수 있다.

[표5] 투표한 후보와 정당별 유권자의 이념 성향

선거	후보자/정당 지지자의 이념 평균				분산분석
2002년 대통령 선거	이회창 6.23	노무현 4.84			t=5.27 p<0.01
2007년 대통령 선거	이명박 5.97	정동영 4.61	이회창 6.22	문국현 4.36	F=85.87 p<0.01
2004년 국회의원 선거	한나라당 6.23	열린우리당 4.84	민주당 4.99	민주노동당 4.66	F=82.28 p<0.01
2008년 총선 (지역구)	한나라당 6.02	통합민주당 4.65	자유선진/친박 5.97	진보신당/민노 4.95	F=32.04 p<0.01
2008년 총선 (정당투표)	한나라당 5.91	통합민주당 4.74	자유선진/친박 5.97	진보신당/민노 4.95	F=40.56 p<0.01

주1. 0 – 가장 진보, 5 – 중도, 10 – 가장 보수
주2. 개인 이념 – 6차 조사 자료
　　 2002년 대선, 2004년 총선 자료 – 1차 조사 자료
　　 2007년 대선 – 6차 조사 자료
　　 2008년 총선 – 8차(총선 2차) 자료

세대와 이념 : 386세대는 어디로 갔나?

앞 절에서 본대로 2007, 2008년 선거에서 이념은 유권자의 투표 결정에 매우 중요한 영향을 미쳤다. 그런데 2002, 2004년 선거에서의 특이했던 점은 이념과 세대가 결합된 특성을 보였다는 것이다. 특히 2002년 대통령 선거에서 '386세대'는 노무현 후보를 당선시키는데 커다란 기여를 했다. 진보적인 이념과 386이라는 세대 집단이 상호 결합하였고 이는 다시 20대 유권자들에게까지 확산되었다. 이러한 젊은 세대의 이념적 진보성은 그들보다 연장자 세대의 보수적인 이념과 갈등을 빚었으며 정치적 지지에서 뚜렷한 차이를 보였다(Kang 2008, 466-467). 2002년의 이러한 특성은 [표6]에서도 다시 확인할 수 있다[2].

[표6]을 보면, 1970년 이후 출생자 집단에서 노무현에 대한 지지가 61.2%로 가장 높았고, 386세대의 노무현 지지가 58.8%로 큰 차이 없이 그 뒤를 이었다. 이 두 집단의 노무현 지지의 비율은 386 이전 출생 세대와 비교할 때 상당히 커다란 차이를 보인다. 여기에 민주노동당 권영길 후보에 대한 투표를 합쳐 진보적 후보에 대한 지지의 비율은 386 이후 출생한 세대의 경우 64.3%, 386세대는 61.2%로 나타나, 이념적으로 본다면 진보적 후보에 대한 지지가 압도적인 비율을 차지하고 있음을 알 수 있다. 이러한 비율은 노무현 지지 비율이 42.1%, 권영길에 대한 지지율은 1.1%인 386 이전 출생 세대와 비교하면 거의 20%에 가까운 큰 투표 성향의 차이를 보이는 것이다. 386세대만을 두고 볼 때 2002년 대선에서 이들이 노무현 후보에게 압도적인 지지 보낸 모습은 여기서도 확인된다.

앞에서 본대로 2007, 2008년 선거에서도 이념적 태도는 정치적 지지의 패턴에 중요한 영향을 미친 것으로 나타났지만, 2002, 2004년과는 달리 386 세대는

---

2) 386 세대는 2007, 2008년 선거 당시에는 대다수가 40대로 접어들었지만, 386 세대가 기본적으로 60년대 출생자 집단을 지칭하는 것이므로 이 글에서는 출생 연대를 기초로 세대를 분류하였다.

[표6] 2002년 대통령 선거에서의 세대별 투표 행태

	386 이후 세대 (2002년 투표자에 한정*)	386 세대 (60년대 생)	386 이전 세대 (59년 이전 출생 세대)
이회창	25.5	32.9	52.9
노무현	61.2	58.8	42.1
권영길	3.1	3.3	1.1
기타	0.9	1.1	1.7
기권	9.3	3.9	2.2
합계 (n)	100.0 (1123)	100.0 (794)	100.0 (1271)

* 1980년대 출생자 가운데 2002년 투표권이 없는 응답자는 제외하였음.
자료 : 1차 조사자료

2007, 2008년 선거에서는 정치적으로 '실종'되었다. 불과 4~5년 전에 정치적 진보를 상징하던 집단인 386세대는 2007, 2008년 선거에서는 거의 주목의 대상이 되지 못할 만큼 정치세대로서의 집단적인 정치적 정향을 드러내지 않았다. 2007, 2008년 선거에서 386세대는 과연 어디로 간 것이며 왜 그러한 변화가 생겨났을까?

[표7]는 2007, 2008년 선거에서 386세대를 기준으로 각 세대 집단의 투표 성향을 정리한 것이다. 이 표의 분석을 보면 세대별로도 상당한 차이가 확인되지만, 동시에 앞의 [표6]과 비교할 때 2002년과도 적지 않은 변화가 감지된다. 2007년 대선에서 386세대의 57.2%는 보수 후보인 이명박 후보를 지지했으며, 그 절반도 안 되는 24.5%만이 진보적이라 할 수 있는 정동영 후보에게 표를 던졌다. 이명박 후보보다 보수적으로 평가 받았던 이회창 후보를 지지한 386세대의 비율도 11.6%에 달했다. 이명박·이회창 두 후보에 대한 386세대의 지지의 비율을 합하면 모두 68.8%에 달한다. 5년 전 대통령 선거에서 386세

대의 61.2%가 노무현·권영길 등 진보적 후보를 지지했던 것과 비교하면 커다란 지지의 이전을 확인할 수 있다. 한편, 386 이후 출생 세대의 58.7%, 386 이전 출생 세대의 77%가 보수 성향의 두 후보를 지지한 것으로 나타났는데, 2002년과 비교하면 전반적으로 보수 후보들의 뚜렷한 강세를 확인할 수 있다. 2002년에는 386세대가 20대 유권자들과 유사한 투표 행태를 보였던 것과는 달리, 2007년 대통령 선거에서 386세대는 그들보다 젊은 세대의 정치적 선택과는 상당한 차이를 보였다. 386 이후 출생 세대와 386세대가 정동영 후보에 대한 지지에서는 대체로 비슷한(낮은) 지지율을 보였지만, 386 이후 출생 세대에서 문국현에 대한 지지가 상대적으로 높게 나타났다는 점을 고려할 때 386세대와 386 이후 출생 세대 간의 정치적 선택은 달라졌다고 보는 것이 적절할 것이다.

국회의원 선거의 지역구 투표에서도 386세대의 다수는 한나라당을 선택했다. 그러나 대선과 비교할 때는 진보 정당군에 대한 386세대의 지지율은 상대적으로 높게 나타났다. 그러나 정당투표에서는 보수적인 자유선진당과 친박연대에 대한 386세대의 투표 비율이 매우 높았다는 사실도 주목할 만하다. 이러한 결과는 지역구 투표에 비해 정당 투표에서 진보 정당 군에 대한 투표 비율이 상대적으로 높아진 386 이후 출생 세대의 투표 행태와 비교할 때, 386세대의 투표 행태가 전반적으로 '보수적으로' 변화되었음을 보여주고 있다.

위의 〔표7〕의 결과는 2002, 2004년과 2007, 2008년에 386세대의 정치적 선택이 크게 달라졌음을 실증적으로 확인해 주고 있다. 여기서 궁금한 점은 386세대 가운데서도 특히 2002년 대통령 선거에서 노무현을 지지했던 유권자들이 2007년에는 과연 어떠한 정치적 선택을 했을까 하는 점이다. 아마도 이들에 대한 지지 이전의 분석이 386세대의 정치적 선택이 변화되었음을 보다 분명하게 입증해 줄 수 있을 것으로 생각된다. 이를 위해 386세대만을 대상으로 2002년 노무현과 이회창 후보에게 투표한 이들이 2007년 대선과 2008년 총선에서는

[표7] 2007년 대선과 2008년 총선에서의 세대별 투표 행태

		386 이후 출생 세대	386 세대	386 이전 출생 세대	chi-square
2007년 대선	이명박	46.0	57.2	66.8	$x^2 = 102.0$
	정동영	25.3	24.5	19.9	$p<0.01$
	이회창	12.7	11.6	10.2	
	문국현	16.0	6.8	3.2	
	합계(n)	100.0(676)	100.0(458)	100.0(725)	
2008년 총선 (지역구)	한나라당	39.3	51.1	59.8	$x^2 = 39.9$
	진보 정당군 *	51.2	40.6	27.9	$p<0.01$
	선진/친박	9.5	8.2	12.3	
	합계(n)	100.0(285)	100.0(219)	100.0(391)	
2008년 총선 (정당투표)	한나라당	29.1	39.9	45.7	$x^2 = 58.4$
	진보 정당군 *	59.2	37.8	31.4	$p<0.01$
	선진/친박	11.7	22.3	22.9	
	합계(n)	100.0(299)	100.0(238)	100.0(411)	

* 진보 정당군 : 민주당, 창조한국당, 민주노동당, 진보신당

누구를 선택했는지에 대해 살펴보았다.

[표8]에서는 흥미로운 결과가 나타났다. 2002년 대선에서 노무현 돌풍의 주역이 386세대였지만, 2007년 대선에서는 노무현을 지지했던 386세대 가운데 다수가 정동영 후보가 아니라 이명박 후보에게 투표한 것으로 나타났기 때문이다. 노무현 투표자 가운데 정동영 후보에 대한 지지의 비율은 39.2%에 불과한 반면, 이명박 후보에 대한 지지는 이보다 높은 43.4%로 나타났다. 여기에 이회창을 지지한 8.4%를 합치면 2002년 대통령 선거에서 노무현을 지지한 386세대 유권자 가운데 50% 이상이 '보수 정당의 후보'를 선택한 것이다. 이에 비해서 2002년 대선에서 이회창을 선택한 '보수적인' 386세대 유권자의 압도적

[표8] 386세대의 투표 선택의 변화

2004년 투표 후보		노무현	이회창
2007년 대통령 선거	이명박	43.4	82.2
	정동영	39.2	0
	이회창	8.4	14.9
	문국현	9.0	3.0
	합계(n)	100.0(166)	100.0(101)
2008년 총선 (지역구)	한나라당	38.4	75.6
	진보 정당군	60.3	13.3
	자유선진당/친박연대	1.4	11.1
	합계(n)	100.0(73)	100.0(45)
2008년 총선 (정당투표)	한나라당	29.5	64.0
	진보 정당군	59.0	2.0
	자유선진당/친박연대	11.5	34.0
	합계(n)	100.0(78)	100.0(50)

다수인 82.2%는 이명박을, 그리고 15% 정도는 이회창을 선택함으로써, 결국 2002년 이회창 지지로부터 이탈한 386 유권자는 거의 없는 것으로 나타났다.

2004년 국회의원 선거에서 노무현 지지 386의 이탈 비율은 다소 줄어들지만 그 패턴은 2007년 대통령 선거에서와 대체로 유사하다. 2002년 노무현을 지지한 386 유권자의 60%는 진보 정당군을 지역구에서나 정당 투표에서 선택한 반면, 약 40% 가량은 한나라당이나 자유선진, 친박연대와 같은 보수 정당으로 이탈한 것으로 나타났다. 그러나 386세대 중 2002년 이회창 지지자는 거의 전부가 한나라당 혹은 기타 보수 정당의 지지로 이어졌다. [표8]의 결과는 노무현 돌풍을 지원한 386 유권자의 다수가 그 지지로부터 이탈하였으며, 386세대의 정치적 선택이 변화했다는 사실을 잘 보여주고 있다.

이러한 결과는 매우 흥미롭다. 왜냐하면 2002년 대통령 선거에서 386세대를 규정지었던 것은 이들 세대의 강한 진보적 이념성이었기 때문이다. 이들은 노무현 후보가 "반미가 뭐가 나쁘냐"라고 말했을 때 열광했고, 국가보안법이나 대북 관계 등 정치적으로 민감한 이슈에 대해서 매우 진보적인 특성을 보였다. '노사모'라는 전례 없는 인터넷을 통한 자발적인 정치인의 팬클럽을 만들어 선거 운동을 지원했던 이들의 다수도 386세대였다. 그러나 불과 4~5년 사이에 386세대 가운데 다수는 〔표7〕, 〔표8〕에서 본대로 '보수 정당' 후보인 이명박을

[표9] 출생 연대별 이념 평균과 주요 후보와의 이념 거리

	자기 이념 평균	이명박과의 이념거리 평균	부등호	정동영과의 이념거리 평균
1980년대 출생	5.07	1.93	>	1.68
1970년대 출생	4.95	1.97	>	1.73
1960년대 출생	5.45	1.81	<	1.90
1950년대 출생	5.79	1.69	<	2.27
1940년 +이전 출생	6.26	1.82	<	3.12

자료 : 6차 조사
주1. 이념 : 0 – 가장 진보, 5 – 중도, 10 – 가장 보수

선택했다. 이런 변화를 어떻게 이해해야 할까?

386세대의 주된 정치적 특성이 이념적인 진보성에 있다면 386세대의 정치적 변화를 이해하기 위해서는 우선 이들의 이념적 변화에 대해서 먼저 살펴보아야 할 것이다. 〔표9〕는 출생 연대별로 구분한 각 연령 집단의 자기 이념 평균과, 각 유권자가 느끼는 이명박-정동영 두 후보와의 이념적 거리의 평균을 분

석한 것이다. 몇 가지 주목할 만한 특성을 찾아볼 수 있다.

첫째, 2002년과 같은 386세대의 이념적 특이성을 발견하기 어렵다는 점이다. 386세대는 그들보다 젊은 1970~1980년대 출생 집단과 비교하면 '상당히' 보수적으로 나타났다. 386세대보다 이전에 출생한 집단과 비교할 때는 상대적으로 진보적인 입장이 확인되지만 과거 보았던 것과 같은 386의 '특출한' 이념적 진보성은 확인되지 않는다. 386세대의 이념적 위치는 그들보다 젊은 세대와 연로한 세대 사이의 중간에 자리 잡고 있다. 두 번째, 이념적으로 가장 진보적인 집단은 1970년대 출생자들이었으며 이들은 그들보다 젊은 세대인 1980년대 출생자보다 오히려 진보적인 것으로 나타났다. 즉 20대 유권자들이 30대 유권자들보다 대체로 더 보수적이었다는 것이다. 세 번째는 이명박, 정동영 두 후보와의 주관적인 이념 거리 ideological distance의 평균값과 관련된 것으로, 386세대는 이념적 거리에서 정동영 후보보다 이명박 후보에 더 가깝게 느끼고 있는 것으로 나타났다. 이에 비해 386세대보다 젊은 1970~1980년대에 출생한 유권자 집단에서는 이명박 후보보다 정동영 후보에 이념적으로 보다 가깝게 인식하는 것으로 나타났다. 2002년과는 달리 386세대는 그들보다 젊은 세대가 아니라 그들의 연장자 세대들과 함께 '보수적인' 이명박 후보에게 보다 큰 이념적 유사성을 발견한 것이다. 이러한 결과는 앞에서 살펴본 대로 2007년 대선에서 노무현 지지자의 이탈의 원인을 이해할 수 있게 한다.

〔표9〕에서의 결과는 주관적 이념 평가에 기초한 것이다. 이번에는 앞의 〔표1〕, 〔표2〕에서 본 것과 같이 '국가 대 시장', '자유, 인권 대 질서, 권위', '반공 이데올로기', '대외 개방' 등 이념의 네 가지 범주에 포함된 구체적인 쟁점 이슈에 따른 세대별 입장의 차이에 대해서 살펴보기로 한다.

〔표10〕은 386세대의 이념적 입장과 관련하여 눈길을 끄는 특성을 보여주고 있다. 전반적으로 볼 때 386세대의 쟁점 정책에 대한 입장은 386 이전 출생 세대와 이후 출생 세대의 중간적 위치에 놓여 있다고 할 수 있다. 〔표9〕의 주관적

[표10] 구체적인 쟁점 정책에 대한 세대별 태도

범주	정책	태도	386 이후 출생 세대	386세대	386 이전 출생	교차분석
국가 대 시장	성장보다 분배 중요	찬성	60.6	59.1	62.1	$x2=1.9$
		반대	39.4	40.9	37.9	$p = 0.38$
		n	1402	789	1233	
	대기업 규제 완화	찬성	65.5	71.9	81.4	$x2=84.6$
		반대	34.5	28.1	81.6	$p <0.01$
		n	1402	782	1234	
	대학 본고사 자율 실시	찬성	47.8	55.9	78.9	$x2=203.0$
		반대	52.2	44.1	21.1	$p <0.01$
		n	984	642	912	
자유, 권리 대 권위, 질서	집회 및 시위 보장	찬성	66.1	64.3	51.7	$x2=63.4$
		반대	33.9	35.7	48.2	$p <0.01$
		n	1407	795	1247	
	여성의무 고용제	찬성	75.0	76.2	82.2	$x2=21.8$
		반대	25.0	23.8	17.8	$p <0.01$
		n	1411	797	1273	
반공 이데올로기	국가보안법 개정/폐지	찬성	69.4	67.5	54.1	$x2=72.5$
		반대	30.6	32.5	45.9	$p <0.01$
		n	1388	785	1218	
	남북정상 회담 평가	긍정	75.1	73.4	60.6	$x2=59.9$
		부정	24.9	26.6	39.4	$p <0.01$
		n	1149	674	1021	
	한미동맹 강화	찬성	51.4	64.1	82.4	$x2=279.4$
		반대	48.6	35.9	17.6	$p <0.01$
		n	1408	790	1228	
	대북지원	찬성	40.1	30.8	27.1	$x2=36.1$
		반대	59.9	69.2	72.9	$p <0.01$
		n	944	578	851	
대외 개방	한미 FTA 비준	비준	25.9	41.1	52.4	$x2=183.6$
		비준반대*	74.1	58.9	47.6	$p <0.01$
		n	1332	773	1144	
	대외개방	개방	60.1	64.1	70.9	$x2=27.8$
		축소/조정	39.9	35.9	29.1	$p <0.01$
		n	1159	676	1011	

* 비준반대는 '검토 후 결정해야' 와 '비준 반대' 를 모두 포함한 값임

이념 평가에서 나타난 것과 비슷한 특성을 보여주는 것이라고 할 수 있다. 이러한 점은 특히 '국가 대 시장'과 '대외 개방' 범주에서 상대적으로 분명하게 확인된다. 이는 386세대가 보수화되었지만 386 이전 세대와 유사한 정도의 강한 보수성을 갖고 있는 것은 아니라는 해석도 가능할 것이다.

그러나 [표10]에서는 386세대의 이념적 태도와 관련하여 또 다른 주목할 만한 특성을 발견할 수 있다. 386세대는 11가지 쟁점 사안 가운데 '집회 및 시위에 대한 보장', '국가보안법 폐지/개정', '남북정상회담의 성과에 대한 평가' 등에 대해서는 386 이후에 출생한 젊은 세대와 대체로 유사한 비율의 진보적 성향을 보이고 있는 반면, 386 이전 출생 세대와는 12~17% 정도의 뚜렷한 응답 비율의 차이를 보이고 있다. 그런데 이들 이슈는 2002년 대통령 선거 때 커다란 정치적 쟁점이 되었던 것이기도 하며, 세대 간 갈등을 야기했던 주요 정책들이기도 했다. 더욱이 이들 이슈는 80년대 대학가 학생운동의 주장과도 맥을 같이 하는 것이며 386세대를 정치적으로 상징하는 정책이기도 하다. 즉 이러한 모습은 386세대가 이아 같은 이념직 쟁점 사안에 대해서는 상대적 진보성이 여전히 유지되고 있음을 시사하는 것이다.

그러나 [표10]에서는 동시에 '실질적인' 사안에 있어서 386세대가 보수화되는 특성도 발견할 수 있다. 예컨대, 대북 지원에 대한 386세대의 응답 패턴은 보다 젊은 집단과 연장자 집단의 중간 정도에 놓이기는 하지만, 그 비율에 있어서 70-80년대 출생자 집단과는 대북 지원 문제에 있어 약 10% 정도의 차이를 보이고 있다. 반면 386 이전 세대와의 차이는 3.7%로 오히려 그 격차가 작았다. 앞서 지적한 대로, 386세대는 반공 이데올로기와 관련된 쟁점, 즉 국가보안법이나 남북정상회담 등에 대해서는 진보적인 응답이 높게 나타났다. 그러나 대북 지원에 대해서는 보수적인 응답의 비율이 높게 나타난 것이다. 이념적인 차원에서의 진보성에도 불구하고, 북한에 대한 경제적 지원이라고 하는 현실적 문제에 대해서는 소극적인 태도가 386세대에서 나타나고 있는 것이다.

[표10]의 결과를 종합적으로 볼 때, 386세대의 이념적인 진보성, 특히 반공 이데올로기나 집회 및 시위 등에 대한 진보적 입장은 여전히 유지되고 있다고 할 수 있다. 그러나 실질적으로 경제적 비용을 부담해야 하는 '대북 지원'과 같은 사안에 대해서는 다소 소극적인 모습을 보이는, 두 입장 간의 괴리 혹은 이중적인 태도가 존재함을 시사해 주고 있다.

이번에는 '실질적 문제'에 대한 386세대의 관심을 보다 구체적으로 알아보기 위해서 2007년 대선에서 세대별로 가장 큰 관심을 가진 정책 분야가 어떤 것인지에 대해 살펴보았다. [표11]에서 보듯이, 세대와 무관하게 전체적으로 가장 큰 관심의 대상이었던 것은 고용 문제였으며, 그 뒤로 부동산과 교육 문제가 뒤를 이었다. 이들 세 이슈가 전체 응답의 63.5%를 차지했으며, 대북 관련, 대미 관계와 같은 '정치 이슈'는 유권자의 관심을 거의 끌지 못했다. 세대

[표11] 대통령 선거에서 유권자가 스스로 가장 중요하게 생각하는 정책 과제

중요 정책	출생 연대별 세대 구분					
	80년대	70년대	60년대	50년대	40년대 –	평균
교육	13.0	20.5	27.1	12.9	15.2	18.7
부동산	19.8	20.6	21.2	22.8	19.9	20.9
대북관련	4.0	2.4	3.8	5.8	8.4	4.7
연금개혁	9.1	6.1	7.3	9.1	7.0	7.5
대미관계	2.0	1.2	1.6	2.9	4.8	2.4
고용	33.4	23.9	22.3	25.2	21.9	24.8
조세	6.8	7.6	6.7	7.7	5.2	6.8
금융	6.2	9.3	4.7	6.7	7.5	6.9
보건의료	5.4	5.9	3.6	4.1	6.1	5.0
기타/모름	0.3	2.6	1.7	2.8	4.0	2.3
합계 (n)	100.0	100.0	100.0	100.0	100.0	100.0
	(353)	(591)	(579)	(417)	(441)	(2382)

별 관심사를 보면, 역시 20대 유권자들인 1980년대 출생자 집단의 가장 큰 관심사는 고용 문제로 나타났다. 그 응답 비율이 33.4%로 그 세대 내의 응답 중에서도 압도적으로 높았으며 다른 세대의 응답에 비해서도 거의 10% 이상 높았다. 20대 자녀가 많은 1950년대 출생자 집단에서도 고용 문제가 비교적 높은 응답률을 나타냈다.

한편, 386세대에 가장 중요한 관심은 교육정책으로 27.1%로 이 응답 역시 다른 연령 집단에 비해서도 높았고 60년대 출생 집단 내에서도 가장 높은 비율의 응답이었다. 이런 결과는 이들 세대에서 중고등학교에 다니는 자녀를 둔 이들이 많았기 때문으로 보인다. 그 다음으로 고용 정책, 부동산 정책의 순으로 나타났으며, 2002년 대통령 선거 때 크게 부각되었던 대미관계나 대북정책에 대한 386세대의 관심은 각각 3.8%, 1.6%로 전체 평균에도 미치지 못했다. 즉 386세대가 2007년 대통령 선거에서 가장 크게 관심을 보인 정책 분야는 실용적인 생활의 문제이며 2002년처럼 세대 간 이념적 갈등을 불렀던 사안에 대해서는 거의 주목하지 않았다. 즉 2002년 대통령 선거에서는 기본적으로 이념적 요인이 별다른 중요성을 갖지 못했으며, 고용, 교육, 부동산과 같은 실질적인 생활의 문제가 유권자들의 관심을 끌었다고 할 수 있다.

이러한 특성은 2008년 국회의원 선거에서도 유사하게 확인된다. [표12]는 총선에서 각 정당이나 후보가 제시한 지역 개발 공약에 대해서 유권자들이 얼마나 영향을 받았다고 생각하는지 그 응답의 패턴을 세대별로 정리한 것이다. [표12]의 결과는 지역개발 공약이 유권자의 정치적 결정에 비교적 큰 영향을 미쳤다는 사실을 알 수 있다. 지역 개발에 대한 영향은 흥미롭게도 가장 젊은 1980년대 출생 집단에서 가장 높은 41.3%로 나타났다. 이들 세대가 20대임에도 불구하고 60-70년대 출생 집단과는 달리 이념보다 실질적인 문제에 큰 관심을 갖는 이들이라는 사실을 시사해 준다. [표9]에서 본대로 20대 유권자 집단은 30대 유권자 집단보다 이념적으로 보수적이었다. 한편, 지역 개발 공약에 영향을 받았다는 두 번째로 높은 비율은 386 세대에서 나타났는데 39.6%가 영향을 받았다고 응답했다. 대통령 선거에서 교육, 부동산에 대한 큰 관심이나 대북 지원에 대한 소극적 태도 등에서 보여준 것처럼, 386세대가 2007, 2008년 선거에서 일상생활과 관련된 물질적 이슈에 대해 큰 관심을 갖고 있었음을 다시 확인할 수 있다.

2002년 대통령 선거와 2004년 국회의원에서 386세대를 규정한 것은 정치적, 이념적 요인이었다. 여중생 사망 사건으로 인한 대미관계의 변화, 대북관계, 국가보안법 등 첨예한 이념적 갈등을 불러 온 이슈가 부각되는 상황에서 386 세대의 진보성 역시 두드러졌다. 그러나 2007, 2008년 선거에서는 앞의 〔표11〕에서 보았듯이, 남북관계, 대미관계 등의 이슈는 별다른 관심의 대상이 되지 못했다. 정치개혁이나 국민통합과 같은 이슈 역시 주목 받지 못했다. 부동산, 교육, 지역 개발, 고용 등 실질적인 경제 관련 생활 이슈가 2007, 2008년의 선거를 지배했던 사안들이었다. 그런 점에서 볼 때 386세대의 진보성이 부각되지 않았던 중요한 이유는 이들의 진보성이 드러날 만한 쟁점 사안이 선거 운동 기간 내내 존재하지 않았기 때문이라고 할 수 있다. 즉 이들을 정치적으로 동원할 만한 이념적 쟁점이 부각되지 않았다는 것 역시 2007, 2008년 선거에서 386세대가 사라져 버린 중요한 요인이었다.

[표12] 2008년 총선 투표 결정에서 지역개발 공약에 대한 영향

	큰 영향 받음	대체로 영향 받음	그다지 영향 받지 않음	전혀 영향 받지 않음	n
1980년대 출생	7.3	34.0	42.7	16.0	150
1970년대 출생	6.3	27.3	50.9	15.5	271
1960년대 출생	6.0	33.6	47.2	13.2	265
1950년대 출생	6.0	28.8	50.7	14.4	215
1940년대 및 그 이전 출생	7.8	30.3	50.2	11.7	231

결론

　2007, 2008년 선거는 2002, 2004년의 선거와 비교할 때 이념적 갈등은 그다지 현저하게 드러나지 않았다. 그러나 이 글에서 살펴본 대로 이념은 선거에서 후보자와 정당의 선택에 매우 중요한 영향을 미쳤다. 보수와 진보 중 유권자의 이념적 입장에 따라 매우 뚜렷하면서도 일관된 투표 선택의 영향이 확인되었다. 특히 이전 선거와 비교할 때 '국가 대 시장'과 같이 전통적으로 좌-우를 가르는 정책 이슈에 대한 시각의 차이가 유권자의 정치적 선택에 미치는 영향이 뚜렷하게 나타났다는 점은 매우 흥미롭다. 이제 한국 정치에서 이념적 균열은 단지 국가보안법이나 대미 관계, 대북 관계 등 반공 이데올로기를 둘러싼 갈등을 넘어서 보다 보편적인 형태로 우리 사회에 '내재화' 되어 가고 있다고 말할 수 있다. 이러한 경제적 가치를 둘러싼 이념적 차별성이 유럽 정치에서 보는 것처럼 계급정치적 속성으로까지 진전된 것은 아니지만, 앞에서 본대로 사안에 따라서는 계층별로 뚜렷한 시각의 차이가 나타나고 있다. 반공 이데올로기를 둘러싼 이념 갈등이 추상적인 가치이자 세계관을 둘러싼 갈등이라면, 국가 대 시장의 이념 갈등은 생활의 문제에 깊이 연루될 수밖에 없는 것이라는 점에서 보다 실질적이고 구체적인 이해관계를 반영한다고 하겠다. 그런 만큼 이념적 갈등은 이제 지역주의의 영향력이 여전히 존재함에도 불구하고 새로운 정치적 균열 구조로 우리 사회에 뿌리 내리고 있다고 볼 수 있다.

　한편, 2002년 노무현 돌풍의 진원지였던 386세대가 2007, 2008년 선거에서 정치적으로 실종된 것은 어느 정도까지는 이들 세대가 나이를 먹으면서 보수화된 결과 때문이라고 생각된다. 그럼에도 불구하고 2002년 '386세대'의 이념적 진보성이 당시 30대가 대다수였던 이들의 연령에서 비롯된 연령효과에 불과하다고 보기는 어려울 것 같다. 앞에서 살펴본 대로 국가보안법 개정/폐지나 남북정상회담 개최, 집회 및 시위 등 정치적으로 매우 예민한 특정 쟁점 정책에 대해서는 여전히 이들의 진보적인 성향이 확인되고 있다. 또한 386세대가 그 밖의 많은 사회적 안건에 대한 시각이 보수화되었다고 하더라도 386 이전 출생 세대의 시각에 비해서는 여전히 상대적으로 진보적인 태도를 취하고 있다. 2007, 2008년 선거에서 이들 세대의 진보성이 부각되지 않았던 것은 대통령 선거와 국회의원 선거에서의 선거 쟁점이 이들을 정치적으로 동원할 수 있을 만한 속성을 지니고 있지 못했기 때문이었다. 정치적인 이슈보다 부동산, 교육, 고용 등 실생활과 관련된 경제적인 이슈가 선거 운동을 지배해 온 상황에서 386세대가 중시하는 진보적인 가치의 문제는 커다란 관심의 대상이 되지 못했던 것이다. 그런 점에서 본다면 향후 대통령 선거나 국회의원 선거에서 또다시 첨예한 '정치적인' 이슈가 부상하게 된다면 386세대의 상당수는 다시 그들의 이념적 진보성으로 회귀할 수도 있을 것으로 보인다.

■ 참고문헌

강원택. 2008a. "2007년 대통령 선거와 이슈: 회고적 평가 혹은 전망적 기대?" 〈의정 연구〉 14권, pp.29-56.

강원택. 2008b. "2007년 대선과 2008년 총선에서의 지지 변화: 누가 왜 바꿨나." 〈한국과 국제정치〉 24권 3호, pp. 1-28.

강원택. 2003. 《한국의 선거 정치: 이념, 지역, 세대와 미디어》. 푸른길.

김 욱. 2006. "16대 대선에서 세대, 이념 그리고 가치의 영향력." 어수영 편. 《한국의 선거 V: 제 16대 대통령 선거와 제 17대 국회의원 선거》, pp. 75-108. 오름

박찬욱, 김경미, 이승민. 2008. "제17대 대통령선거에서 유권자의 사회경제적 특성과 이념 정향이 후보 선택에 미친 영향." 박찬욱 편. 《제17대 대통령선거를 분석한다: 2007년 12월 19일 대한민국 '국민의 선택'》. 생각의 나무.

이갑윤, 이현우. 2008. "이념투표의 영향력 분석: 이념의 구성, 측정 그리고 의미." 〈현대 정치연구〉 1권 1호, pp. 137-166.

조성대. 2004. "4.15 총선과 한국 정치의 갈등 구조: 지역주의와 갈등의 대체." 〈의정 연구〉 18권 2호.

Jhee, Byong-Kuen. 2006. "Ideology and Voter Choice in Korea: An Empirical Test of the Viability of Three Ideological Voting Models." *Korean Political Science Review* Vol.40, No.4, pp. 61-83.

Kang, Won-Taek. 2008. "How Ideology Divides Generations: The 2002 and 2004 South Korean Elections." *Canadian Journal of Political Science* Vol. 41, No.2, pp. 461-480.

Lee, Hyun-Chool. 2007. "The ideological disposition of Koreans." *Journal of Contemporary Asia*, Vol.37, No.4, pp. 472-494.

상충적 태도의 유권자:
민주주의의 적인가, 이상적 유권자인가?

유성진

정치대상에 대한 유권자의 태도와 선택

현실정치에서 대의제 민주주의의 작동은 유권자들에 의한 정치행위자들의 선출, 선출된 정치행위자들의 정책결정과 실행, 이에 대한 유권자들의 평가라는 일련의 과정으로 이루어져 있다. 이 과정에서 대의제 민주주의의 원활한 작동은 다른 무엇보다도 '대표'를 선출하는 유권자들의 역량과 이해와 직결되며, 바로 이런 이유 때문에 유권자들에 대한 평가는 정치학자들의 오랜 탐구과제로 자리매김해 왔다.

유권자들은 선거라는 장 속에서 일련의 정치행위자들을 관찰, 평가하며 이를 통해 최종적인 선택의 결론에 도달한다. 그 선택과정에서 유권자들이 특히 주목하는 대상은 정치권력의 획득을 목표로 각축하는 정당들과 이들을 대표하는 후보자들이다. 정당과 후보들은 유권자들의 '표'를 획득하기 위해 자신들의 장점과 상대방의 약점을 부각시키려고 적극적으로 활동한다. 한편, 유권자들은 정당과 후보로 대변되는 선거에서의 정치행위자들로부터 제공되는 정보를 취득, 평가하며, 이를 토대로 어느 후보, 어느 정당을 선택할지를 결정한다. 요컨대, 선거는 정치행위자들이 유권자들의 표를 얻기 위한 각축장인 동시에 이를 바탕으로 유권자들의 정치적 결정이 이루어지는 판단의 장소가 되는 것이다.

이렇듯 유권자들의 정치대상에 대한 태도attitude는 일종의 쌍방향 의사소통의 산물이다. 문제는 정치행위자들과 유권자들 간에 벌어지는 쌍방향 의사소통의 과정이 대개의 경우 매우 제한적인 매커니즘 속에서 이루어진다는 점이다. 일차적으로 정치행위자들은 자신들에게 유리한 정보를 확대, 재생산하는데 집중하여 제한적인 정보의 생산자로서 기능한다. 다른 한편으로 유권자들은 제공된 정보들 중에서 자신들의 정치적 신념 혹은 기왕의 판단기제에 맞추어 취사선택한다. 제한적 정보의 생산과 차별적인 취득이라는 측면에서 이해되는 정치캠페인 활동의 매커니즘은 정치적 대상에 대한 유권자들의 최종적인 평가와 행위에 다양한 영향을 미치게 된다.

이런 차원에서 이 연구가 담고 있는 목적은 정치대상에 대한 유권자들의 태도를 살펴보고 이것이 유권자들의 구체적인 정치적 판단과 행위와 어떠한 연관을 맺고 있는지 추적하는 것에 있다.[1] 유권자들의 정치대상에 대한 태도를 살펴봄에 있어서 이 글이 특히 주목하고 있는 이론틀은 인식과 평가의 형성에 관한 정치심리학의 최근 논의이다. 최근에 나타난 새로운 움직임들은 유권자들의 대상에 대한 태도를 설명하는 기존의 주된 틀이었던 '일차원적/양극적 이론틀' unidimensional/bipolar framework of attitude formation에 대한 비판으로 시작되어 정치학의 여러 분야로 그 영역을 확대하고 있다.

아래의 이론적 논의에서 보다 자세히 살펴보겠지만 기존의 연구들은 유권자들의 정치대상에 대한 인식이 '호好/불호不好' 라는 두 가지 상반된 요소들 간의 상쇄작용을 거쳐 최종적으로 결정된다는 점을 강조하는 반면, 새로운 이론틀은 '호/불호' 라는 상반된 두 요소가 상쇄되는 경향을 넘어서 때때로 공존할 수 있다는 가능성을 전제하고 이 속에서 유권자들의 여러 정치행위를 추적하고

---

[1] 유권자들의 정치적 대상에 대한 태도는 그 자체로도 흥미로운 연구의 대상이 되지만 그 보다도 유권자들의 인식과 평가가 그들의 의사결정과정과 행위에 막대한 영향을 미친다는 점에서 현실적인 의미를 찾을 수 있다. 무엇보다도 정치대상에 대한 인식과 평가는 유권자들의 정치행위를 결정하는 중요한 요소이며 구체적인 행위로 표현되지 않는 한 실제적으로 큰 의미를 부여하기 어렵다.

있다. 이 과정에서 호/불호의 상반된 두 요소가 서로 공존하는 상태를 지칭하는 '상충적 태도' ambivalent attitude는 유권자들이 정치대상에 갖는 태도에 관한 논의에 있어 핵심적인 개념으로 부상하게 되었다.

위와 같은 목적과 이론틀을 중심으로 한 이 글의 전체적인 구성은 다음과 같다. 우선 다음 장에서는 이론적 논의로서 유권자의 정치대상에 관한 태도를 설명하는 이론적 틀을 전통적인 '일차원적/양극적 논의'와 새로이 각광받고 있는 '이차원적/양변적 논의'로 나누어 비교하고 각각의 논의로부터 파생된 유권자 행위에 관한 상이한 예측을 대조한다. 다음으로, 이론적 논의에 대한 경험적 연구로서 2008년 한국의 18대 총선과정에서 유권자들의 정치적 대상에 대한 태도가 어떠했는지 그리고 그러한 태도가 유권자들의 구체적인 행위와 어떻게 연결되고 있는지 살펴본다. 마지막으로는 본문의 내용을 정리하고 보다 큰 틀에서 이 글의 내용이 주는 함의를 논의함으로 글을 마치고자 한다.

이론적 논의

사회적 속성이나 타고난 성향 등으로부터 기인한 개인의 신념 belief에서 출발하여 환경으로부터 제공되는 정보를 취득하고 이해하는 과정에서 배태된 개인의 태도 attitude, 그리고 이로부터 파생되는 개인의 행위 behavior로의 연계과정에 대한 이해는 사회과학의 주된 연구주제 중 하나였으며 정치학도 이로부터 예외가 아니었다. 특히, 유권자들의 정치행위자에 대한 태도는 유권자들의 정치행위와 직결되며 의사결정과정에 중요한 영향을 미치는 요소로 이해되었기 때문에 학문적 그리고 실제적인 관심의 대상이었다. 그렇다면 유권자들의 정치행위자에 대한 태도는 어떻게 이해되어 왔는가?

유권자들의 정치대상 인식 :
일차원적/양극적 논의 vs. 이차원적/양변적 관점

전통적인 선거연구에 있어서 정치대상에 대한 선호는 개인의 정치행위를 결정하는 중요한 요인으로 지적되어왔다.[2] 정치대상에 대한 선호도가 정치행위를 결정한다는 이러한 가정은 인간의 태도를 일차원적/양극적으로 파악하는 '태도에 관한 전통적인 논의(e.g. cognitive consistency theory; Festinger 1957)'로부터 연유한다. 이 관점에서 보면, 개인의 대상에 대한 태도는 호의적 혹은 부정적 요소로 구성되며, 이 두 가지 요소는 상쇄적reciprocal인 경향을 지니는 것으로 파악된다. 태도에 관한 이러한 일차적인 관점은 하나의 대상에 대한 호의적인 태도와 부정적인 태도는 일차원상에서 즉자적으로 연결되며, 부정적 태도의 증가는 호의적 태도의 감소를, 반대로 호의적 태도의 증가는 부정적 태도의 감소를 의미한다고 본다. 이러한 논의를 시각적으로 표현하면 [그림1]과 같다.

[그림1] 태도에 관한 일차원적/양극적 관점

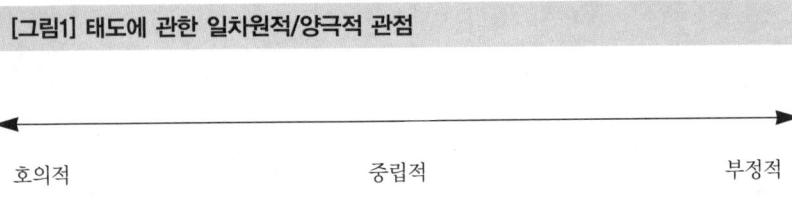

호의적　　　　　　　　중립적　　　　　　　　부정적

---

2) 세부적 차이는 있지만 이러한 관점은 전통적 선거연구의 세 가지 주류 학파 모두에게 적용된다. 예를 들어, 미국 정치에 있어서 개인의 정치행위는 민주당과 공화당에 대한 호/불호의 차이(미시간 학파, Campbell et. al. 1960), 여당과 야당에 대한 호/불호의 차이(V. O. Key 1966; Downs 1957)에 따라 결정되며 호/불호에 있어 어느 하나의 대상에 대한 호의적 감정은 다른 대상에 대한 부정적 감정으로 이해된다.

호의적 · 중립적 · 부정적

여기에서 개인의 대상에 대한 인식의 결과물은 호의적 요소와 부정적 요소와의 총합으로 결정되며 이는 대상에 대한 전반적인 '선호' 혹은 '반감'으로 표현된다. 즉, 호의적/부정적 요소 간의 차이가 구체적 행위의 주된 결정요소로 제시되며 그 차이가 크면 클수록 대상에 대한 '선호' 혹은 '반감'의 강도가 강렬해지고 선택에의 부담이 작아지는 것으로 이해되었다.

최근에 나타나고 있는 인지과학과 정치심리학에서의 새로운 발견들은 인간의 태도에 관한 이런 상쇄적인 해석에 도전한다. 대표적으로 카시오포 등(Cacioppo et. al. 1997)은 상쇄성 reciprocity이 호의적/부정적이라는 태도의 두 요소가 표현될 수 있는 조합의 하나에 불과하며, 때때로 이 두 요소는 전혀 별개의 사물처럼 분리되어 변화하기도 하고 동시에 증가하거나 감소하는 모습도 보임을 지적함으로써, 태도에 관한 '이차원적/양변적 관점'을 제시한다. 이러한 관점에서 보면, 호의적/부정적 요소는 때로는 상쇄되지 않고 공존할 수 있는 태도의 구성요소가 되며 주체의 대상에 대한 태도는 복잡한 여러 가지 상태로 표현된다. 특히, 이 관점에서는 이전의 논의에서 볼 수 없었던 상반된 요소가 공존하는 상태를 '상충적 태도' ambivalent attitude라는 용어를 통해 개념화하고 '상충적 태도'가 개인의 구체적 행위에 미치는 영향을 여러 측면에서 검토하고 있다.

전통적 논의들이 태도를 구성하는 두 요소들 즉, 호의적/부정적 요소들의 상쇄성에 근거하여 두 요소 간의 총합이 결국 개인의 대상에 대한 최종적인 태도('선호' 혹은 '반감')를 결정한다고 파악한 반면에, '이차원적/양변적 관점'에 기반한 개인의 태도는 '일방적one-sided/무관심indifferent/상충적ambivalent'이라는 태도의 연속선으로 측정된다. 다시 말해, 호의적/부정적 요소들의 정도에 따라 어느 한 요소가 절대적 우위를 차지하면 일방적 태도, 두 요소가 균형된 형태로 공존하는 상충적 태도, 두 가지 태도의 중간지점에 두 요소의 부재不在를 나타내는 무관심적 태도로 구분된다. 이를 도식화하면 [그림2]와 같다.
 그림의 내용을 보면, 태도를 결정하는 두 요소인 호의적 요소와 부정적 요소는 '상쇄성'을 표현하는 대각선이 표시하는 것처럼 일차원적으로 결부되어 하나의 요소의 증가가 다른 요소의 감소를 의미하는 방식으로 변화하기도 하고,

[그림2] 태도에 관한 이차원적/양변적 관점

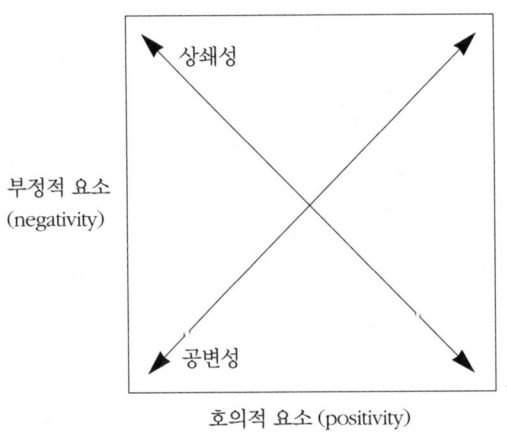

출처: Cacioppo, Gardner, and Berntson (1997)의 논의를 토대로 재구성함.

'공변성'으로 명명된 대각선이 표시하는 것처럼 같이 증가 혹은 감소하기도 하는 속성을 지니게 된다. 따라서, 개인의 대상에 대한 태도는 호의적 요소와 부정적 요소가 독립적으로 증가 혹은 감소하는 상태의 산물로 이해되며, 두 요소 간의 '상쇄성'과 함께 '공변성'을 같이 고려한 결과물이 된다. 달리 표현하면 개인의 대상에 대한 태도는 호의적/부정적 요소 간의 강도strength와 균형valence 모두를 고려한 결과이며, 이는 [그림3]이 보여주고 있는 것처럼 어느 한

요소의 강도가 다른 요소보다 상대적으로 강한 '일방적 태도', 두 요소가 균형을 이루고 있는 '상충적 태도', 두 요소 모두가 미미한 '무관심적 태도' 등 세 가지 다른 종류의 태도로 표현된다.

[그림3] 이차원적/양변적 관점에서 본 개인의 대상에 대한 태도

일방적　　　　　　　　　중립적　　　　　　　　　상충적

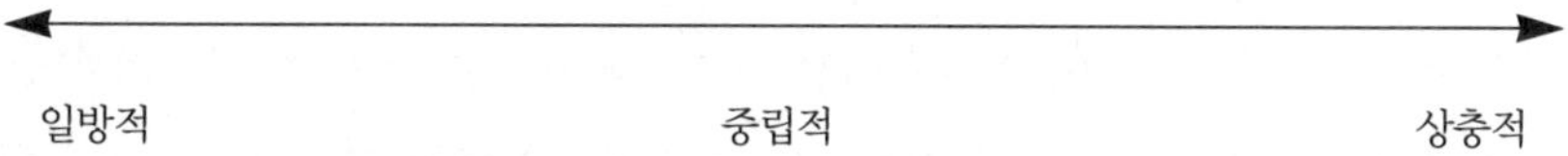

일방적 · 무관심 · 상충적

최근에 등장한 이러한 논의들은 개인의 대상에 대한 태도를 보다 포괄적으로 이해할 수 있는 계기를 마련해 주었다. 무엇보다도 태도를 구성하는 두 요소인 호의적/부정적 요소 간의 공존 가능성을 제시함으로써 '상충적 태도' ambivalent attitude라는 개념을 도출하고 이를 통해 태도에 대한 인식의 지평을 넓혔다. 즉, 개인의 대상에 대한 태도는 이 개념을 중심으로 재구성될 수 있는데 '일방적 태도'는 태도를 구성하는 호의적/부정적 요소 간의 상충성이 매우 낮은 상태로 이해되며, '상충적 태도'는 두 요소 간의 충돌이 상대적으로 극심한 상태로 파악된다. 아울러 두 요소 모두가 매우 낮은 상태를 '무관심적 태도'로 표현함으로써 '호의적-중립적-부정적'이라는 기존의 단순한 구분을 넘어서 포괄적인 논의가 가능하게 되었다.[3] 이렇듯 '상충적 태도'는 호의적/부정

---

[3] 전통적인 '일차원적/양극적' 방식에서는 '상충적 태도'와 '무관심적 태도'는 구분되지 않으며 모두 '중립적 태도'로 규정된다.

적 요소 간의 '격렬성' degree of conflict 을 표현하는 개념으로 등장하여 이후 이 개념이 개인의 구체적인 행위에 미치는 영향을 검토하는 연구들이 쏟아지고 있다.[4]

정치대상에 대한 유권자의 태도와 정치행위

이미 언급했듯이 정치행위자에 대한 태도는 개인의 정치행위를 결정하는 중요한 요인으로 이해되어 왔다. 특히, 유권자들의 정치행위자에 대한 태도는 의사결정과정의 기본적 잣대로 작용한다. 앞에서 논의한 태도에 관한 전통적 논의방식 즉, 일차원적/양극적 관점에 따르면 호의적/부정적 요소의 총합이 대상에 대한 좋고 싫음의 정도로 나타나며 이렇게 결정된 선호는 의사결정의 결과물인 행위에 있어서 중요한 영향을 미친다.

우선, 좋고 싫음의 정도는 정치행위자에 대한 선택을 결정하는 중요한 근거가 된다. 예를 들어, 유권자가 특정 대통령 후보에 대해 강한 호감을 가지고 있으면 선거에서 이 후보자를 선택할 가능성이 높아지는 반면, 특정 후보에 대한 반감의 정도가 심하면 그 후보를 선택할 확률은 그만큼 낮아진다. 또한, 선호 여부와 선택행위 간의 이러한 연관은 특정한 정치행위자에 대한 태도가 유권자 의사결정과정의 난이도를 결정해준다는 점에서 중요하다. 예컨대, 정치행위자에 대한 강한 호감 혹은 반감은 유권자들의 의사결정을 손쉽게 만들어주며 결정에 대한 확신을 높이는 효과가 있다. 또한 손쉬운 의사결정인 만큼 선

---

[4] 이 개념을 중심으로 정치현상을 설명하는 미국정치학계의 대표적인 연구문헌들을 소개하면, Hochschild (1981, 1993); Zaller and Feldman (1992); Alvarez and Brehm (1995, 1997, 1998); Cacioppo, Gardner, and Berntson (1997); Nelson (1999); Lavine (2001); McGraw, Hasecke, and Conger (2003); Huchfeldt, Mendez, and Osborn (2004); Saris and Sniderman (2004); Basinger and Lavine (2005) 등을 들 수 있다. 국내 문헌으로는 김장수(2005), 拙稿(2007)를 참조할 것.

택에의 시간도 그만큼 절약해 주는 효과도 있다. 반면, 정치행위자에 대한 태도의 불확실성은 의사결정과정을 그만큼 어렵게 만들어 유권자들이 결정 자체를 내리기가 쉽지 않고, 결정을 한다 해도 이에 소요되는 시간이 오래 걸리며 자신의 결정에 대한 자신감도 상대적으로 약한 상황에 처하기 쉽다.

이러한 관점에서 전통적 논의에 기반한 선거연구들은 유권자가 대통령 후보나 정당에 관해 분명한 선호를 가지고 있으면 정치에 적극적으로 참여하여 자신들의 의사를 표현하지만, 그렇지 않은 경우 소극적인 정치참여를 보인다고 주장한다. 또한 불확실한 선호를 갖고 있는 유권자들은 선거 막바지까지 결정을 늦추는 경우가 있고, 자신의 결정에 확신이 없어 쉽게 후회하며 많은 경우 결정 자체를 회피하여 투표에 참여하지 않는다는 점들을 경험적으로 입증하고 있다(Stokes et. al. 1958; Campbell et. al. 1960; Kelley & Mirer 1974; Kelley 1983; Lewis-Beck et. al. 2008).

결국 이러한 관점의 연구들은 정치행위자에 대한 유권자들의 태도와 행위와의 관계를 대상에 대한 선호의 정도를 중심으로 파악하여 선호의 강렬성을 적극적인 정치참여의 중요한 요인으로 제시하고, 주어진 정치적 대상에 대한 '중립적 태도' neutral attitude가 유권자들의 정치참여를 저해하는 결정적인 요소임을 주장하고 있다. 이러한 주장은 정치대상에 대한 중립적 태도의 유권자들을 소극적인 정치참여자 혹은 정치적 무관심층으로 규정지음으로써 민주주의의 건강한 작동을 저해한다는 부정적인 인식으로 이어진다.

한편, 기존의 논의를 반박하고 태도에 관한 '이차원적/양변적 관점'을 주장하는 연구자들은 태도와 행위와의 연관관계에 있어서 약간은 상이한 시각을 제시한다. 태도가 구체적인 행위에 영향을 미칠 것이라는 점에서 이들은 전통적 이론틀에 기반한 연구들의 논의에 동의한다. 또한 선호의 강렬함이 의사결정을 용이하게 만들어 손쉽고 빠른 결정과 활발한 정치참여로 이어진다는 점 역시 이견을 제기하지 않는다.

하지만 이들은 중립적 태도가 유권자들의 정치참여를 저해하는 결정적인 요소라는 점에 관해서는 의구심을 표현한다. 앞에서 살펴본 것처럼 '이차원적/양변적 관점'에 의하면 중립적 태도는 두 가지 상이한 태도로 구분된다. 즉, 호의적/부정적 요소를 독립적인 변인으로 파악함으로써 전통적인 관점에서 구분되지 않았던 '무관심적 태도'와 '상충적 태도'를 전혀 다른 태도로 이해하고, 이에 따라 태도와 행위와의 관련성에 있어서도 기존의 중립적 태도에 기반한 논의를 수정할 것을 요구한다.

예를 들어, 마이오 등(Maio et al. 1996)은 상충적 태도의 유권자들이 그렇지 않은 이들과 비교해서 보다 적극적으로 정보 수집과 처리에 집중하고 이를 통해 심리학적 고충을 능동적으로 해결하고 있음을 보여주었다. 또한 조나와 그의 동료들은 상충적 태도가 선택에의 확신을 약화시킴으로써 적극적인 정보처리에의 동기를 부여하고, 결국 이러한 정보처리과정을 통해 선택에의 확신을 회복하는 능동적인 상충적 태도의 유권자들을 다시금 보여주고 있다(Jona et al. 1997).

이러한 논의들은 상충적 태도를 유권자들의 정치행위와 연관시키고 있는 연구에서도 발견된다. 베싱저와 라바인(Basinger & Lavine 2005)은 선거라는 정치적 장 속에서 정당에 대해 상충적 태도를 가진 미국의 유권자들이 자신들의 심리적 고충을 극복하기 위해서 추가적 정보 즉, 이데올로기나 정당의 업무성취능력과 같은 다른 관련정보를 적극적으로 수집하고, 이를 자신의 의사결정에 중요한 기준으로 삼는 모습을 경험적으로 보여주었다. 이는 개인이 정치적 대상에 대해 갖고 있는 상충적 태도가 정치 참여의 저해요소라기 보다는 이를 오히려 촉진하고 있음을 보여주며, 최근의 연구(拙稿 2006; 2009)는 상충적 태도의 유권자들이 정치의 주변인으로 남기보다는 적극적인 참여자로 활동하고 있음을 경험적으로 입증하고 있다.

'중립적 태도'와 관련한 전통적 논의와 새로운 관점의 상이한 해석은 민주주의의 작동에 있어서 매우 상반된 시각으로 이어진다. 앞에서 보았듯이 전통적 논의에서 중립적 태도의 유권자들은 소극적인 정치참여자이며 자신의 선택에 확신이 없이 상황에 따라 가변적인 이들이 된다.[5] 이들은 정치적 사안에 대해 무관심하고 선거 결과에 신경쓰지 않으며 정치참여를 꺼리는 '민주주의의 적들'로 이해된다(Campbell et. al. 1960; Converse 1964).

반면, 태도에 관한 새로운 관점에 따르면 중립적 태도의 유권자들에 대한 전통적인 논의와 해석이 '무관심적 태도의 유권자들' indifferent voters의 유권자들에게는 적용될 수 있을지 모르나 '상충적 태도의 유권자들' ambivalent voters의 특징으로는 맞지 않는다고 주장한다(拙稿 2006; 2009). 오히려, 이들은 중립적 태도를 견지하고 적극적으로 의사결정과정을 수행함으로써 변화에 능동적으로 대처하는 '이상적인 모델의 유권자들'로 이해하는 것이 보다 적절하다는 것이다.

이렇듯 '중립적 태도의 유권자들'에 관한 '이차원적/양변적' 관점의 주장은 미국의 유권자들을 대상으로 한 몇몇 연구에서 경험적으로 입증되고 있다. 그러나 이러한 시각을 한국의 유권자들에게 적용한 연구는 아직까지 존재하지 않는다. 과연 한국의 유권자들은 정치행위자들을 어떻게 바라보고 있으며 이러한 태도가 행위에 미치는 영향은 어떠한가?

18대 총선과 상충적 태도의 유권자

이 글이 분석의 대상으로 삼고 있는 자료는 2008년 4월 9일 18대 총선을 전후해서 행해진 패널조사 자료이다.[6] 대선 직후에 짧은 시점을 두고 치러진 18

---

5) 이러한 관점에서 컨버스 Philip E. Converse는 이들을 '태도가 없는' nonattitude 유권자들이라고 칭한 바 있다(Converse 1964).

대 총선은 압도적인 지지로 당선된 대통령에 힘을 실어주자는 '안정론'과 하나의 정치세력에 집중될 권력에 대한 우려에 기반한 '견제론'이라는 두 가지 대립적인 입장 속에 치러졌다. 하지만 한나라당의 정당 지지율이 통합민주당의 두 배가 넘어 거의 50%에 육박하는 가운데 치러진 18대 총선이 유권자들의 선호라는 측면에서 한나라당에 매우 유리한 상황 속에서 전개되었음은 두말할 나위가 없다. 이 장에서는 '태도에 관한 이차원적/양변적 이론'에 근거하여 한국의 유권자들을 구분짓고 이들의 정치행위를 비교함으로써 이론의 적실성을 규명해 본다.

정치대상에 대한 유권자들의 태도

정치대상에 대한 유권자들의 태도를 살펴보기 위해서는 유권자들을 각 태도에 따라 구분하는 것이 필요하다. 앞에서 논의했듯이 대상에 대한 개인의 태도는 "일방적-무관심-상충적"이라는 세 가지로 구분된다. 이 글에서는 정치적 대상으로 정당을 선택[7]하고 이에 대한 태도를 중심으로 유권자들을 구분해 보았다.

태도에 따른 유권자 구분을 위해 18대 총선 여론조사 문항 중 정당에 관한

---

6) 2008년 18대 총선을 전후해 동아시아연구원과 SBS, 중앙일보, 한국리서치는 공동으로 패널조사를 실시하였다. 이 자료는 2007년 대통령 선거기간에 실시했던 6차례의 패널조사의 연장선상에서 총선기간에 실시한 2차례의 추가패널 조사의 결과이다. 총선 여론조사의 경우 투표일을 한 달여 앞둔 시점인 2008년 3월 16일부터 18일까지 선거직전조사(pre-election survey)를, 투표가 끝난 직후인 4월 10일과 11일에 1차 조사에 참여했던 응답자들을 대상으로 선거직후조사(post-election survey)를 실시하였다. 두 차례 조사의 응답자 수는 각각 1,370명, 1,153명으로 패널 유지율은 84.2%이고, 95%의 신뢰수준에서 결과에 대한 오차범위는 ±2.9%이다.

7) 선거환경에서 태도의 대상은 후보, 정당, 이슈 등 여러 가지가 될 수 있다. 하지만 지역구를 중심으로 치러지는 총선의 경우 지역별 차이를 상쇄시킨다는 점에서 후보나 이슈보다는 정당이 태도의 대상으로 보다 적절하다. 반면, 대통령 선거의 경우 대표적 정치행위자인 후보가 가장 중요한 정치대상으로 선택될 수 있다.

선호를 묻는 질문을 활용하였다. 총선을 한 달여 앞둔 시점에 실시된 여론조사에서는 응답자들에게 주요 정당에 관한 선호를 물어보았다.[8] '통합민주당'과 '한나라당'에 관한 선호도 응답을 활용하여 둘 중 어느 한 정당에는 호의적 태도(6~10)를, 다른 정당에는 부정적 혹은 중립적 태도(1~5)를 표현한 응답자들을 '일방적 태도의 유권자들'로, 두 정당 모두에게 호의적 혹은 부정적 태도를 표현한 응답자들을 '상충적 태도의 유권자들'로, 두 정당 모두에게 중립적 태도를 표현한 응답자들을 '무관심적 태도의 유권자들'로 구분하였다. 한편, 일방적 태도의 유권자들은 한나라당에 일방적 선호를 표현한 응답자들과 통합민주당에 일방적 선호를 표현한 응답자들 두 가지 타입으로 세분하고, 상충적

[표1] 정당에 대한 태도에 따른 응답자 구성

정당에 대한 응답자들의 태도					전체(명)
일방적 (한나라당)	일방적 (통합민주당)	무관심	상충적[9] (호의적)	상충적 (부정적)	
47.1(641)	28.0(382)	10.4(141)	7.6(103)	7.0(95)	100(1,362)

주. 수치는 백분율(%), 괄호 안은 응답자수.

---

8) 0~10의 척도로 구성된 선호도 측정문항은 0~4점 까지는 부정적 인식을, 6~10점은 호의적 인식을 의미하며, 5점은 중립적 인식을 가리킨다.

9) 이 두 가지 타입의 상충적 태도는 기존 연구에서 다른 용어로 등장한 바 있다. 예를 들어, 브로디와 페이지의 연구에서 호의적인 상충적 태도는 '유권자 만족voters' satisfaction'으로 부정적인 상충적 태도는 '유권자 소외voters' alienation'라는 개념으로 등장하여 유권자들의 정치행태와 연관지어 검토된 바 있다. 자세한 내용은 Brody & Page (1973) 그리고 Weisberg & Grofman (1981)을 볼 것.

10) 사실 이러한 측정방식은 기존 연구에서 일반적으로 사용하는 방법은 아니다. 정치심리학의 연구문헌에서 주로 사용되는 상충적 태도의 측정방식은 대상에 대한 호/불호의 이유를 묻는 주관식 문항open-ended question에 대한 답변을 활용하여 호의적/부정적 이유의 개수를 측정하고 둘의 빈도수를 상대 비교하는 방법이다. 미국과 한국의 유권자들을 이상적으로 비교하려면 같은 측정방식을 사용해야 하겠지만 자료의 문제로 인해 가능하지 않았다. 상충적 태도의 측정방식에 관한 보다 세밀한 논의로는 Priester & Petty (1996)와 Saris & Sniderman (2004)을 볼 것.

유권자들은 두 정당 모두에게 호의적 태도를 표현한 응답자들과 공히 부정적 태도를 표현한 응답자들로 세분하였다.[10] [표1]은 이렇게 구분된 다섯 가지 태도에 따른 유권자들의 구성을 보여준다.

[표1]의 내용은 18대 총선 직전의 상황이 한나라당에게 매우 유리했음을 보여준다. 전체 응답자의 거의 반 정도가 한나라당에 일방적 선호를 보여주는 유권자들이었으며, 그 절반 정도에 그치는 28%의 응답자들만이 통합민주당에 일방적 선호를 보여주고 있다. 반면, 두 정당 모두에 대해 중립적인 무관심적 태도의 유권자들은 10% 정도이며, 둘 다 싫어하거나 좋아하는 상충적 태도의 유권자들은 그 비중이 거의 비슷하고 전체 응답자의 15% 정도를 차지하고 있다.

이러한 내용은 미국의 유권자들을 대상으로 한 기존 연구와 큰 차이를 보이지 않는다. 다만 한국의 경우 미국에 비해 일방적 태도의 유권자들이 상대적으로 높은 비율로 나타난 반면, 무관심적 태도를 가진 유권자들의 비율이 상대적으로 낮다는 차이를 보였다.[11] 이러한 차이는 한국 유권자들의 정치적 관심이 미국의 유권자들에 비해 상대적으로 높다는 점에 기인한 것으로 보인다.[12]

앞에서 언급했듯이 정치대상에 대한 태도는 그것이 구체적인 정치행위에 영향을 미친다는 점에서 현실적 의미를 찾을 수 있다. 그렇다면 정치대상에 대한 태도로 구분된 한국의 유권자들의 정치행위는 어떠한 차이를 보이는가?

---

11) 다른 측정방식에 기반한 것이지만 미국의 유권자들의 경우 통상 55% 정도의 일방적 유권자들, 25% 정도의 무관심적 유권자들, 그리고 20% 정도의 상충적 유권자들로 구성되어 있다(Lavine 2001, 921).

12) 대선 직후에 치러졌고 '안정론'과 '견제론'이 치열하게 경합했던 18대 총선의 특수한 상황 역시 이유가 될 것이다.

정치대상에 대한 유권자들의 태도와 정치행위

태도에 관한 '이차원적/양변적 이론'을 지지하는 연구자들은 전통적인 '일차원적/양극적 이론'과 같이 일방적 태도의 유권자들이 동기부여와 의사결정 과정의 용이함 등에서 가장 적극적인 정치행위를 보일 것이라고 주장한다. 한편, '이차원적/양변적 이론'은 전통적 관점과는 달리 중립적 태도의 유권자들이 두 가지 전혀 다른 종류의 유권자들 즉, 무관심적 태도와 상충적 태도의 유권자들로 구성되어 있다고 본다. 정치행위의 측면에서 이 두 가지 다른 중립적 태도의 유권자들은 명확히 구분된다. 즉, 선호가 전혀 없는 무관심적 태도의 유권자들은 행위에의 동기부여가 전혀 없기 때문에 매우 소극적인 정치행위자로 남을 것이지만, 충돌되는 선호를 갖고 있는 상충적 태도의 유권자들은 선호의 불명확성과 이로 인한 심리적 고충 때문에 의사결정을 하는데 어려움을 겪

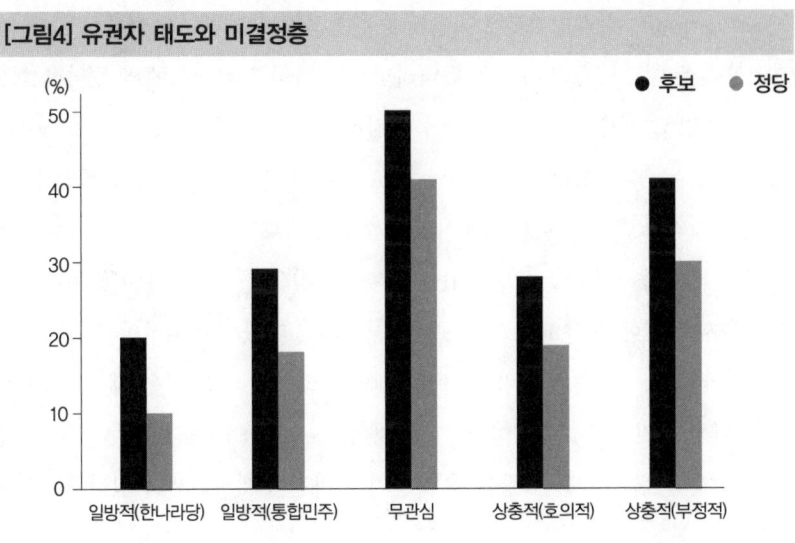

[그림4] 유권자 태도와 미결정층

자료 : EAI · SBS · 중앙일보 · 한국리서치 2008 총선조사 데이터

지만 이를 해결하기 위해 적극적으로 정보를 수집하려는 동기부여가 되어 있다. 따라서 상충적 태도의 유권자들은 일방적 태도의 유권자들 만큼은 아니지만 무관심적 태도의 유권자들 보다는 적극적인 정치행위자로 남을 가능성이 높다.

'일방적/무관심적/상충적' 태도의 유권자들이 다른 의사결정과정을 겪을 것이라는 점은 이들이 갖고 있는 의사결정의 용이함으로부터 기인한다. 각기 다른 태도의 유권자들이 갖고 있는 심리적 고충을 알아보기 위하여 총선을 한 달여 앞둔 시점에서 실시한 여론조사에서 지지후보 혹은 지지정당을 결정하지 못한 미결정층의 비율을 살펴보았다.

〔그림4〕는 각각의 태도의 유권자들 중 미결정층의 비율을 보여준다. 그림에서 명확하게 드러나는 것처럼 일방적 태도의 유권자들은 선거가 한 달여 남은 시점에서도 후보의 경우 70%이상, 정당의 경우 80% 이상이 이미 지지할 대상을 결정하였다고 답하고 있다.[13] 반면, 무관심적 태도의 유권자들은 각각 50%와 40% 비율로 아직 지지후보와 정당을 결정하지 못하였다고 답하고 있다. 한편, 상충적 태도의 유권자들은 한나라당과 통합민주당 모두에게 호의적 태도를 보인 경우 지지후보 혹은 정당을 결정하지 못한 이들의 비율이 20~30%에 그쳤으나 두 정당 모두에 부정적인 태도를 보인 경우 30~40%의 응답자들이 아직 지지정당 혹은 후보를 결정하지 못하고 있었다.

여러 태도의 유권자들이 가지는 의사결정과정의 용이함을 보여주는 또다른 지표로서 정당에 대한 태도와 후보결정시기와의 연관성이 제시될 수 있다. 즉, 일방적 태도의 유권자들처럼 의사결정에의 어려움이 매우 적은 경우는 상대적으로 이른 시기에 후보결정을 하게 될 것이고, 상충적 태도의 유권자들처럼 심리적 고충을 겪는 이들은 많은 경우 선거 막바지에 이르러서야 결정에 도달할

---

13) 한편, 미결정층의 비율은 '통합민주당'에 일방적 태도를 가진 유권자들에게서 보다 높게 나타나고 있다. 이는 통합민주당에 우호적인 유권자들이 '한나라당'에 우호적인 태도의 유권자들보다 상대적으로 높은 심리적 고충을 겪고 있었음을 의미한다.

[표2] 정당에 대한 유권자 태도와 후보결정시기

	후보결정시기				전체(명)
	투표 당일	투표 2~3일전	투표 일주일전	2주일보다 이전	
일방적(한나라당)	9.9(47)	24.7(118)	19.7(94)	45.7(218)	477
일방적(통합민주당)	14.9(40)	23.5(63)	25.4(68)	36.2(97)	268
무관심	33.3(32)	40.6(39)	11.5(11)	14.6(14)	96
상충적(호의적)	13.5(10)	28.4(21)	39.2(29)	19.0(14)	74
상충적(부정적)	18.5(10)	33.3(18)	25.9(6.5)	22.3(12)	54
전체(명)	139	259	216	355	969

주. 수치는 해당 행의 백분율 (%), 괄호 안은 응답자수.

것이다. [표2]는 정당에 대한 태도와 후보결정시기와의 연관관계를 정리한 결과이다.

[표2]가 보여주는 것처럼 일방적 태도의 유권자들은 40% 가량이 후보등록이 시작된 투표 2주일 전보다 이른 시기에 이미 지지후보를 결정하였고, 투표 일주일전에 이르러서는 그 비율이 60%를 상회하였다. 반면, 상충적 태도의 유권자들은 응답자의 거의 절반 가량이 투표 당일 혹은 투표 2~3일전에 지지후보를 결정할 수 있었다. 한편, 무관심적 태도의 유권자들은 대부분 투표에 임박하여 지지후보를 결정하여 일방적 태도의 유권자들과 좋은 대조를 보이고 있다.

이와 같은 사실들은 의사결정에 따르는 심리적 고충이라는 측면에서 태도에 관한 '이차원적/양변적 이론'이 한국의 유권자들에게도 타당하게 적용될 수 있음을 보여주고 있다. 이론이 제시하는 바와 같이 일방적 태도의 유권자들은 지지후보의 선택과 같은 의사결정을 함에 있어서 상대적으로 자유로운 모습을 보여준 반면, 상충적 태도 그리고 무관심적 태도의 유권자들은 심리적 고충을 겪고 있음이 드러났다.

그렇다면 실제 투표 참여는 어떠한가? 태도에 관한 '이차원적/양변적 이론'에 따르면 의사결정에의 심리적 고충이 미약한 일방적 태도의 유권자들은 가장 적극적인 투표의 참여자들로, 선호가 전혀 없는 무관심적 태도의 유권자들은 가장 소극적인 투표의 참여자들이 된다. 또한 불분명하고 충돌적이지만 선호가 존재하고 따라서 행위에의 동기부여가 주어진 상충적 태도의 유권자들은 일방적 태도의 유권자들만큼은 아니지만 무관심적 태도의 유권자들보다는 높은 투표 참여율을 보일 것이다. 이러한 예측이 타당한지 살펴보기 위해서 각각의 태도에 따른 유권자들을 투표 참여여부를 기준으로 구분지어 정리해 본 결과는 [표3]과 같다.[14]

[표3] 정당에 대한 유권자의 태도와 투표참여(%)

	정당에 대한 태도					
	일방적 (한나라당)	일방적 (통합민주당)	무관심	상충적 (호의적)	상충적 (부정적)	전체(명)
투표참여	89.7(478)	83.3(269)	78.2(97)	84.1(74)	69.2(54)	972
기권	10.3(55)	16.7(54)	21.8(27)	15.9(14)	30.8(24)	174
전체(명)	533	323	124	88	78	1,146

주. 수치는 각 열의 백분율 (%), 괄호 안은 해당 칸의 응답자수.

[표3]의 결과는 '이차원적/양변적 이론'이 투표 참여라는 구체적 행위에서 갖는 적실성이 한국의 유권자들에게는 명확하게 들어맞지 않음을 보여주고 있

---

[14] 총선 직후 실시된 조사에서 투표 참여 여부를 묻는 문항을 사용하였다. 구체적인 설문문항은 다음과 같다.
 "___님께서는 4월 9일 끝난 국회의원 총선거에서 투표를 하셨나요?"

다. 이론이 제시하는 것처럼 가장 적극적인 투표 참여자들은 일방적 태도의 유권자들이며, 무관심적 태도의 유권자들은 일방적 태도의 유권자들 보다 낮은 투표율을 보이고 있다. 하지만 그 차이는 그리 크지 않으며 무관심적 태도의 유권자들 역시 매우 높은 투표율을 보이고 있다.[15] 상충적 태도의 유권자들의 경우 그 상충성이 어떤 타입이냐에 따라 투표율이 극명하게 나뉘고 있다. 두 정당 모두에게 호의적인 태도를 갖고 있는 응답자들은 일방적 태도의 유권자들과 비슷한 수준의 투표율을 보여주고 있지만, 두 정당 모두에게 부정적인 태도를 갖고 있는 응답자들은 30% 가량의 기권율을 보여주고 있어 태도에 따라 구분된 다섯 종류의 응답자들 중 가장 낮은 참여율을 나타내고 있다.

지금까지 정당에 대한 유권자들의 태도와 구체적인 의사결정과정과 정치행위와의 연관성을 살펴보았다. 자료가 보여주는 것처럼 일방적 태도의 유권자들은 비교적 손쉽게 의사결정에 도달하고 있고 이렇듯 용이한 의사결정과정은 높은 정치참여율로 이어지고 있다. 한편, 선호의 불명확성 혹은 선호의 부재로 인해 무관심적 태도 그리고 상충적 태도의 유권자들은 의사결정에 어려움을 겪지만 투표율의 차이는 그리 크지 않은 것으로 나타났다. 이러한 사실들은 태도에 관한 '이차원적/양변적 이론'에 의해 구분된 한국의 유권자들이 의사결정의 용이함이라는 측면에서 개념적으로는 타당하게 구분되지만, 이론이 제시하는 구체적인 행위에 대한 예측에서는 명확하게 들어맞지 않음을 보여주어 이 이론이 한국적 상황에 갖는 적실성을 판단하기 매우 어렵게 만들고 있다. 그렇다면 이 이론이 제시하는 중립적 태도의 유권자들의 구분은 한국의 유권자들에게는 의미가 없는 것일까? 논의의 대상을 중립적 태도의 유권자들에 맞추어 조금 더 살펴보자.

---

[15] 미국의 경우 무관심적 태도의 유권자들 중 투표에 참여했음을 밝히는 응답자들은 30% 정도에 그친다(拙稿 2009).

정치적 무관심층 혹은 상충적 유권자?

태도에 관한 전통적 논의에 따르면 중립적 태도의 유권자들은 선호가 불분명 혹은 부재하며 이들은 정치에 무관심하고 매우 소극적인 참여자들로 묘사되며, 합리적 행위자라기보다는 충동적이고 가변적인 행위자로 규정된다. 반면, 새로이 제시된 '이차원적/양변적' 논의에 따르면 중립적 태도의 유권자들 중 오직 무관심적 태도의 유권자들만이 이러한 규정에 들어맞으며 상충적 태도의 유권자들은 상충된 선호가 야기한 심리적 고충을 해결하기 위해 정치에 관심을 가지고 적극적으로 정보수집에 임하는 유권자들로 제시된다.

한국의 중립적 태도의 유권자들은 어떠한가? 전통적 논의에서 묘사된 것처럼 정치적 무관심층인가 아니면 정치에 관심을 가지고 정치정보의 취득에 적극적인 유권자들인가?

이러한 의문에 답하기 위해 응답자들의 대중매체에 나타난 선거관련 정보 습득정도를 조사하고 이를 각각의 태도의 유권자들과 연관지어 보았다. 먼저 〔표4〕는 다섯 가지 태도의 유권자들과 총선캠페인 뉴스의 시청 빈도를 보여주고 있다.[16]

〔표4〕의 내용은 전체적으로 우리나라의 유권자들에 매우 높은 정치적 관심을 갖고 있음을 알려준다. 대부분의 응답자들이 일주일에 절반 정도는 총선과 관련된 뉴스를 시청하였다고 답하고 있다. 가장 낮은 빈도를 보여주는 무관심적 태도의 유권자들도 70% 가량이 3~4일을 총선과 관련된 뉴스를 시청하고 있으며, 일방적 태도의 응답자들의 경우 80% 이상이 높은 시청빈도를 보이고 있다. 한편, 상충적 태도의 응답자들은 총선 관련 뉴스 시청빈도에 있어서 무관심적 태도의 유권자들보다는 일방적 태도의 유권자들에 보다 가깝게 나타나

---

[16] 총선 직후 실시된 여론조사의 구체적인 설문문항은 다음과 같다. "지난 일주일 동안 텔레비전을 통해 총선과 관련한 뉴스를 얼마나 자주 보셨습니까?"

[표4] 정당에 대한 유권자의 태도와 총선캠페인 뉴스 시청빈도(TV)

	지난 일주일동안 총선캠페인 뉴스 시청빈도				전체 (명)
	거의 매일	3~4일	1~2일	전혀 보지않음	
일방적(한나라당)	68.5(365)	16.9(90)	10.9(58)	3.7(20)	533
일방적(통합민주당)	57.9(187)	22.6(73)	16.1(52)	3.4(11)	323
무관심	51.6(64)	20.2(25)	21.0(26)	7.3(9)	124
상충적(호의적)	55.7(49)	23.9(21)	15.9(14)	4.5(4)	88
상충적(부정적)	64.1(50)	18.0(14)	11.5(9)	6.4(5)	78
전체(명)	715	223	159	49	1,146

주. 수치는 해당 행의 백분율 (%), 괄호 안은 응답자수.

고 있다.

이러한 사실은 중립적 태도에 관한 전통적 논의가 수정될 필요가 있음을 시사한다. 한국에서 상충적 태도의 유권자들은 정치적 무관심층이기보다는 적극적인 정보의 수집자로서 나타나며 이는 투표 참여에서 나타난 것과는 달리 호의적 혹은 부정적인 태도의 유권자들 모두에게서 공통적으로 발견되고 있다.

[표5] 정당에 대한 유권자의 태도와 총선캠페인 뉴스 습득빈도(신문)

[표5] 정당에 대한 유권자의 태도와 총선캠페인 뉴스 습득빈도(신문)					전체 (명)
	거의 매일	3~4일	1~2일	전혀 보지않음	
일방적(한나라당)	53.6(286)	14.4(77)	10.5(56)	21.4(114)	533
일방적(통합민주당)	40.3(130)	16.4(53)	13.9(45)	29.1(94)	322
무관심	34.7(43)	19.3(24)	12.1(15)	33.9(42)	124
상충적(호의적)	42.1(37)	21.6(19)	9.1(8)	27.3(24)	88
상충적(부정적)	44.9(35)	20.5(16)	8.9(7)	25.6(20)	78
전체(명)	531	189	131	294	1,145

주. 수치는 해당 행의 백분율 (%), 괄호 안은 응답자수.

[표6] 정당에 대한 유권자의 태도와 총선캠페인 뉴스 검색빈도(인터넷)

	지난 일주일동안 총선캠페인 뉴스 검색빈도				전체 (명)
	거의 매일	3~4일	1~2일	전혀 보지않음	
일방적(한나라당)	33.2(177)	13.3(71)	14.5(77)	39.0(208)	533
일방적(통합민주당)	48.0(155)	14.5(47)	13.6(44)	23.8(77)	323
무관심	25.0(31)	14.5(18)	19.4(24)	41.1(51)	124
상충적(호의적)	32.9(29)	18.2(16)	17.1(15)	31.8(28)	88
상충적(부정적)	47.4(37)	19.2(15)	7.7(6)	25.6(20)	78
전체(명)	429	167	166	384	1,146

수치는 해당 행의 백분율 (%), 괄호 안은 응답자수.

한편, 텔레비전은 가장 접근이 용이한 대중매체로서 응답자들의 정치적 관심을 충분히 보여주지 못할 우려가 있다. [표4]에서 '전혀 보지 않음'이라고 대답한 응답자들의 비율이 매우 낮다는 사실은 이러한 우려를 뒷받침한다. 따라서 접근이 상대적으로 어려운 다른 대중매체의 총선 관련 뉴스 습득빈도를 살펴볼 필요가 있다. [표5]와 [표6]은 신문과 인터넷에 나타난 총선 관련 뉴스 습득빈도를 [표4]와 같은 방식으로 구성한 결과를 보여주고 있다.

표의 결과들은 텔레비전에 보도된 총선 관련 텔레비전 뉴스 시청빈도에서 나타난 응답자들의 패턴 차이가 신문과 인터넷에서 그대로 나타나고 있음을 보여준다. 주목할 사실은 신문과 인터넷의 경우 두 가지 다른 종류의 중립적 태도의 응답자들의 차별성이 더욱 두드러졌다는 점이다. 신문의 경우 무관심적 태도의 응답자들 중 35%만이 매일 총선 관련 뉴스를 습득하고 있는 반면, 일방적 태도의 응답자들 중 과반수 정도가, 그리고 40%가 넘는 상충적 태도의 응답자들이 매일 신문의 총선 관련 뉴스를 습득하고 있었다. 인터넷의 경우 이러한 차이가 더욱 두드러지는데 상충적 태도의 응답자들의 30% 미만이 인터넷의 총선 관련 뉴스를 전혀 보지 않는 반면에 무관심적 태도의 응답자들에게서 그 비율은 40%가 넘게 나타났다.

이와 같은 사실들은 상충적 태도를 중립적 태도에 포함되는 것으로 파악하여 이 태도를 가진 유권자들을 정치적 무관심층으로 규정한 전통적 논의가 잘못되었음을 명확히 보여주며, 상충적 태도의 유권자들이 자신들의 심리적 고충을 해결하기 위해 적극적으로 정치적 정보 수집에 임하고 있음을 경험적으로 입증하고 있다. 더불어 한국의 유권자들의 경우 미국에 비해 전반적으로 매우 높은 정치적 관심을 보여주고 있다는 사실도 특징으로 지적될 수 있다.

결론 : 정치대상에 대한 태도 그리고 상충적 유권자

태도에 관한 새로운 시각인 '이차원적/양변적 관점'은 유권자들의 정치대상에 대한 선호를 보다 심층적으로 이해할 수 있는 틀을 제시해 준다. 특히, '상충적 태도'라는 개념을 통해 전통적 논의에서 하나의 집단으로 이해되어 온 중립적 태도의 유권자들을 무관심적 태도 그리고 상충적 태도의 유권자들로 구분할 수 있게끔 함으로써 태도에 관한 논의를 포괄적으로 확장하는 동시에 각기 다른 태도가 유권자들의 정치행위에 어떠한 영향을 미치는지 검토할 수 있는 계기를 마련해 주었다.

이 장에서는 총선이라는 정치환경에서 한국의 유권자들이 정당에 대해 어떠한 태도를 지니는지 그리고 그 태도가 구체적인 정치행위에 주는 영향은 어떠한지 추적해 보았다. 논의의 결과, 지난 총선에서 압도적으로 많은 한국의 유권자들이 정당에 대해 일방적인 태도를 가지고 있었으며, 그 선호의 대상은 한나라당이었다. 또한 미국의 유권자들과 비교해 보았을 때 우리나라의 유권자들은 높은 정치적 관심을 가지고 총선에 대한 정보취득에 적극적인 행태를 보였으며 투표에도 적극적으로 참여한 것으로 나타났다. 하지만 정보취득의 적극성이라는 측면에서 상충적 태도의 유권자들은 무관심적 태도의 유권자들과 명확히 구분되는 모습을 보였으며 이는 '이차원적/양변적 이론'이 한국의 유권자들에게도 일정부분 적실성을 지님을 보여준다. 다시 말해, 한국에서도 상충적 태도의 유권자들은 정치적 무관심층으로 남기 보다는 높은 정치적 관심 속에 적극적으로 정보를 수집하는 이들임을 확인할 수 있었다.

서두에 언급했듯이 민주주의의 원활한 작동은 정치환경의 변화에 적극적으로 반응하는 유권자들과 이들의 요구에 적극적으로 반응하는 정치행위자들의 건전한 상호작용에 달려 있다. 문제는 정보의 전달과 습득, 이에 대한 평가로 이어지는 상호작용의 매커니즘이 제한적인 상황에서 벌어진다는 점에 있다.

정치대상에 대한 태도에 초점을 맞추면, 일반적으로 일방적 태도의 유권자들은 자신들의 일방적 선호에 맞추어 제공되는 정보를 차별적으로 습득하는 경향을 보인다. 예를 들어, 특정 정당에 일방적 선호를 갖고 있는 유권자들은 해당 정당에 유리한 정보만을 믿고 받아들이고 불리한 정보는 습득치 않는 취사선택의 경향을 강하게 보인다. 이러한 정보의 취사선택은 기존의 선호를 지속적으로 강화시키는 결과로 이어지기 쉽다. 결국, 일방적 태도의 유권자들은 정치환경의 변화에 적극적으로 반응하기 어려우며 기존의 갈등을 더욱 심화시키는 경향이 강해 규범적 차원에서 민주주의의 원활한 작동에 해가 되는 경우가 빈번히 발생한다. 반면, 상충적 태도의 유권자들은 충돌하는 선호 때문에 심리적 고충에 시달리지만 정치환경의 변화 그리고 이로부터 파생되는 새로운 정치 정보를 상대적으로 자유롭게 받아들일 수 있는 조건을 지니고 있다. 더욱이 상충적 태도의 유권자들이 무관심적 태도의 유권자들과는 달리 심리적 고충을 해결하기 위해 적극적으로 정보수집에 임한다는 사실은 이들이 정치환경의 변화를 적극적으로 정치적 장에 투입할 수 있는 '이상적 타입의 유권자들'

이 될 수 있음을 보여준다.

한편, 이 글에서 살펴본바 태도에 관한 '이차원적/양변적 이론'은 투표참여와 같은 정치행위에 있어서는 한국의 유권자들에 잘 들어맞지 않았다. 그 이유는 무엇일까?

우선, 정치대상에 대한 태도에 맞추어 응답자들을 구분하는 방식의 문제를 생각해 볼 수 있다. 이 글에서 사용한 선호도를 이용한 측정방식은 '호의적/부정적 요소'의 강렬성을 고려할 수 없고, '호/불호'의 구체적인 이유가 무엇인지 알 수 없다는 한계를 갖는다. 만일 주관식 문항을 활용하여 응답자들이 정치대상에 대한 '호/불호'의 이유를 자유롭게 답할 수 있고 그 이유들의 가중치를 고려할 수 있다면 유권자들의 태도를 보다 명확하게 구분 지을 수 있을 것이다.

둘째, 우리나라의 경우 정치대상에 대한 태도가 공고하지 못하다는 점도 이론의 적실성을 해치는 요인이 될 수 있다. 주지하다시피 한국의 정당은 그리 오랜 역사를 갖고 있지 못하며 선거 때마다 해체와 재구성을 반복하는 경향을 보여 왔다. 때문에 유권자들이 정당에 대해 갖는 태도는 미국에서만큼 강렬하지 못하며 그것이 태도에 따른 유권자들의 구분을 어렵게 만들었을 수도 있다.

마지막으로 한국의 유권자들은 미국과는 달리 매우 높은 정치적 관심을 가지고 있기에 구체적인 행위에 있어서 중립적 태도의 유권자들의 구분이 쉽지 않았을 가능성도 있다. 본문에서 살펴본 바와 같이 한국의 경우 무관심적 태도의 유권자들마저도 높은 정치적 관심과 참여율을 보이고 있다. 이러한 한국 유권자들의 특징은 무관심적 태도와 상충적 태도의 구분보다는 오히려 두 가지 다른 타입의 상충적 유권자들(호의적/부정적)에 관한 논의가 보다 생산적일 수 있음을 시사한다.

이 글은 기존에 잘 알려지지 않았고 경험적 연구가 전무한 태도에 관한 새로운 이론을 한국의 유권자들에 적용해 보고 그 이론의 적실성을 타진해 본 첫

시도라는 점에서 의미를 찾을 수 있다. 새로운 이론의 현실 적용과 이를 통한 적실성의 판단은 앞으로 축적될 연구를 통해서 가능할 것이다.

■ 참고문헌

김장수. 2005. "비대칭적 활성화와 정당에 대한 상충적 태도." 〈한국정치학회보〉 39집2호. pp. 145-69.
유성진. 2007. "상충적 태도의 유권자Ambivalent Voters: 미국 대통령 선거에서 제3후보에 대한 지지를 중심으로." 〈한국정치학회보〉 41집4호. pp. 215-42.

Alvarez, Michael R. and John Brehm. 1995. "American Ambivalence towards Abortion Policy: Development of a Heteroskedastic Probit Model of Competing Values." *American Journal of Political Science* Vol.39, pp. 1055-82.
Alvarez, Michael R. and John Brehm. 1997. "Are Americans Ambivalent towards Racial Policies?" *American Journal of Political Science* Vol.41, pp. 345-74.
_____. 1998. "Speaking in Two Voices: American Equivocation about the Internal Revenue Service." *American Journal of Political Science* Vol.42, pp. 418-52.
Basinger, Scott J. and Howard Lavine. 2005. "Ambivalence, Information, and Electoral Choice." *American Political Science Review* Vol.99, pp. 169-84.
Brody, Richard A. and Benjamin I. Page. 1973. "Indifference, Alienation, and Rational Decisions: The Effects of Candidate Evaluations on Turnout and the Vote." *Public Choice* Vol.15, pp. 1-17.
Cacioppo, John T., Wendy L. Gardener, and Gary G. Berntson. 1997. "Beyond Bipolar Conceptualizations and Measures: The Case of Attitudes and Evaluative Space." *Personality and Social Psychology Review* Vol.1, pp. 3-25.
Campbell, Angus, Philip E. converse, Warren E. Miller, and Donald Stokes. 1960. *The American Voter*. New York: Wiley.
Converse, Philip E. 1964. "The Nature of Belief Systems in Mass Publics." David E. Apter, eds. *Ideology and Discontent*. London: The Free Press of Glencoe.
Downs, Anthony. 1957. *An Economic Theory of Democracy*. New York: Harper & Row.
Festinger, Leon. 1957. *A Theory of Cognitive Dissonance*. Stanford: Stanford University Press.
Hochschild, Jennifer L. 1981. *What's Fair? American Beliefs about Distributive Justice*.

Cambridge: Harvard University Press.

Hochschild, Jennifer L. 1993. "Disjuction and Ambivalence in Citizens' Political Outlooks." George E. Markus and Russell L. Hanson, eds. *Reconsidering the Democratic Public.* PA: Pennsylvania State University Press.

Huckfeldt, Robert, Jeanette M. Mendez, and Tracy Osborn. 2004. "Disagreement, Ambivalence, and Engagement: The Political Consequences of Heterogeneous Networks." *Political Psychology* Vol.25, pp. 65-95.

Jonas, Klaus, Michael Diehl, and Philip Brömer. 1997. "Effects of Attitudinal Ambivalence on Information Processing and Attitude-Intention Consistency." *Journal of Experimental Social Psychology* Vol.33, pp. 190-210.

Kelley, Stanley and Thad W. Mirer. 1974. "The Simple Act of Voting." *American Political Science Review* Vol.68, pp. 572-91.

Kelley, Stanley. 1983. *Interpreting Elections.* Princeton: Princeton University Press.

Key, V. O. 1966. *The Responsible Electorate.* Cambridge: Belknap Press of Harvard University Press.

Lavine, Howard. 2001. "The Electoral Consequences of Ambivalence." *American Journal of Political Science* Vol.45, pp. 915-29.

Lewis-Beck, Michael S., William Jacoby, Helmut Norpoth, and Herbert F. Weisberg. 2008. *The American Voter Revisited.* Ann Arbor: University of Michigan Press.

Maio, Gregory R., David W. Bell, and Victoria M. Esses. 1996. "Ambivalence and Persuasion: The Processing of Messages about Immigrant Groups." *Journal of Experimental Social Psychology* Vol.32, pp. 513-36.

McGraw, Kathleen M., Edward Hasecke, and Kimberly Conger. 2003. "Ambivalence, Uncertainty, and Processes of Candidate Evaluation." *Political Psychology* Vol.24, pp. 421-48.

Nelson, T. 1999. "Group Affect and Attribution in Social Policy Opinion." *Journal of Politics* Vol.61, pp. 331-62.

Priester, Joseph R. and Richard E. Petty. 1996. "The Gradual Threshold Model of Ambivalence: Relating the Positive and Negative Bases of Attitudes to Subjective Ambivalence." *Journal of Personality and Social Psychology* Vol.71, pp. 431-49.

Saris, Willem E. and Paul M. Sniderman, eds. 2004. *Studies in Public Opinion:*

Attitudes, Nonattitudes, Measurement Error, and Change. Princeton: Princeton University Press.

Stokes, Donald E., Angus Campbell, and Warren E. Miller. 1958. "Components of Electoral Decision." *American Political Science Review* Vol.52, pp. 367-87.

Weisberg, Herbert F. and Bernard Grofman. 1981. "Candidate Evaluations and Turnout." *American Politics Quarterly* Vol.9, pp. 197-219.

Yoo, Sung-jin. 2006. "Ambivalent Voters: Political Participation and Third-Party Support in Presidential Elections". Ph.D diss. NY: Stony Brook University.

Yoo, Sung-jin. 2009. "Two Types of Neutrality: Ambivalence vs. Indifference and Political Participation." Unpublished manuscript.

Zaller, John and Stanley Feldman. 1992. "A Simple Theory of the Survey Response: Answering Questions versus Revealing Preferences." *American Journal of Political Science* Vol.36, pp. 579-616.

제2부
18대 국회의원선거와
17대 대통령선거의
유사성과 상이성

4
투표참여와 학력수준
_서현진

5
18대 국회의원선거에 나타난 '부동층'
_진영재 · 김민욱

6
사회균열과 투표선택 :
지역 · 세대 · 이념의 영향
_박찬욱

7
경제가 선거에 미치는 영향 :
17대 대선과 18대 총선에서의 경제투표
_정한울 · 권혁용

투표참여와 학력수준

서현진

서론

　[그림1]에서 볼 수 있듯이, 민주화 이후 모든 선거의 투표율은 꾸준히 하락세를 보였다. 이번 18대 총선 투표율은 46.1%로 역대 선거 중 최저치를 기록했다.[1] 이는 총선 사상 가장 낮은 투표율을 보인 2000년 16대 총선 투표율 57.2%보다 11.1% 포인트 낮고, 전국 동시선거 중 가장 낮은 투표율을 보인 2002년 제3회 지방선거 때의 투표율 48.9%보다도 2.8% 포인트가 낮은 수치다. 또한 지난 17대 총선 투표율 60.6%와 비교해 보면, 15.5%가 하락한 것을 알 수 있다. 이는 지난 총선 참여 유권자의 4분의 1 정도가 이번 선거에서는 기권한 것으로 볼 수 있을 만큼 높은 비율이다.[2]

　투표율 하락은 우리나라 선거에서만 나타나는 특이한 현상이 아니고 다음 선거에서 반등될 수도 있기에 크게 우려하지 않아도 될지 모른다. 하지만 투표율 46.1%, 즉 유권자의 반 이상이 투표를 포기했다는 점은 크게 우려해야 할

---

1) 그림에 나타난 대선 투표율은 13대 1987년, 14대 1993년, 15대 1997년, 16대 2002년, 17대 2007년 자료이다. 총선자료는 1988년 13대, 1992년 14대, 1996년 15대, 2000년 16대, 2004년 17대, 2008년 18대 투표율이다. 지방선거 투표율은 1995년 제1회 동시선거, 제2회 1998년, 제3회 2002, 제4회 2006년 자료이다.
2) 이 비율은 단순히 계산된 수치이며 실제로 지난 선거에 참여한 유권자의 4분의 1이 이번 선거에서 기권했다고 볼 수는 없다. 왜냐하면 지난 선거에 기권자 중 이번 선거에 참여한 유권자도 있기 때문이다.

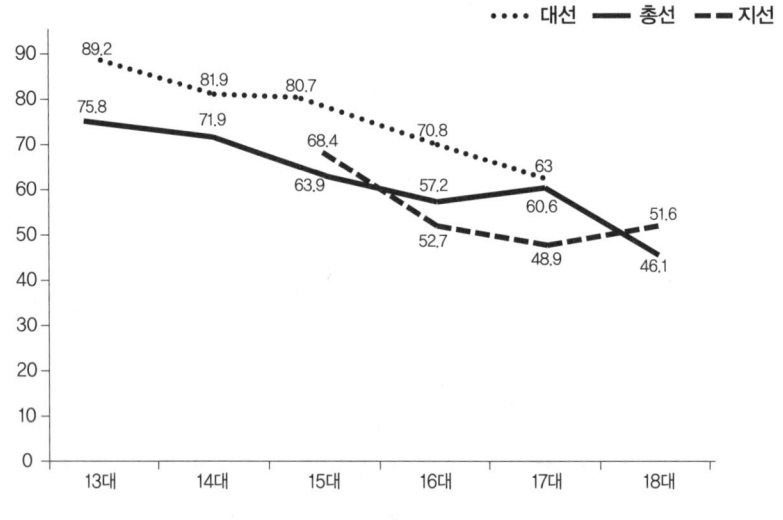

[그림1] 역대 선거 투표율 변화(%)

자료 : 중앙선거관리위원회

부분이다. 왜냐하면 투표율이 낮은 경우, 일부 유권자 동원만으로도 당선이 가능하기 때문에 대표성과 민의가 왜곡될 소지가 있다. 즉 낮은 투표율은 소수 유권자의 지지로도 당선되는 전체가 아닌 일부 유권자의 대표를 양산하기 때문에 투표율이 지나치게 낮아지면 승자의 정통성 문제가 발생한다. 그리고 이런 정통성 문제는 향후 사회 갈등을 해결하는데에도 부담으로 작용한다.

실제로 실질득표율을 따져 볼 때, 이번 총선 지역구 당선자 245명 중에서 유권자 4분의 1의 지지도 받지 못하고 당선된 의원은 43명이나 된다. 더 심각하게 유권자 10명 중 2명 미만의 지지로 당선된 경우도 36명이며, 유권자 10명 중 단 1명의 지지로 국회의원 배지를 단 실질득표율 15% 미만의 당선자도 12명이나 된다. 예를 들면, 한나라당 신영수(경기 성남수정), 이화수(안산 상록갑) 당선자의 실질득표율은 10%대 초반이었다. 경기 안산상록을 홍장표 당선자(친박연대)와 충남 논산·계룡·금산의 이인제 당선자(무소속)의 경우도 실질득표율은 13%대에 머물렀다(경향신문 2008년 4월 12일).

이와 같이 낮은 투표율의 정치적 함의가 크기 때문에 역대 최저의 투표율에 대한 사회적 충격도 대단히 컸다. 공명선거실천 시민운동협의회, 경실련, 한국매니페스토실천본부 등 시민단체들은 일제히 "정당·정책·참여정치가 실종된 '민주주의의 위기'"라고 논평했다. 주어진 대안 속에서 후보자를 선택해야 하는 상황에서 이렇게 많은 유권자들이 기권을 선택하게 된 책임은 유권자 개인 보다는 대안을 제시한 정당에 있다는 목소리도 높았다(고선규 2008; 서복경 2008). 이런 주장은 너무나 타당하다.

이 글에서는 점점 더 많은 유권자들이 기권을 '선택'하고 결국은 과반수가 넘는 유권자가 투표를 포기한 현 시점에서 투표에 참여하지 않는 유권자 집단은 누구인지를 점검해 보고자 한다. 즉 어떤 부류의 유권자들이 더 많이 기권하는지를 사회경제적 배경이나 이념 성향에 초점을 두어 살펴보고자 한다. 투표참여를 설명함에 있어서 왜 기권하는가 만큼 중요한 주제는 '누가' 기권하는가이다. 이 고전적 주제는 왜 특정부류 유권자들이 기권하는지를 설명하는데 중요한 시발점이 되며, 투표참여에 영향을 미치는 심리요인, 선거운동 요인, 후보자와 정당 요인 등을 설명함에 있어서도 매우 유용한 기본요소가 된다.

먼저 제2절에서는 최근 지방선거와 대선 그리고 총선 등 세 번의 선거자료 분석을 통해 기권 이유와 기권한 유권자 층의 사회경제적 배경에 대한 공통점과 차이점을 검토하였다. 제3절에서는 이번 총선에서 유권자 개인의 투표참여에 영향을 미친 주요 요인들을 학력변수를 중심으로 경험적으로 분석하였다. 특히 학력변수에 초점을 맞춘 것은 보편적인 투표참여 이론과는 달리, 최근 한국 선거에서 학력수준이 높은 유권자일수록 기권할 확률이 높게 나타났기 때문이다. 마지막으로 제4절에서는 경험적 분석결과를 통해 얻어진 이번 총선

투표참여에 대한 함의를 파악하였다. 분석에는 2006년 지방선거와 2007년 대선 그리고 2008년 총선을 전후하여 동아시아연구원과 중앙일보, SBS, 한국리서치가 공동으로 설문조사한 패널자료를 사용했다.

기권층과 이유

왜 투표하지 않았는가?

선거가 끝날 때마다 언론에서는 자신의 소중한 한 표를 행사하지 않고 '놀러 간' 무책임하고 무관심한 기권자들 때문에 투표율이 낮아졌다고 비난한다. 따라서 투표일을 공휴일로 하면 안 된다는 대안을 제시하기도 한다. 과연 기권자들은 모두 놀러가기 위해 투표를 포기한 것일까? 그렇다고 해도 선거에 무관심하고 투표일에 차라리 놀러가기를 선택한 유권자들이 급증하는 책임을 정치권이 아닌 유권자 개개인에게만 돌리는 것이 타당한가?

기권하는 유권자가 증가하는 원인에 대한 설명은 매우 다양하다. 1960년대 이래 대부분 민주주의 국가에서도 기권자가 증가하는 현상이 보편적으로 나타났고 그 원인은 주로 정당일체감의 약화로 인한 무당파의 증대, 지지 정당이나 후보자 부재, 네거티브 선거운동의 만연으로 인한 정치 불신의 증대와 젊은 층의 정치적 무관심 등으로 분석되었다(Abramson & Aldrich 1982; Conway 1991; Ansolabehere & Iyengar 1995; Rosenstone & Hansen 1996; Wattenberg & Brians 1999; Abramowitz & Stone 2006).

이와 유사하게 한국 선거에서도 투표율 하락 원인은 젊은 세대의 불참, 정당과 후보자 간 경쟁력 약화, 지지후보 부재, 네거티브 선거운동으로 인한 정치 불신 증대와 선거관심도 저하 등으로 설명되었다(강원택 2002; 강경태 2003; 이재철

2006; 서현진 2008). 이번 총선에서도 사실상 정책이나 이슈가 없는 선거가 치러졌다. 한나라당의 공천 갈등으로 친박연대가 결성되는 등 각 정당의 '전략공천' 과정을 지켜보면서 유권자들의 정치 혐오는 커졌다.

　유권자들은 투표를 통해서 지지후보가 당선되고 정책이나 공약이 실행됨으로써 발생되는 실질적인 이익을 얻기도 하지만 이런 이익은 심리적 만족감에 비하면 매우 작은 것이다. 유권자는 자신에게 주어진 한 표를 행사했고, 이를 통해 좋아하고 지지하는 후보가 당선되었다는 심리적 만족감 때문에 투표에 참여하는 경우가 더 많다는 것이다. 그렇기 때문에 최근 투표참여가 급격히 감소하는 현상은 정치권에 대한 불만이 커지면서 심리적 만족감이 작아지고 있기 때문으로 이해해야 한다(고선규 2008).

　그렇다면 실제로 기권자들은 이런 심리적 불만 등 정치적 요인 때문에 투표에 참여하지 않은 것일까? 중앙선관위가 선거 후 유권자를 대상으로 실시한 여론조사 결과에 따르면, 투표 당일에 몸이 아프거나 출근, 출장, 개인적인 약속 등 물리적인 이유로 투표일에 기권하는 유권자는 2004년 총선에서는 37.7%였으나 2007년 대선 25.2%, 2008년 총선에서는 27.8%로 이전과 비교하면 감소하였다. 그러나 정치적 무관심, 정치 불신, 찍고 싶은 정당이나 후보자가 없는 경우, 그리고 투표해도 정치가 변하지 않는다는 낮은 정치적 유효성 등 심리적인 요인으로 기권하는 비율은 2004년 55.4%에서 2007년 68.6%로 급증하였다. 올해 총선에서도 62.6%로 2004년보다 증가하였다.

　동아시아연구원 등에서 조사한 패널자료에도 같은 문항이 들어있다. [그림 2]를 보면 지방선거, 대선, 총선에서 설문 조사된 기권 이유가 비교 정리되어 있다. 2006년 5월 31일 치러진 지방선거에서 기권한 응답자 중에 그 이유를 '찍을 만한 사람이 없어서'라고 답한 비율이 10.2%였다. 그 외에 '관심이 없어서' 2%, '누가 당선될지 뻔해서' 2%, '투표해도 바뀌는 것이 없어서' 2% 등 정치적 이유는 모두 16%이다. 반면 '회사나 집안일로 시간이 없어서'라고 답한 응답자 비율이 55.8%이고 아프거나 날씨 등 기타 이유로 기권한 응답자 비율이 26.5%였다. 따라서 비정치적 이유를 합하면 82.3%나 된다.

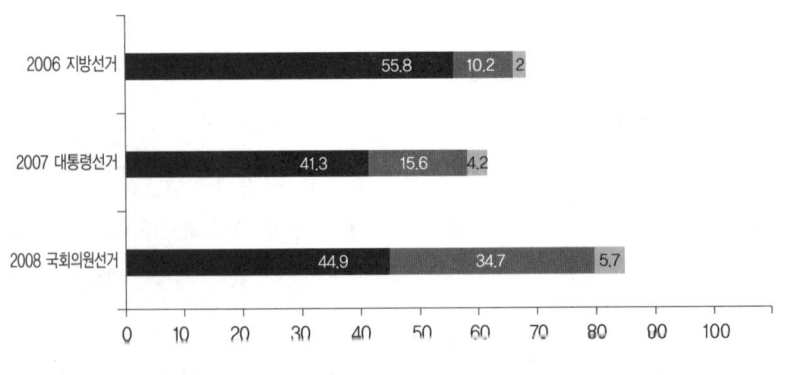

출처 : EAI · SBS · 중앙일보 · 한국리서치 패널여론조사(2006 지방선거, 2007 대선, 2008 총선)

2007년 12월 대선에서는 '시간이 없어서'라고 답한 비율은 41.3%로 감소하였고 찍을 사람이나 관심이 없어서라고 답한 비율은 19.8%로 늘어났다. 다른 정치적 이유로 기권한 응답자 비율을 모두 합하면 41.2%로 지방선거 16% 보다 훨씬 높아졌다. 반대로 비정치적 이유 때문에 기권한 비율은 82.3%에서 59.3%로 대폭 감소했다. 2008년 4월 총선에서도 이런 추세는 지속되었는데 바빠서 등 비정치적 이유는 57.4%로 조금 줄었고 정치적 이유는 42.6%로 조금 증가되었다. 특히 그림에서 볼 수 있듯이, 찍을 사람이 없어서 기권한 비율이

34.7%로 크게 증가하였다.

  물론 지방선거와 대선 그리고 총선은 선거 수준과 유형이 다르기 때문에 이런 변화를 비교하는 것은 무리일 수 있다. 그럼에도 불구하고 지난 2년여 간 투표에 참여하지 않은 정치적 이유가 선거 유형과 상관없이 꾸준히 증가한 점은 눈여겨 볼만하다. 지방선거 당시 16.2%였던 정치적 이유가 대선에서 41.2%%, 총선에서 42.6%로 증가하였고 비정치적 이유는 82.3%에서 59.3%, 57.4%로 감소한 것이다. 관심이 없어서 기권한 비율도 3.7% 증가했다. 하지만 찍을 사람이 없다는 이유로 기권한 비율이 무려 24.5%나 증가한 점은 주목해야 할 중요한 변화이다. 아래 인용문에서 주장하는 것처럼 유권자의 심리적이고 의식적인 기권이 증가하고 있는 현상에 대해 정치권은 책임을 피할 수 없다는 말이다.

  투표율이 낮아졌다고 찍고 싶은 정당이나 후보자가 없는데도 유권자에게 투표를 강요하는 것은 좀 지나치지 않은가. 더구나 한국의 지역주의적 정당 성격 때문에 내가 투표하지 않아도 당선자가 거의 결정되어 있는 경우가 적지 않은데 굳이 투표할 맛이 나겠는가. 유권자가 기권하지 않고 투표장으로 가도록 하기 위해서는 정당이나 정치가가 관심거리와 명확한 선택지를 제공해야 한다. 정당은 유권자가 관심을 가질 수 있는 후보자를 공천하고 구체적인 정책을 제시해야 한다. 그리고 유권자의 불신을 회복할 수 있는 진심과 노력을 보여야 한다. 정당정치의 활성화와 의회정치가 회복되지 않는다면 유권자는 투표장에 가지 않고 촛불집회나 인터넷 댓글정치에 열중하게 될 것이다. 이제부터 우리 유권자들도 투표에 참여하여 심리적 만족감을 느낄 권리와 정치적 선택의 정당성을 당당히 요구하자(고선규 2008).

누가 기권했는가?

투표율이 급격히 하락하면서 누가 투표하지 않는가에 대한 관심도 높아지고 있다. 개개인의 투표참여에 영향을 미치는 중요한 요인은 각 국가가 처한 상황에 따라 다르게 나타난다. 한 국가 내에서도 선거 유형과 쟁점 등에 따라 다르게 나타난다. 그럼에도 불구하고 사회경제적 지위와 선거관심, 이념, 지지정당 요인은 개인의 투표참여에 영향을 미치는 가장 보편적인 요인들로 알려져 있다. 여기서는 최근 선거의 투표참여에 이 변수들이 미치는 영향력을 살펴보고자 한다.

먼저 개인의 투표참여에 영향을 주는 사회경제적 요소들은 연령, 직업, 교육수준 및 소득수준 등이다. 많은 투표연구들이 보편적으로 학력수준이 높고 소득이 많으며 상류층의 유권자일수록 학력이 낮고 소득이 적은 계층의 유권자보다 더 활발히 투표에 참여한다는 것을 입증해 왔다. 그 이유는 사회경제적 지위가 높을수록 정치적 자원이 많기 때문인데, 정치 지식과 정보를 습득하는데 드는 시간과 노력, 비용을 쉽게 투자할 수 있다는 것이나. 이 이론은 사회경제적 수준이 높은 유권자들이 밀집한 대도시 등의 지역구에서 투표율이 높은 집합적 현상을 설명하는 데도 유용하다(Milbrath 1965; Verba et al. 1978; Wolfinger & Rosenstone 1980; Rosenstone & Hansen 1993; Franklin 2004; Tenn 2005).

민주화 이전 한국에서는 이런 일반론과는 달리, 여성, 저소득층, 저학력층이 더 활발히 투표에 참여하는 현상이 나타났다. 또한 집합적 수준의 투표율을 보면, 서울의 투표율이 가장 낮으며, 대도시에서 농촌으로 갈수록 투표율이 높아지는 촌고도저 양상을 보였다. 이러한 투표행태는 '동원된 정치참여' 이론에 의해 설명되었는데, 가난하고 정치적 지식과 관심이 부족한 유권자들을 권위주의적 정권이 관권, 폭력, 금품에 의해 투표에 동원했기 때문이라는 것이다(Kim & Koh 1972; Kim 1980; 윤천주 1989).

그러나 민주화 이후 이런 동원투표 현상이 점차 사라지게 되었고 사회경제적 변수들의 영향력은 다른 나라의 상황과 다르지 않게 보편적인 방향으로 나타났다. [표1]을 보면 최근 선거에 나타난 투표참여와 유권자의 사회경제적 배경 간 관계가 정리되어 있다. 투표참여를 1, 기권을 2로 보고 집단별 평균차이를 비교한 결과를 보면, 모든 선거에서 연령대, 학력수준, 직업군, 그리고 소득수준에 따른 유권자 집단 간 투표참여도 차이가 발견되었다. 이런 차이는 모두 통계적으로 유의미하였다.

나이가 어리거나 학력수준이 높은 유권자 집단일수록 투표참여 평균이 높게 나타났는데 이는 나이가 어릴수록 학력수준이 높을수록 기권할 확률이 높은 것을 의미한다. 투표참여 평균 차이는 다른 직업 집단에서도 나타났다. 학생과 화이트칼라 집단에 속한 유권자일수록 자영업자, 주부, 블루칼라 보다 투표참여 평균점수가 높다. 소득수준별 차이도 나타났는데 저소득층이 더 투표에 참여할 확률 높았다. 그런데 이런 결과는 [표1]에서 보는 바와 같이 지방선거에서만 유의미했다.[3]

이를 종합하면 나이가 어릴수록, 학력수준이 높을수록, 학생이나 화이트칼라 직종에 근무할수록 기권할 가능성이 크다고 볼 수 있다. 그런데 여기서 특이한 것은 소득수준이나 학력수준이 높을수록 그리고 학생이나 화이트칼라 직종에 근무하는 유권자일수록 정치지식과 자원이 많아서 투표에 참여할 확률이 높다는 일반론과는 달리 기권할 확률이 높게 나타났다는 것이다. 특히 모든 선거에서 학력수준이 높을수록 기권할 확률이 높은 현상은 통계적으로 의미가 있는데 이에 대한 특별한 설명이 필요하다고 판단되어 다음 절에서 자세히 살펴볼 것이다.

다음으로 보편적으로 투표참여에 중요한 영향을 미치는 변수들인 선거관심

---

3) 대선과 총선에서 소득이 100만원 미만과 400만원 이상인 두 집단만을 비교했을 때 이들 간 차이는 통계적으로 의미가 있었다. 또한 투표자와 기권자 집단으로 나누어 소득 평균을 비교했을 때 투표자 집단의 평균이 3.59로 기권자 집단 3.84보다 낮았다. 기권자 집단의 평균 소득이 더 많음을 알 수 있고 이런 차이는 통계적으로 유의미했다.

[표1] 사회경제적 배경과 투표참여(ANOVA 분석)

		지방선거	대선	총선
연령	19-29	1.34(223)	1.19(416)	1.35(210)
	30대	1.19(239)	1.09(531)	1.18(273)
	40대	1.07(226)	1.05(511)	1.12(278)
	50대	1.05(142)	1.02(327)	1.07(189)
	60대 이상	1.01(171)	1.02(326)	1.03(203)
	F(p)	31.385(.000)	28.200(.000)	27.840(.000)
학력수준	중졸이하	1.04(322)	1.03(179)	1.07(88)
	고졸	1.16(357)	1.04(661)	1.09(368)
	대재이상	1.24(323)	1.10(1271)	1.19(697)
	F(p)	26.107(.000)	13.880(.000)	11.111(.000)
직업	학생	1.33(73)	1.16(123)	1.29(63)
	화이트칼라	1.24(182)	1.11(624)	1.21(344)
	블루칼라	1.11(240)	1.09(265)	1.13(136)
	주부	1.12(277)	1.05(542)	1.12(300)
	자영업	1.08(167)	1.04(435)	1.00(240)
	F(p)	9.362(.000)	9.077(.000)	7.658(.000)
소득수준	100만원 미만	1.07(137)	1.04(141)	1.10(78)
	100~199만원	1.14(226)	1.07(254)	1.11(148)
	200~299만원	1.13(230)	1.06(481)	1.14(265)
	300~399만원	1.17(163)	1.10(495)	1.16(277)
	400만원 이상	1.20(193)	1.08(711)	1.18(371)
	F(p)	2.660(.021)	1.733(.140)	1.549(.186)

주. 괄호안 수치는 응답자수
출처 : EAI · SBS · 중앙일보 · 한국리서치 패널여론조사(2006지방선거, 2007대선, 2008총선)

도나 이념성향 그리고 지지정당 요인에 대해 살펴본 결과는 [표2]와 같다. 예상대로 모든 선거에서 관심 있는 유권자 집단과 관심 없는 집단 간 평균 차이

[표2] 선거관심, 이념, 정당 변수와 투표참여(ANOVA 분석)

		지방선거	대선	총선
선거관심	관심있음	1.08(731)	1.06(1893)	1.10(841)
	관심없음	1.32(270)	1.24(218)	1.29(310)
	F(p)	97.226(.000)	93.661(.000)	63.217(.000)
이념성향	진보	1.17(389)	1.10(519)	1.19(275)
	중도	1.16(237)	1.08(665)	1.16(379)
	보수	1.12(353)	1.07(927)	1.13(495)
	F(p)	2.866(.036)	2.539(.079)	3.206(.041)
정당지지	친박연대			1.05(84)
	국민중심당	1.02(12)	1.00(5)	1.11(45)
	한나라당	1.09(426)	1.06(1036)	1.11(506)
	열린우리당	1.22(238)	1.07(291)	1.14(220)
	민주당	1.21(68)	1.08(38)	
	민주노동당	1.14(106)	1.08(145)	1.19(52)
	진보신당			1.10(40)
	창조한국당		1.11(72)	1.21(62)
	지지정당없음	1.17(149)	1.13(501)	1.39(137)
	F(p)	4.267(.000)	3.495(.001)	9.354(.000)

출처 : EAI · SBS · 중앙일보 · 한국리서치 패널여론조사(2006지방선거, 2007대선, 2008총선)

가 큰 것으로 나타났다. 이는 선거에 관심이 있는 유권자일수록 투표에 참여할 확률이 높은 일반적 현상과 일치하는 결과이다.

이념성향에서도 진보 유권자 집단과 보수 유권자 집단 간 투표참여 평균점수에 차이가 있었다. 보수나 진보 성향이 있는 유권자들이 중도 유권자들보다 투표에 참여할 확률이 높은 것이 일반적 현상이다. 그런데 특이한 것은 최근 세 번 선거에서 모두 보수 집단이 중도나 진보 집단보다 투표에 참여할 확률이 높았다는 것이다. 대선에서는 이런 차이가 크지 않아서 통계적 의미가 없었지만 지방선거와 총선에서는 의미가 있었다.

또한 지지정당에 따라 투표참여 평균의 차이가 나타났는데 이런 집단 간 차이도 통계적 의미가 있었다. 주로 진보나 보수 상관없이 주요 정당 지지자가 소수정당 지지자나 지지정당이 없는 유권자보다 투표에 더 활발하게 참여하는 것이 보편적인 현상이다. 하지만 [표2]를 보면 지방선거에서 국민중심당이나 한나라당 지지자들의 투표참여 평균이 다른 정당 지지자들보다 높았다. 민주당이나 열린우리당 지지자들은 민주노동당 지지자나 지지정당이 없는 유권자들보다 더 기권할 확률이 높았다.

대선에서는 각 정당 지지자 간 차이가 크지 않았지만 보수정당 지지자들의 투표 참여 평균이 가장 높았던 점은 여전했다. 총선에서도 한나라당, 친박연대, 자유선진당 등 보수 정당 지지자들의 평균 투표 참여도가 민주당이나 민주노동당 등 진보 정당 지지 유권자들보다 높았다. 다시 말해서, 최근 선거에서는 보수 성향이거나 보수 정당을 지지하는 유권자들이 진보 성향 유권자들 보다 더 활발히 투표에 참여했다는 것을 알 수 있다.

요약하면, 최근 선거에서 더 활발하게 투표에 참여한 집단은 고연령층, 저학력층, 저소득층 유권자들이었으며 직업군으로는 블루칼라나 자영업자 그리고 주부에 속한 유권자였다. 즉 저연령층, 고학력층, 고소득층, 화이트칼라나 학생 중에 기권자가 더 많았다는 말이다. 그리고 이념이나 정당 지지성향을 보았을 때 진보성향을 가진 유권자 중에 가장 기권자가 많았고 반대로 보수 성향 정당 지지자 중에 투표에 참여한 유권자가 가장 많았다. 이런 저학력층과 보수층의 적극적 투표참여 현상은 최근 선거에서 나타난 보수 세력의 득세 현상과 관련이 있어 보인다. 다음 절에서는 이번 18대 총선에서 이런 변수들 간에 어떠한 관계가 있었는지를 자세히 살펴보겠다.

18대 총선 투표참여와 학력수준

앞에서 살펴본 바와 같이 최근 선거분석 결과를 보면, 사회경제적 지위가 높은 유권자 층과 이념적으로는 진보성향 유권자 층에서 기권비율이 가장 높았다. 특히 저학력 유권자 층에서 투표참여가 가장 활발하게 일어난 것은 매우 특이한 현상이다. 최근 몇몇 지방선거에 관련된 연구들도 교육수준 변수가 일반론과는 다른 방향으로 투표 참여에 영향을 미친다는 특이한 사실을 발견하였다. 다른 지방선거 연구 결과와 유사하게 2006년 지방선거의 투표 참여에 관한 연구들도 교육수준이 낮은 유권자일수록 투표에 참여할 확률이 높게 나타났다고 보고했다(김왕식 2006; 최연혁 2006; 서현진 2007).[4] 그리고 이런 현상은 다른 선거에 비해 지방선거에서 동원투표나 외부압력에 순응하여 투표하는 한국선거의 부정적인 특징이 남아있기 때문인 것으로 해석되었다.

하지만 최근 모든 선거에서 고학력층에서 가장 기권비율이 높게 나타난 현상은 다른 사회경제적 특성인 소득과 직업, 그리고 연령 변수와 연관성이 있어 보인다. 또한 이념과 정당지지 성향에 있어서도 진보층의 기권이 가장 많았다는 사실과 동시에 나타났다는 점에서 투표 참여에 미치는 학력 변수의 영향력은 좀 더 체계적으로 규명될 필요가 있다. 여기서는 학력 변수와 다른 변수들 간의 관계를 살펴보고 이를 통해 왜 학력수준이 높은 유권자 중에 더 기권자들이 많았는지를 설명하고자 한다.

우선 학력수준과 다른 사회경제적 변수들 간의 관계를 살펴본 결과는 [표3]과 같다. 20대 평균 학력은 대재 이상에 가까운 2.84인데 반해, 60대 이상의 평균 학력은 1.78로 고졸에 가깝다. 연령대가 높아질수록 평균 학력수준도 낮아지고 있으며 이런 연령 집단 간 차이는 통계적으로 유의미하다. 즉 젊은 유권자 층일수록, 평균 학력수준이 높은 것을 알 수 있다. 이는 앞서 살펴 본 젊은

---

4) 최연혁(2006)에 따르면 통계적 의미는 없었지만 학력수준과 투표 참여 간 부정적 관계가 발견된 것은 특이한 현상이라고 지적했다.

층일수록, 학력수준이 높을수록 기권할 확률이 높은 투표참여 방향과도 일치한다.

[표3] 학력수준과 SES(ANOVA 분석)

	학력	N	평균	F값	p
연령	19-29	760	2.84		
	30대	820	2.72		
	40대	792	2.49	375.494	.000
	50대	544	2.06		
	60대 이상	587	1.78		
직업	학생	243	2.94		
	화이트칼라	967	2.80		
	블루칼라	493	2.12	190.233	.000
	주부	899	2.18		
	자영업	685	2.38		
소득	100만원 미만	320	1.58		
	100~199만원	458	2.09		
	200~299만원	773	2.44	267.575	.000
	300~399만원	778	2.60		
	400만원 이상	1088	2.72		

출처 : EAI · SBS · 중앙일보 · 한국리서치 패널여론조사
주. 학력수준 : 1 - 중졸이하; 2 - 고졸; 3 - 대재이상

직업별로도 유사한 차이가 발견된다. 학생과 화이트칼라 유권자 층에서 다른 직업을 가진 유권자 층보다 기권자가 많았는데 이런 학생이나 화이트칼라 직업을 가진 유권자일수록 평균 학력수준이 높은 것으로 나타났다. 마지막으로 저소득층보다 고소득층에서 기권자 비율이 더 많았는데, 소득이 많을수록

학력수준도 높은 것을 알 수 있다. 따라서 학력수준과 다른 사회경제적 요인 간 관계는 일반적으로 예측 가능한 방향으로 나타났다. 즉 학력수준이 높을수록 나이가 어리고 학생이나 화이트칼라 직업을 갖고 있으며 소득수준도 높다.

그런데 이들은 왜 투표 참여에서는 보편적 이론과 반대로 덜 적극적이었던 것일까? [표4]를 보면 학력수준은 이념이나 정당지지 성향과도 연관성이 큰 것으로 나타났다. 가장 투표참여에 덜 적극적인 진보 성향 유권자들의 평균 학력수준이 가장 높았다. 또한 투표참여에 활발한 집단인 보수진영 정당 지지자들의 학력수준이 진보진영 정당 지지자들보다 낮게 나타났다.

다음에서는 학력수준이 최근 보수정당 득세현상과 관련이 있는지 살펴보았다. 지난 17대 총선에서는 한나라당과 자민련이 합한 보수진영이 125석을 얻고 열린우리당과 민노당이 모두 162석을 확보함에 따라 진보진영이 우세했다.

[표4] 학력수준과 이념 그리고 정당지지 성향(ANOVA 분석)

	학력	N	평균	F값	p
이념	진보	275	2.69		
	중도	379	2.43	13.830	.000
	보수	495	2.51		
정당 지지	친박연대	84	2.49		
	한나라당	506	2.44		
	자유선진당	45	2.51		
	민주당	220	2.51	5.380	.000
	창조한국당	62	2.68		
	민주노동당	52	2.63		
	진보신당	40	2.80		

출처 : EAI · SBS · 중앙일보 · 한국리서치 2007년 총선 패널여론조사
주. 학력수준 : 1 – 중졸이하; 2 – 고졸; 3 – 대재이상

하지만 노무현 대통령과 열린우리당 주도의 개혁 정치에 실망한 유권자들의 민심은 2006년 지방선거에서 한나라당에게 힘을 실어 주었고 지난 대선에서 한나라당 이명박 후보의 당선을 통해 강하게 표출되었다. 유권자들의 진보진영에 대한 불만과 실망은 쉽게 치유되지 않았고, 이번 총선과정에서 불거진 한나라당 공천 잡음과 보수 진영의 분열에도 불구하고 보수 세력에 대한 지지는 계속되었다. 지난 지방선거에서부터 시작된 보수 세력에 대한 강한 지지는 대선을 거쳐 총선까지 이어져오고 있는 것이다.

이번 총선 투표결과는 한나라당 153석, 통합민주당 81석, 자유선진당 18석, 친박연대 14석, 민주노동당 5석, 창조한국당 3석, 무소속 25석으로 보수성향 정당들의 압승이었다. 지역구 의석을 보면, 한나라당이 131석을 확보했고 통합민주당 66석, 무소속 25석, 자유선진당 14석, 친박연대 6석, 민주노동당 2

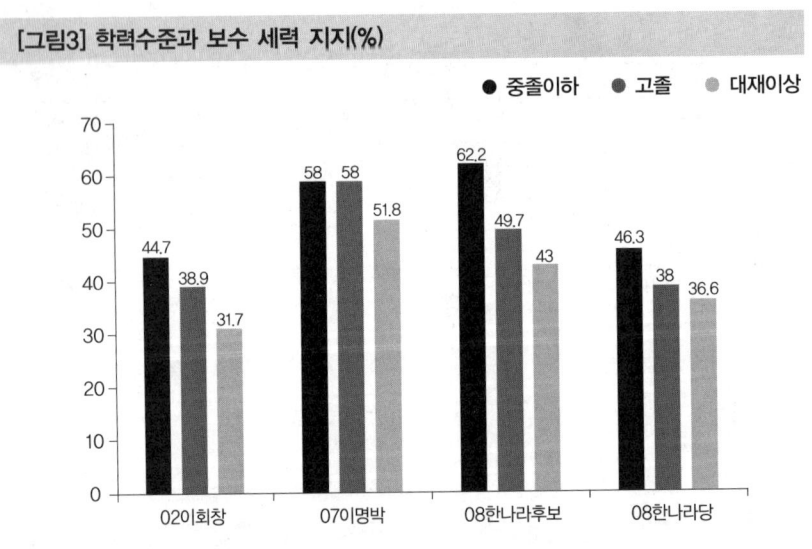

[그림3] 학력수준과 보수 세력 지지(%)

출처 : EAI · SBS · 중앙일보 · 한국리서치 패널여론조사(2007대선, 2008총선)

석, 창조한국당 1석을 얻었다. 정당투표에서도 한나라당이 22석으로 가장 많은 의석을 확보하였고 다음으로 통합민주당 15석, 친박연대 8석, 자유선진당 4석, 민주노동당 3석, 창조한국당 2석 순이었다. 지역구와 정당 투표 모두 한나라당, 친박연대, 자유선진당 등 보수 세력이 진보세력 보다 많은 지지를 받은 것이다.

그렇다면 이런 보수 세력에 대한 지지는 학력수준과 관계가 있을까? [그림 3]을 보면 저학력층 유권자 중에 보수 세력을 지지한 유권자 비율이 고학력층 보다 더 높음을 알 수 있다. 2002년 대선에서 이회창 후보를 선택한 비율을 보면, 중졸이하에서 44.7%로 고졸 38.9%나 대재이상 31.7% 보다 높았다. 2007년 대선에서는 세 집단 간 차이가 크지 않았지만 여전히 대재이상에서 이명박 후보 선택 비율이 가장 낮았다. 이번 총선 지역구 선거에서 한나라당 후보에게 투표했다는 비율 차이는 중졸이하 집단과 대재이상 집단에서 19.2%로 매우 크게 나타났다. 그리고 정당투표에서도 한나라당에 투표한 두 집단 간 차이는 10%정도였다. 선거마다 비율 차이는 있지만 모든 선거에서 고학력층 보다 저학력층 유권자들이 한나라당 후보들에게 더 많이 투표했음을 알 수 있다.

이렇듯 저학력층 유권자들이 고학력층보다 더 보수 세력을 지지하는 것은 이들의 정책이슈에 대한 입장 차이에서 기인하는 것일까? 이에 대한 답을 얻기 위해 여러 가지 이슈에서 저학력층 유권자들은 고학력층 보다 보수적 입장을 취하고 있는지 살펴보았다. 지난 5년간 가정살림이 더 나빠졌다고 답한 유권자 비율은 학력수준이 낮을수록 높게 나타났다. 중졸이하 유권자 층에서는 39%가 나빠졌다고 답했고 고졸 유권자 층에서는 35%, 대재이상에서는 26.1%가 나빠졌다고 했다.

현재 가정살림에 대한 만족도에 대해서도 중졸이하에서는 25.8%, 고졸에서는 20.5%, 그리고 대재이상에서는 19.5%가 불만이라고 답했다. 학력수준이 낮아질수록 지난 5년간 가정 경제가 나빠졌고 현재 상태에 불만이라는 비율이 증가한 것을 알 수 있다. 일반적으로 자신의 경제 상태에 만족하는 사람보다 불만이 있는 사람일수록 현재 상태가 개선되기를 바라기 때문에 진보적 성향을 갖는다.

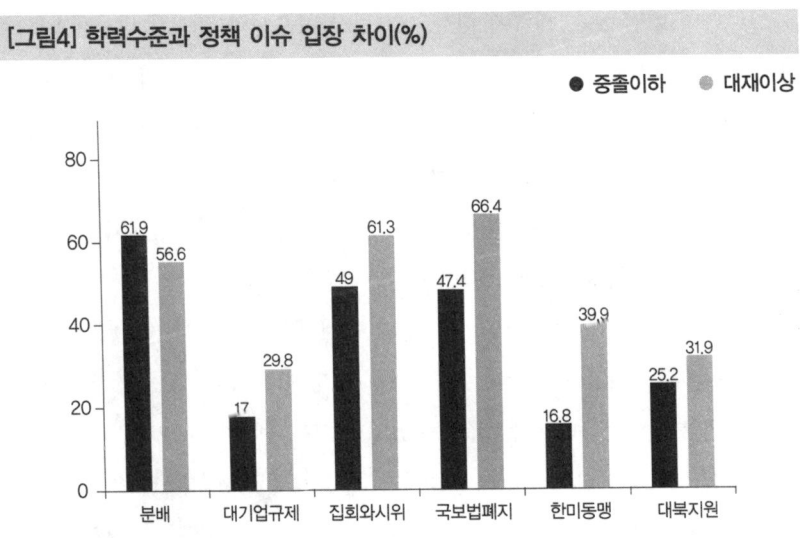

[그림4] 학력수준과 정책 이슈 입장 차이(%)

출처 : EAI · SBS · 중앙일보 · 한국리서치 패널여론조사(2007대선, 2008총선)

그런데 [그림4]에서 볼 수 있듯이, 여러 정책이슈에 대한 학력수준별 입장 차이를 보면 한 가지 이슈만 제외하고 다른 이슈에서는 학력이 높은 유권자 보다 낮은 유권자 층에서 보수 성향 비율이 더 높은 것을 알 수 있다. 소득분배가 경제성장보다 더 중요하다는 진보 입장을 가진 유권자 비율은 중졸이하에서 61.9%로 대재이상 56.6% 보다 높았다. 경제성장이 더 중요하다는 보수 비율은 중졸이하 27.4%, 고졸 34.6%, 대재이상 42.9%로 학력수준이 증가할수록 더 높아졌다. 하지만 다른 이슈에 있어서는 학력수준이 증가할수록 진보성향 유권자 비율이 높아지는 경향이 나타났다. 먼저 경제정책으로 정부가 대기업 규제를 지금보다 풀어야 한다는 보수 의견에 찬성하는 유권자 비율은 중졸이하 74.1%, 고졸 72.5%, 대재이상 69.3%로 저학력층에서 더 높았다. 이에 반대하는 진보 성향 유권자 비율은 중졸이하 17%, 고졸 24.8%, 대재이상 29.8%로 고학력층에서 더 높게 나타났다.

다음 법과 질서에 대한 의견 차이를 보면, 집회와 시위에 대한 헌법 권리 보장에 찬성하는 진보비율은 중졸이하 49%, 고졸 60.5%, 대재이상 61.3%로 고학력층으로 갈수록 그 비율이 높아졌다. 국가보안법 폐지나 대폭 개정에 찬성하는 진보비율도 중졸이하 47.4%, 고졸 58.3%, 대재이상 66.4%로 학력수준이 높아질수록 증가했다.

대미와 대북관계에 있어서도 같은 현상이 나타났다. 정부가 한미동맹을 우선시해야 한다는 보수적 입장에 대해서 중졸이하 71%, 고졸 68.5%, 대재이상 59.9%로 학력수준이 낮은 층일수록 동의하는 비율이 높았다. 반대한다는 진보입장의 유권자 비율은 중졸이하 16.8%, 고졸 29.8%, 대재이상 39.9%로 학력수준이 높은 층에서 더 높았다. 또한 대북지원을 현 수준으로 유지하거나 확대해야 한다는 진보 입장을 가진 유권자 비율은 중졸 25.2%, 고졸 26.5%, 대재이상 31.9%로 고학력층에서 더 높았다.

이번 총선을 보는 시각과 의미에 있어서도 학력수준이 다른 유권자 간 차이가 발견되었다. 먼저 [그림5]를 보면 "안정적인 국정운영을 위해 이번 총선에서 한나라당을 밀어줘야 한다"는 안정론과 "한나라당과 대통령의 독주를 막기 위해 야당을 밀어줘야 한다"는 견제론에 대해 학력수준에 따른 입장차이가 나타났다. 대재이상 유권자들 중에는 39.9%가 안정론에 동의한 반면, 중졸이하 유권자들은 55.7%가 동의했다. 학력수준이 낮을수록 견제론 보다 안정론을 지

[그림5] 학력수준과 총선 의미(%)

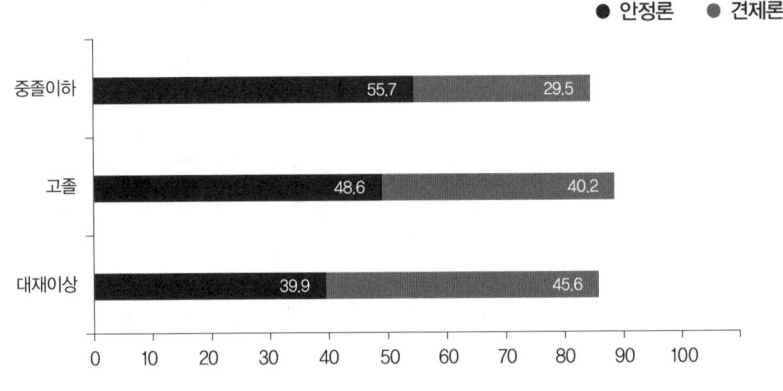

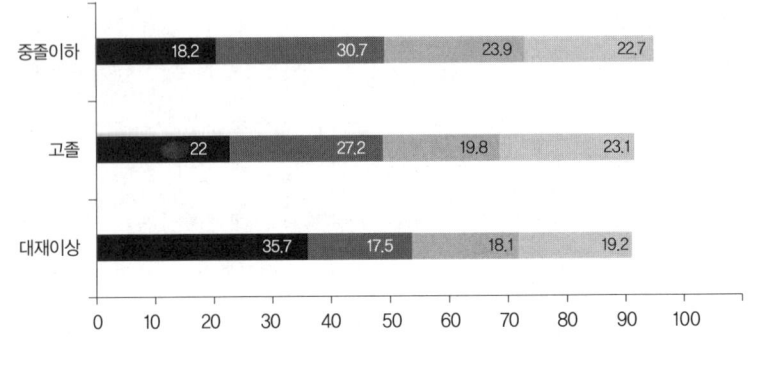

출처 : EAI · SBS · 중앙일보 · 한국리서치 패널여론조사(2006 지방선거, 2007 대선, 2008 총선)

지한 것을 알 수 있다.

이와 유사하게 총선의 의미에 대해서도 중졸이하 유권자 중에는 이번 선거가 지역일꾼이나 나라일꾼을 뽑는 데 의의가 있다고 보는 의견이 가장 많았고 이명박 정부에 대한 평가라는 의견이 그 다음이었으며 정치 판도를 결정하는 선거로 보는 의견은 가장 적었다. 반면 대재이상 유권자 층에서는 정치 판도를 결정하는 선거로 보는 의견이 가장 많았고 이명박 정부에 대한 평가가 그 다음이며 나라일꾼이나 지역일꾼을 뽑는 선거로 보는 의견이 가장 적었다.

이번 총선이 현 정부의 정치 판도를 결정짓는 선거이므로 한나라당과 여당의 독주를 막기 위해 야당을 밀어줘야 한다는 의견은 학력수준이 낮은 유권자 층에서보다 높은 층에서 더 많았음을 알 수 있다. 정치 판도를 결정짓는 의미로 총선을 해석한 고학력층에서 정부와 집권당을 견제하기 위해 한나라당이 아닌 정당에 더 많이 투표했다고 볼 수 있다.

이런 시각 차이는 선거 관심이나 불신 그리고 효능감 등 정치태도, 총선에 대한 평가, 국정 평가와 전망에서도 비슷하게 반영되었다. [표5]를 보면, 선거 관심은 중졸이하 유권자가 평균적으로 가장 높고 대재이상이 가장 낮다. 소수가 정치를 좌우한다거나 정치인은 선거 후 달라진다는 정치 불신을 묻는 두 항목에 대해서도 중졸이하 유권자들 보다 대재 이상 유권자들의 평균 불신도는 더 높았다. 반면 효능감은 대재 이상 유권자들이 더 높았다. 정치태도에 있어서 학력수준이 높을수록 관심과 신뢰도는 낮고 효능감은 높은 것을 알 수 있다.

이번 총선에 대한 평가에서도 고학력층 유권자들은 저학력층보다 부정적 태도를 보였다. 대재이상 유권자들은 다른 유권자들보다 이번 총선이 정책대결 선거가 아니었으며 지역주의가 약화되지 않았다고 평가했다. 전체적인 총선결과에 대한 만족도도 가장 낮았다. 이명박 정부의 국정운영 평가에 대해서도 중졸이하나 고졸 집단과 달리 대재이상 유권자 집단은 부정적이었다. 이들은 향후 국정에 대해서도 이명박 정부와 한나라당의 독주가 우려되고 정부 견제를 위한 야당 간 협력은 일어나지 않을 것이라고 전망했다.

이와 유사한 시각 차이는 이명박 정부에 대한 기대에서도 발견되었다. [표6]에 이명박 정부 하에서 여러 가지 정책 문제가 개선될 것인지 아닌지에 대해 학력수준 별 평균 차이를 비교한 결과가 정리되어 있다. 전체적으로 학력수준

[표5] 학력수준과 정치 태도(ANOVA 분석)

			N	평균	F값	p
정치 태도	선거관심	중졸이하	111	1.68	15.092	.000
		고졸	422	1.98		
		대재이상	835	2.10		
	소수 정치좌우	중졸이하	86	2.27	16.734	.000
		고졸	366	1.93		
		대재이상	697	1.81		
	선거후 다름	중졸이하	88	1.76	4.590	.010
		고졸	367	1.57		
		대재이상	694	1.55		
	효능감	중졸이하	88	2.24	35.355	.000
		고졸	367	2.35		
		대재이상	692	2.82		
총선 평가	정책대결 선거	중졸이하	88	2.50	17.870	.000
		고졸	365	2.56		
		대재이상	692	2.87		
	지역주의 약화	중졸이하	86	2.49	10.303	.000
		고졸	368	2.51		
		대재이상	690	2.75		
	총선결과 만족도	중졸이하	88	2.38	12.384	.000
		고졸	365	2.34		
		대재이상	692	2.57		
국정 평가 와 전망	이명박 정부 국정운영평가	중졸이하	79	2.16	12.348	.000
		고졸	340	2.18		
		대재이상	655	2.38		
	향후 정부와 여당 독주 우려	중졸이하	86	1.55	6.864	.001
		고졸	363	1.48		
		대재이상	693	1.39		
	야당 협력 가능성	중졸이하	83	1.33	3.020	.049
		고졸	353	1.45		
		대재이상	683	1.47		

출처 : EAI · SBS · 중앙일보 · 한국리서치 2007년 총선 패널여론조사

[표6] 학력수준과 이명박 정부에 대한 기대(ANOVA 분석)

		N	평균	F값	p
경제성장과 일자리 창출	중졸이하	77	2.61	11.452	.000
	고졸	345	2.60		
	대재이상	645	2.41		
경제 양극화	중졸이하	75	2.35	27.177	.000
	고졸	342	2.17		
	대재이상	659	1.84		
노사갈등	중졸이하	73	2.49	21.935	.000
	고졸	340	2.18		
	대재이상	653	1.93		
남북관계	중졸이하	72	1.89	4.603	.000
	고졸	336	1.85		
	대재이상	637	1.70		
부정부패	중졸이하	94	2.51	26.478	.000
	고졸	387	2.28		
	대재이상	774	2.01		
사교육비부담	중졸이하	65	1.65	9.431	.000
	고졸	340	1.55		
	대재이상	666	1.39		

출처 : EAI · SBS · 중앙일보 · 한국리서치 2007년 총선 패널여론조사
주. 1 - 지금보다 나빠질 것이다; 2 - 별 차이가 없을 것이다; 3 - 지금보다 개선될 것이다.

에 상관없이 경제성장과 일자리 창출에 대한 기대는 지금보다 개선될 것이라는 쪽으로 기운 반면, 남북관계나 사교육비 부담 문제는 지금보다 나빠질 것이라는 쪽으로 의견이 모아졌다. 그럼에도 불구하고 이런 정책 분야에서 학력이 낮은 유권자 층의 기대치 평균점수가 고학력층 유권자층보다 높게 나타났고 이런 차이는 통계적으로 유의미하다.

또한 경제양극화, 노사갈등, 부정부패 문제에 대해서는 대재 이상 유권자와

아닌 유권자 간 의견 차이가 크게 나타났다. 저학력층 유권자들은 평균적으로 경제 양극화, 노사갈등, 부정부패 문제가 지금보다 개선될 것으로 기대하고 있다. 반면 대재이상 유권자의 평균 기대치를 보면 지금보다 악화될 것이라고 보았다. 정리하면 학력수준이 낮은 유권자 보다 높은 유권자일수록 이명박 정부가 경제성장과 일자리 창출, 경제양극화와 노사갈등, 남북관계, 부정부패, 사교육비 문제를 잘 해결할 것이라고 보는 긍정적인 기대감이 낮음을 알 수 있다.

이상의 분석결과를 요약하면, 총선 전 설문조사에서 살펴본 여러 정책 이슈에 대해 학력수준 별로 유권자 간 입장 차이가 있었다. 현 자신들의 경제상황을 나쁘다고 보고 이에 불만인 저학력층 유권자들은 경제성장보다 소득분배가 중요하다는 진보적 입장을 보였지만 규제완화나 법과 질서, 한미관계, 대북지원 등 다른 이슈에서는 보수적 입장을 보였다. 또한 저학력층 유권자들은 고학력층 유권자들보다 이번 총선에서 한나라당이 다수를 확보하여 안정적으로 국정을 이끌어주길 기대했기 때문에 당연히 한나라당 후보들에게 더 많이 투표한 것으로 보인다.

진보성향이 강한 고학력층 유권자들은 정치관심과 신뢰도가 낮고 전반적으로 총선에 대해 부정적으로 평가했다. 그리고 이명박 정부가 여러 가지 당면 문제를 잘 해결하기 보다는 악화시킬 것이라는 부정적인 견해를 보였다. 반면 여러 가지 정책이슈에 대해 보수적 입장인 저학력층 유권자들은 총선평가에 대해서 더 긍정적이며 총선 후 이명박 정부가 당면 문제들을 잘 해결할 것이라고 기대하고 있다. 이런 저학력층 유권자들의 보수적 성향과 이명박 정부에 대한 긍정적인 기대가 고학력층보다 더 투표에 참여하고 한나라당을 지지하게 되는 근본 원인이 되었다고 할 수 있다.

결론

이글에서는 18대 총선의 역대 최저 투표율에 주목하여 낮은 투표율에 기여한 특정 유권자 집단이 누구인지 살펴보았다. 분석결과 최근 치러진 지방선거, 대선, 총선 모두에서 일반적으로 알려진 젊은 층 외에 학력수준이 높고 이념적으로 진보성향이 강한 유권자 집단에서 기권자 비율이 많았음을 알 수 있었다. 왜 이런 현상이 나타났는지 살펴보기 위해 총선자료를 중심으로 학력수준과 다른 사회경제적 요인 그리고 이념성향을 자세히 분석해 보았다. 학력수준이 높은 유권자일수록 젊고 경제적으로 부유하며 학생이나 화이트칼라인데 이들은 일반적으로 보수 성향을 갖는다는 서구의 연구결과와 달리 진보 성향을 갖는 것으로 나타났다. 그리고 최근 선거에서 학력수준이 낮은 유권자들보다 투표에 덜 참여했으며, 투표에 참여한 경우 진보성향 정당과 후보들에게 더 많이 투표한 것을 알 수 있다.

그동안 한국 선거에 영향을 미치는 가장 중요한 사회균열구조로는 지역균열, 세대균열, 이념균열 그리고 경제균열을 주로 꼽았다. 그런데 최근 선거에서는 유권자의 정당선택에 있어서 가장 중요한 요인이었던 지역균열 보다는 경제균열의 영향력이 점차 더 커지고 있다(정기진·이훈영 2008). 여러 가지 이슈에서 저학력층 유권자보다 진보적 입장을 보인 고학력층 유권자들은 최근 선거에서 가장 중요한 쟁점으로 부각된 경제이슈에 대한 이명박 정부와 한나라당 정책에 대해서도 가장 덜 동의하는 것을 알 수 있었다. 이런 와중에 진보 세력은 고학력층 유권자들의 참여를 조장할 만한 대안을 내놓지 못했다. 보편적으로 유권자들은 지지하는 정당이나 후보자가 있을 경우 투표에 참여할 확률이 높은 것으로 나타나는데 '찍을 사람이 없는 상황'은 이들을 기권하게 만든 것이다.

다행히 고학력층보다 보수 성향을 보인 저학력층 유권자들은 보수진영이 공천 잡음과 분열 등 좋지 못한 모습을 보이는 상황에서도 투표에 많이 참여하였다. 저학력층 유권자들이 고학력층 유권자들보다 더 많이 투표에 참여한 현상은 이들이 무식하거나 정부의 압력에 반응해서라기보다 이념적으로 더 보수적이기 때문인 것으로 해석해야 한다. 이들은 자신들의 경제상황에 대해 불만스러워하고 고용이나 부동산 정책 등을 가장 중요한 정부의 당면과제로 보고 있다.

이런 상황을 개선하고 해결할 정당과 리더를 이명박 대통령과 한나라당이라고 생각하고 있기 때문에 이들을 지지하고 투표에 적극적으로 참여한 것이다. 따라서 한나라당과 이명박 정부가 경제성장과 일자리 창출을 하고 양극화를 해소하는 등 그들의 경제문제를 해결해 줄 것이라는 기대를 무시하거나 정책에 실패하여 이들에게 실망을 안겨줄 경우, 중산층이 열린우리당과 노무현 대통령에게 등을 돌린 것과 똑같이 지지를 철회할 것이다.

이번 선거에서 보수 세력은 압승을 거두었다. 그러나 국민의 반만 참여한 선거의 낮은 투표율로 인해 대표성과 정당성 문제가 심각하다는 점에 주목한다면 그들의 지지 기반이 그리 튼튼하지 않음을 깨달아야 한다. 단적인 예로 압승을 거둔 총선 이후 정부와 한나라당은 재벌규제 완화, 한반도 대운하 등 소위 'MB노믹스'를 밀어붙이려고 했지만 이에 대한 반대 여론은 거셌다.

또한 한나라당은 기득권층을 위한 보수정책을 표방하는 정통 보수정당인데 이 연구에서 나타난 것처럼 최근 한나라당 지지 세력 대부분은 저학력층, 저소득층, 블루칼라나 자영업자 등 서민층이다. 최근 선거에서 저학력층 유권자들이 더 많이 투표에 참여하고 한나라당을 포함한 보수 세력에게 더 많은 지지를 보낸 것은 이들의 당면문제인 경제를 보다 효과적으로 잘 해결할 것이라는 기대감에서 비롯된 것이다. 이런 기대감이 실망감으로 변질된다면 이들에게 주어진 기회가 박탈됨은 물론이고 다음 선거의 투표율은 더 떨어지게 될 것이다.

■ 참고문헌

강경태. 2003. "한국 대통령 선거 어떤 유권자가 참여하나? 선거관심도를 중심으로." 〈한국정치학회보〉제37집 1호.
강원택. 2002. "투표 불참과 정치적 불만족: 기권과 제3당 지지를 중심으로." 〈한국정치학회보〉제36집 2호.
고선규. 2008. "제18대 국회의원선거 유권자의식조사." 중앙선거관리위원회.
김왕식. 2006. "투표참여와 기권: 제4회 전국 동시 지방선거 분석." 〈한국선거학회〉 연례학술대회.
서복경. 2008. "투표불참 유권자 집단과 한국 정당체제." 〈한국정당학회〉 하계학술회의.
서현진. 2008. "제17대 대선과 투표참여." 이현우, 권혁용 공편.《변화하는 한국 유권자 2》. 서울 : 동아시아연구원.
이재철. 2007. "정치문화와 투표행위: 5 · 31 지방선거에 나타난 인지적, 정서적, 평가적 정향과 투표참여." 〈한국과 국제정치〉제23권 2호.
정기진, 이훈영. 2008. "사회균열구조의 선거 영향력에 대한 유권자 인식에 관한 실증연구: 투표에서 유권자의 정당 선택 기준을 중심으로." 〈한국정당학회보〉제7권 1호.
최연혁. 2006. "투표율의 제고에 대한 유권자 투표행태적 논의." 〈한국선거학회〉 연례학술대회.
_____. 2008. "유권자의 25% 미만으로 43명 당선… 대표성 있나"〈경향신문〉(4월 12일), 3.

Abramowitz, Alan I. and Walter J. Stone. 2006. "The Bush Effect: Polarization, Turnout, and Activism in the 2004 Presidential Election." *Presidential Studies Quarterly* Vol. 36, pp. 141-154.
Abramson, Paul R. and John H. Aldrich. 1982. "The Decline of Electroal Participation in America." *American Political Science Review* Vol.76, pp. 502-521.
Ansolabehere, Stephen and Shanto Iyengar. 1995. *Going Negative: How Attack Ads Shrink and Polarize the Electorate.* New York: The Free Press.
Conway, Margaret M. 1991. *Political Participation in the United States.* Washington DC.: A Division of Congressional Quarterly Inc.
Franklin Mark N. 2004. *Voter Turnout and the Dynamics of Electoral Competition in*

Established Democracies since 1945. London: Cambridge University Press.

Kim, Jae-On and B.C. Koh. 1972. "Electoral Behavior and Social Development in South Korea: An Aggregate Data Analysis of Presidential Election," *Journal of Politics* Vol. 34, pp. 825-859.

Kim, Chong Lim. 1980. "Political Participation and Mobilized Voting." Chong Lim Kim, eds. *Political Participation in Korea*. ABC-Clio Inc.

Milbrath, Lester W. 1965. *Political Participation: How and Why Do People Get Involved in Politics?* Chicago: Rand McNally.

Wolfinger, Raymond E. and Steven J. Rosenstone. 1980. *Who Votes?* New Heaven: Yale University Press.

Rosenstone, Steven J. and John Mark Hansen. 1993. *Mobilization, Participation, and Democracy in America*. New York: MacNillan Publishing Company.

Tenn, Steven. 2005. "An Alternative Measure of Relative Education to Explain Voter Turnout." *The Journal of Politics* Vol.67, pp. 271-282.

Verba, Sidney, Norman Nie and Jae-On Kim. 1978. *Participation and Political Equality: A Seven Nation Comparison*. Cambridge: Cambridge University Press.

Wattenberg, Martin P. and Craig Leonard Brians. 1999. "Negative Campaign Advertising: Demobilizer or Mobilizer?" *American Political Science Review* Vol.93, pp. 891-909.

18대 국회의원선거에 나타난 '부동층' *

진영재 · 김민욱

서론

이 글의 주요 목적은 18대 국회의원선거에 나타난 '부동층' floating voters의 행태를 17대 대통령선거의 연장선상에서 살펴보는 것이다. 이를 위해 17대 대통령선거에서 실제 특정 정당의 후보에게 표를 던진 유권자를 추적하여 4개월 후의 18대 국회의원선거에서 어떠한 정당의 후보에게 투표하였는지 분석하였다. 한국리서치와 동아시아연구원은 17대 대통령선거를 전후하여 전체 3,503명의 응답자 샘플을 바탕으로 총 6차례에 걸쳐 패널 조사를 실시하였다.[1] 동일한 응답자를 중심으로 18대 국회의원선거를 전후한 시기에도 두 차례 지지정당과 후보에 대한 패널 조사를 실시하였다. 동일한 응답자를 대상으로 하여 지지 성향의 변화에 대한 추적이 가능한 패널 조사 방식은, 17대 대선과 18대 국회의원선거와 같이 연이어서 치러진 선거에서 유권자의 지지 변화를 다각도로 살펴볼 수 있는 장점이 있다.

* 본 보고서는 *Korea Observer* Vol.39 No.3에 게재되었던 "Floating Voters in the Honeymoon Election of Korea"를 일부 수정 보완한 한역본이다.

1) 2007년 4월 25일 첫 조사를 시작으로 대선 직후인 2007년 12월 23일까지 총 6차례의 패널조사가 있었으며, 2008년 3월 16일과 4월 11일에 18대 국회의원선거에 대한 패널조사가 이루어졌다. 동일한 방식으로 17대 대선에 나타난 부동층 분석은 진영재(2008)를 참조할 것.

이 글에서는 대선 후 2007년 12월 20일에서 23일까지 실제 투표 결과를 조사했던 여섯 번째 대선 패널 조사를 시작 시점으로 하고 국회의원선거 직후인 2008년 4월 10일과 11일 양일의 조사를 최종 시점으로 하는 패널 자료를 바탕으로 부동층의 투표 행태를 분석하고자 한다. 또한 부동층을 그 특징에 따라 세분화하기 위해서 2008년 3월 16일부터 18일까지 국회의원선거를 앞두고 조사한 1차 총선패널자료를 그 중간 시점으로 하여 지지후보 혹은 정당에 대한 부동성향 여부를 판단하려 한다.

부동층 유권자

일반적으로 '부동층'은 특정 정당이나 후보를 지지하던 유권자가 새로운 정당이나 후보로 지지를 바꾸는 집단을 의미한다(Boyd 1986). 하지만 만약 어떤 유권자가 선거 운동 기간 동안 다른 정당을 지지할 마음이 있었다고 하더라도, 선거 당일에 결국 이전 선거에서와 같은 정당에게 투표했다면 부동층이라고 판단하기 어려우며, 특히 공고하게 정당이 제도화된 체계 하에서는 더욱 그러하다. 하지만 한국과 같이 실질적으로 제도화된 정당의 역사가 일천하고 정치에 대한 냉소적인 시각이 존재하는 경우에, 유권자들은 최종 지지의 확정을 선거 직전 마지막 순간까지 미루는 경향이 있다고 할 수 있다. 이들의 주된 관심사가 덜 나쁜 후보less evil를 선택하는데 한정된다고 할 수 있기 때문이다. 본 보고서에서의 부동층은 대선과 연이어 치러진 국회의원선거 사이에서 지지하는 정당을 바꾼 유권자를 통칭하기로 한다. 다시 말해서, 대선에서 특정 정당의 후보에게 실제로 투표했던 유권자(제6차 대선 패널 조사)가 국회의원선거를 앞둔 시기의 조사(제1차 국회의원선거 패널 조사)와 실제 국회의원선거(제2차 국회의원선거 패널 조사)에서 다른 정당의 후보에 대한 지지로 선회할 경우 이들을 부동층 유권자로 간주한다. 이와 같은 정의는 대선과 국회의원선거에서 실제로 같은 정당의 후보에게 표를 던졌을 경우에도 중간 조사에서 다른 정당 후보에 대한 지지를 표명했다면, 이 유권자 역시 부동층의 범주에 포함시킨다.

본 보고서에서는 우선 부동층 유권자를 크게 두 개의 하위범주로 나누고 있다. 즉, '다른 정당에 대한 지지로 마음을 바꾼 뒤 처음 지지했던 정당으로 돌아가지 않는 경우'(비회귀성 부동층)와 '중간에 지지 정당을 바꾸었지만 결국 실제 국회의원선거에서 원래 지지했던 정당에 투표한 경우'(회귀성 부동층)로 나눌 수 있다. 특히 여기에서 사용하고 있는 대선과 국회의원선거에서의 지지 정당에 관한 패널 조사는 4개월이라는 짧은 시간차를 두고 이루어졌기 때문에 양 선거에 나타나는 특징적인 투표 행태를 비교 분석할 수 있는 소중한 기회가 될 수 있다.

유권자가 지지 정당을 바꿀 때 고려되어야 하는 또 다른 요인은 이념적 선호도 ideological preference에 따른 지지 행태의 변화이다. 경험적으로 한국의 정당들을 이념적 축에 따라 보수적 혹은 진보적으로 구분할 수 있다고 할 때, 부동층 유권자가 지지 정당을 변경하는 경우 '유사한' 이념 성향을 지닌 정당으로 바꾸는지, 아니면 '상이한' 이념 성향을 지닌 정당으로 바꾸는 지에 대한 분석이 여기에 해당한다. 이와 같은 구분은 내적 변동성 intra-volatility과 외적 변동성 inter-volatility의 개념 구분과도 연관을 맺고 있다(Mair 1993). 유권자들의 지지 변동은 후보자가 가지고 있는 이념적 선호도 그리고 그들이 속한 정당에 대한 사회적 인식 등에 의해 영향을 받을 수 있으며, 지지를 바꾼다 하더라도 다양한 이슈에 관해서 일반적으로 기존의 지지 정당과 유사한 정당으로 옮겨갈 가능성이 크다고 예측해 볼 수 있다. 위의 두 요소를 고려해서 다음과 같이 모델을 설정할 수 있다.

(1) 본 연구에서 '부동층 유권자'는 각기 다른 시기에 실시된 패널 조사에서 다른 정당 후보로 지지 대상을 바꾼 경우를 의미하며, 이를 아래와 같이 나타낼 수 있다.

$V_f = X + Y$ ·························· (i)
V_f : 지지정당을 변경한 부동층 유권자들
X : 비회귀성 부동층
Y : 회귀성 부동층

(2) X는 다음과 같이 세분화될 수 있다.

$X = X_1 + X_2 + X_3$ ················· (ii)
X_1 : '유사한 성향'의 주요 정당들로부터 지지를 변경한 부동층
X_2 : '상이한 성향'의 주요 정당들로부터 지지를 변경한 부동층
X_3 : X_1과 X_2로 분류되지 않는 정당들을 포함한 정당들로부터 지지를 변경한 부동층 (군소정당들을 중심으로 한 부동층)

(3)

$V_∩ = Y + X1$ ·························· (iii)
$V_∪ = X_2 + X_3$ ······················(iv)
$V_∩$: 유사한 이념적 성향을 보이는 정당들 내에서만 지지를 변경하는 부동층의 합
$V_∪$: 상이한 이념적 성향을 보이는 정당들 사이에서 지지를 변경하는 부동층의 합

17대 대선과 18대 국회의원선거에서 나타난 부동층의 지지 변화 형태는 앞서 언급한 (i), (ii), (iii), (iv)의 개념에 따라 분석될 수 있다. 하지만 (iii)과 (iv)를 다루는데 있어서 '유사한' 이념성향을 가진 정당 집단과, '상이한' 이념성향을 가진 정당 집단 간의 구분을 명확히 할 필요가 있다. 이를 위해 분석 대상이 되는 정당을 산출하였다. 실제 대선에서 가장 높은 득표율 순으로 10% 이상의 두 자리 수 득표자를 배출한 정당이 우선적으로 분석의 고려 대상이 되었으며, 이는 구체적으로 이명박 후보의 한나라당, 정동영 후보의 대통합민주신당(18대 국회의원선거 시기에는 통합민주당으로 바뀜), 이회창 후보(18대 국회의원선거 시기에는 자유선진당을 의미함)를 포괄한다. 하지만 한 자리 수의 득표에 그친 권영길 후보의 민주노동당은 대표적인 진보정당으로서 17대 국회의원선거에서 제3당의 위치를 차지한 점을 고려할 때 예외적으로 분석 대상에 포함시켰다.

  이와 같은 선택 자료를 근거로, 유사한 이념 성향을 지닌 정당은 보수적 성향을 지닌 한나라당·자유선진당과 상대적으로 진보적 성향을 지닌 대통합민주신당·민주노동당으로 구분할 수 있을 것이다. 이러한 구분은 일반 유권자들의 상식에 부합한다고 할 수 있다. 대통령선거와 국회의원선거에서 후보자 요인이 유권자의 투표 결정에 더 큰 영향을 미치는지 혹은 그 후보자가 속한 정당 요인이 더 큰 영향력을 갖는지는 추가로 논의되어야 할 부분이다.

  여기에서는 대선과 국회의원선거에서 실시된 패널조사 결과를 비교론적 관점에서 분석하기 위해, 두 차례 선거 모두 정당에 대한 지지 변화를 근거로 부동층을 구분하는 방식을 택하였다. 즉, 2007년 대선에서 한나라당의 이명박을 지지했던 유권자가 2008년 국회의원선거에서 한나라당의 후보를 자신의 지역구 국회의원으로 지지했다면 그러한 유권자는 '일관성'을 지녔다고 볼 수 있을 것이다. 이와는 대조적으로 대선과 국회의원선거 사이에 실시한 중간 패널조사에서 처음과 다른 정당을 지지한다고 밝혔다면, 실제 국회의원선거에서 당초에 지지하던 정당에 투표한다고 하더라도 이러한 유권자는 부동층으로 간

주된다. 또한 대선에서 한나라당의 이명박을 지지했던 유권자가 국회의원선거에서 자유선진당을 지지했거나, 반대로 이회창을 대통령으로 지지했던 유권자가 국회의원선거에서 한나라당으로 지지를 바꾼다면 부동층으로 간주되고, 특히 이 경우는 위의 정의에 따라 X_n(내적 변동성을 지닌 부동층)에 속하게 된다. 이와 같은 방식으로, 대선에서 대통합민주신당의 정동영을 지지했던 유권자가 국회의원선거에서 한나라당 후보를 지지한다면, 그러한 유권자는 X_U(외적 변동성을 지닌 부동층)의 예로 이해될 수 있다.

그러나 4개월여의 짧은 시차에도 불구하고, 대선 시기의 정당 구도가 18대 국회의원선거 시기의 그것과 정확히 일치하지 않다는 점에 주의할 필요가 있다. 특히 국회의원선거를 겨냥해 현존하는 정당들로부터 분리되어 나온 '친박연대'와 '진보신당'의 경우 그 구분에 신중을 기할 필요가 있기 때문이다. 친박연대는 실제로 2007년 9월 28일, 대선을 준비하던 정근모 후보를 지원하기 위해 결성되었으며, 후에 '미래한국당'으로 당명을 변경한 뒤 2008년 3월 친박연대로 최종 명칭을 변경하였다. 친박연대의 대다수의 구성원들은 원래 한나라당 소속으로 지역구 후보로 공천을 받지 못하는 과정에서 불만을 가졌던 인사들을 중심으로 이루어졌다. 하지만 결과적으로 국회의원선거를 한달 여 앞두고 본격적으로 구성되었음에도 불구하고, 13%의 전국적 정당 지지를 바탕으로 6명의 지역구 의원과 8명의 비례대표 의원을 배출할 수 있었다는 점은 개별 정당으로서의 가능성을 제시한다.

하지만 위에서 살펴본 바와 같이 대부분의 정당 구성원이 이념적 차이에 의해 새로운 당을 만들었다기보다는 공천 과정에서의 갈등에 주로 기인한 측면이 있고, 또한 당선 이후에 한나라당으로의 복당 절차를 논의하고 있는 현실을 고려할 때, 본 보고서에서는 부동층의 이동을 고려할 때 두 정당을 동일한 정당으로 간주하여 분석하였다. 마찬가지로, 국회의원선거 한 달 전에 구성된 진보신당 역시 몇몇 사회적 이슈를 제외하고는 총론에서 민주노동당과 큰 차이를 보이지 못하고 있으며, 한국의 이념 지형에서 가장 진보적인 성향을 지닌 대표적인 두 정당으로 받아들여지고 있음을 고려할 때, 진보신당과 민주노동당 역시 동일한 정당으로 설정하고 부동층의 변화를 측정하였다.

(4)

열 (Column):

$Y = Y_{GNP} + Y_{UDP} + Y_{LFP} + Y_{DLP}$

$X_1 = X_{GNP1} + X_{UDP1} + X_{LFP1} + X_{DLP1}$

$X_2 = X_{GNP2} + X_{UDP2} + X_{LFP2} + X_{DLP2}$

$X_3 = X_{GNP3} + X_{UDP3} + X_{LFP3} + X_{DLP3}$

GNP : 한나라당 + 친박연대;

UDP : 대통합민주신당(17대 대선)/ 통합민주당(18대 국회의원선거);

LFP : 자유선진당(17대 대선에서는 이회창 후보 지지를 의미함);

DLP : 민주노동당 + 진보신당

Y_{GNP} : 한나라당 + 친박연대 지지의 회귀성 부동층…이하 같은 내용임

X_{GNP1} : 유사한 이념 성향을 지닌 정당의 후보자에서 변경된 한나라당+친박연대 지지 부동층…이하 같은 내용임

X_{GNP2} : 상이한 이념 성향을 지닌 정당의 후보자에서 변경된 한나라당+친박연대 지지 부동층…이하 같은 내용임

X_{GNP3} : 군소 정당 후보자들에게서 변경된 한나라당+친박연대 지지 부동층…이하 같은 내용임

행 (Row):

$V_{GNP} = Y_{GNP} + X_{GNP1} + X_{GNP2} + X_{GNP3}$

$V_{UDP} = Y_{UDP} + X_{UDP1} + X_{UDP2} + X_{UDP3}$

$V_{LFP} = Y_{LFP} + X_{LFP1} + X_{LFP2} + X_{LFP3}$

$V_{DLP} = Y_{DLP} + X_{DLP1} + X_{DLP2} + X_{DLP3}$

V_{GNP} : 전체 부동층 유권자 중 한나라당 + 친박연대 지지자

V_{UDP} : 전체 부동층 유권자 중 통합민주당 지지자

V_{LFP} : 전체 부동층 유권자 중 자유선진당 지지자

V_{DLP} : 전체 부동층 유권자 중 민주노동당 + 진보신당 지지자

한국 부동층 유권자의 유형

앞에서 언급한 모델링에 기초하여, [표1]은 제6차 대선 관련 패널 조사 시기부터 제2차 국회의원선거 관련 패널 조사 시기까지 나타난 부동층의 지지 변화 양상을 보여주고 있다. 앞서 설정한 행렬식에 기초하여 개별 부동층 유권자들이 조사 시기에 따라 어떠한 방식으로 지지 행태를 바꾸고 있는지를 살펴볼 수 있으며, 이를 기반으로 한국의 부동층을 유형에 따라 분류할 수 있다. [표1]을 중심으로 부동층의 지지 행태를 회귀성 부동층(Y), 비회귀성 부동층(X_1, X_2, X_3)으로 나누고, 위에서 제시한 행렬식에 기초하여 얻어진 경험적 결과를 토대로 한국 사회에서 V_n와 V_u의 정치적 함의를 살펴보고자 한다.

회귀성 부동층(Y)

[표1]을 이해할 때, 회귀성 부동층(Y)이 지니는 속성은 다소 복잡함을 내포하고 있다. 17대 대선에서는 유권자에게 어떤 후보를 지지하는지를 근거로 패널 조사가 이루어진 반면, 18대 국회의원선거에서는 어떤 정당의 후보를 지지

했는지를 설문의 주 내용으로 했기 때문이다. 다시 말하면, 전자의 선거에서는 '후보자 효과'가 주를 이루고 있다고 할 수 있고, 후자의 선거에서는 '정당효과'가 더 크게 반영되었다고 할 수 있다. Y형태의 부동층 유권자 행태를 보다 잘 이해하기 위해서, 17대 대선 기간 동안에만 이루어졌던 패널 조사 자료를 기반으로 [표2]를 도출할 수 있다. [표2]는 2007년 11월 25일부터 27일까지 실시한 4차 대선 패널 조사와 대선 직후 이루어진 마지막 6차 대선 패널 조사 시

[표1] 17대 대선과 18대 국회의원선거 사이에 나타난 부동층의 정당 지지 행태

	$V_\cap$		$V_\cup$		계
	Y	X_1	X_2	X_3	
V_{GNP}	87	54	26	17	184
	47.3%	29.4%	14.1%	9.2%	100%
	59.2%	62.1%	20.5%	24.6%	
V_{UDP}	46	5	83	36	170
	27.1%	2.9%	48.8%	21.2%	100%
	31.3%	5.7%	65.4%	52.2%	
V_{LFP}	12	12	5	6	35
	34.3%	34.3%	14.3%	17.1%	100%
	8.2%	13.8%	3.9%	8.7%	
V_{DLP}	2	16	13	10	41
	4.9%	39.0%	31.7%	24.4%	100%
	1.3%	18.4%	10.2%	14.5%	
계	147	87	127	69	430
	100%	100%	100%	100%	

V_{GNP} : 전체 부동층 유권자 중 한나라당의 이명박 지지자
V_{UDP} : 전체 부동층 유권자 중 대통합민주신당의 정동영 지지자
V_{LFP} : 전체 부동층 유권자 중 무소속의 이회창 지지자
V_{DLP} : 전체 부동층 유권자 중 민주노동당의 권영길 지지자

[표2] 17대 대선 기간에 나타난 부동층의 정당 지지 행태

	V_n	V_u			계
	Y	X_1	X_2	X_3	
V_{GNP}	350	96	27	24	497
	70.4%	19.3%	5.5%	4.8%	100%
	47.7%	83.6%	51.9%	16.6%	
V_{UDP}	219	15	19	75	328
	66.8%	4.6%	5.8%	22.8%	100%
	29.9%	13.0%	36.6%	51.7%	
V_{LFP}	142	2	5	29	178
	79.8%	1.1%	2.8%	16.3%	100%
	19.4%	1.7%	9.6%	20%	
V_{DLP}	22	2	1	17	42
	52.4%	4.7%	2.4%	40.5%	100%
	3.0%	1.7%	1.9%	11.7%	
계	733	115	52	145	1.045
	100%	100%	100%	100%	

V_{GNP} : 전체 부동층 유권자 중 한나라당의 이명박 지지자
V_{UDP} : 전체 부동층 유권자 중 대통합민주신당의 정동영 지지자
V_{LFP} : 전체 부동층 유권자 중 무소속의 이회창 지지자
V_{DLP} : 전체 부동층 유권자 중 민주노동당의 권영길 지지자

기 사이의 부동층을 분석한 자료로, 그 결과는 다음과 같다.

[표2]와 비교했을 때 [표1]에서의 Y의 비중(전체 부동층 중에서 회귀성 부동층이 차지하는 비율)은 눈에 띄게 감소하였음을 알 수 있다. 대선 기간 동안에는 원래 지지했던 이명박 후보로 다시 돌아온 부동층 유권자의 비중이 70.4%에 달한다. 하지만 이명박 후보에게 표를 던졌던 부동층 유권자들 중 4개월 뒤 국회의원 선거에서 다시 한나라당이나 친박연대에게 투표한 부동층 유권자의 비율은

47.3%로 떨어진다. 이와 유사한 현상은 다른 후보자들과 정당들에서도 나타난다. 대선에서 원래 지지했던 이회창 후보에 대한 지지로 다시 돌아온 회귀성 부동층 유권자는 79.8%에 달하지만, 대선에서 이회창 후보에게 투표한 사람 중에 중간에 다른 정당에 대한 지지를 표명한 뒤 다시 국회의원선거에서 자유선진당의 후보에게 투표한 비율은 34.3%에 그치고 있다. 대선에서의 정동영 후보 지지자와 국회의원선거에서의 통합민주당 지지자 역시 같은 양상을 보이고 있다.

대선 기간만을 대상으로 한 패널 분석 결과인 [표2]에서 상대적으로 Y의 비율이 높게 나타나는 것은 두 가지 측면에서 설명할 수 있다. 우선, 대통령으로서 당선 가능성이 낮다고 평가할 수 있는 소규모 정당의 경우, '사표 방지 심리'가 작동할 수 있음을 가정해 볼 수 있다. 하지만 대선 전에 이회창 후보를 지지했던 부동층 중 80%에 가까운 비율이 실제 대선 선거일에 이회창 후보에게 투표했다는 점은, 보수적 성향의 후보를 지지하면서 선두 후보자에 대한 표의 분산을 막아 대선에서 승리하고자 했던 유권자 입장에서 본다면 의외의 결과일 수도 있다. 결국 실제 선거 결과에서 이회창 후보를 초기에 지지했던 대다수의 유권자들이 후에 다른 후보에게 지지를 표명했다가 결국 다시 이회창 후보에 대한 지지로 돌아섰다는 점은 당시 이명박 후보를 둘러싼 도덕적 공방에 대한 유권자들의 일종의 의견 표출로 이해할 수 있을 것이다. 선거 막바지에 나타난 '이명박 대세론'에도 불구하고, 이회창 후보에 대한 지지를 처음 표명했던 유권자들은 도덕적 논란의 중심에 있는 이명박 후보 대신 유사한 성향의 후보에게 회귀하였다고 추측해 볼 수 있다. 이와는 대조적으로 민주노동당의 권영길 후보에 대해서는, 대선 과정에서 중간에 지지 후보를 바꾼 부동층의 반 정도(52.4%)가 다시 돌아오지 않고 다른 후보에게 결국 투표하는 양상을 보임으로써, 상대적으로 '사표'를 막기 위한 부동층의 전략적 투표 행태에 영향을 많이 받은 것을 보인다. 위의 두 경우는 상충하는 듯 보이지만, 결국 정책

대결 중심의 정당 체제가 공고히 제도화되지 못한 한국 정치 현실에서 인물을 둘러싼 갖가지 논쟁들에 의해 유권자들, 그 중에서도 특히 부동층이 영향을 많이 받고 있으며 사표를 방지하고자 하는 심리 역시 작용하고 있음을 알 수 있다.

[표1]에서 [표2]에 비해 Y의 비율이 감소하는 현상도 두 가지 측면에서 살펴볼 수 있다. 첫째로 유권자, 특히 일관된 지지 정당이 없는 부동층의 경우, 대선과 국회의원선거가 가까운 시기에 열릴지라도 한 정당이 행정부와 입법부를 모두 장악하는 것보다는 '견제와 균형'의 상태를 보다 선호한다고 볼 수 있다. 대선에서 이미 큰 차이로 한나라당의 후보가 당선된 상태에서 부동층은 심리적으로 균형 있는 선택을 추구했다고도 볼 수 있다. 또한 앞서 살펴본 바와 같이 제도화된 정당 역사가 미약한 한국의 상황을 고려할 때 국회의원선거에서의 부동층이 또 다른 영향으로 움직였음을 유추해 볼 수 있다. 대선 정국을 주도했던 이명박 후보의 BBK 관련 공방이 무혐의로 결론 내려졌음에도 불구하고, 한국의 부동층 유권자들은 그가 속한 한나라당에 견제 원리의 작동 없이 전권을 주기를 망설였다고 볼 수 있는 것이다. 국회의원선거에서 나타난 한나라당과 친박연대에 대한 회귀성 부동층(Y)의 감소는 자연스럽게 상대적으로 다른 정당들의 부동층 흡수, 즉 X_1, X_2, X_3의 증가로 이어졌음을 알 수 있다. 또 다른 가능성은 유권자들이 대선에서보다 국회의원선거에서 다양한 이슈들에 의해 상대적으로 쉽게 영향을 받는 것처럼 보인다는 점이다.

전국적으로 잘 알려진 몇몇 후보 간의 대결인 대선에서 유권자들은 언론 등을 통해 본인이 생각하는 소수의 중요한 이슈들과 공약에 대해 선택적으로 또 집중적으로 인지하는 경향이 있으며, 이를 바탕으로 후보자와 보다 긴밀한 심리적 유대 관계를 맺고 있다고 할 수 있다. 그러한 선택적 인지에 의한 유대감은 부동층 유권자가 원래 선호하는 후보자와 정당으로 돌아오는데 더 큰 영향력을 발휘할 수 있다. 이와는 대조적으로 국회의원선거에서는 자신의 지역구 후보들과 오히려 심리적 거리감을 더 느끼는 현상이 발생할 수 있으며, 일단 다른 후보나 정당에 대한 지지를 고려하게 되면 다시 원래 지지로 돌아가는 가능성을 낮추는 요인으로 작용할 수 있다.

비회귀성 부동층(X_1, X_2, X_3)

비회귀성 부동층은 세 개의 하위범주로 구분된다. 유사한 이념 성향을 가진 후보나 정당들 내에서 지지를 바꾸는 부동층(X_1), 상이한 이념 성향을 가진 후보나 정당들 간에 지지를 바꾸는 부동층(X_2), 그리고 X_1이나 X_2에 속하지 않는 기타 정당에 대해 지지하다가 바꾼 부동층(X_3)이 바로 그것이다. [표2]에서 나타난 대선 분석 패널 자료와 비교하면, 국회의원선거 시기에 조사한 패널 자료에서는 대부분의 X값이 증가했음을 알 수 있다. 예를 들어 18대 국회의원선거에서 한나라당이나 친박연대에 표를 던진 부동층의 29.4%는 대선에서 이회창 후보를 지지했던 유권자로부터 왔으며, 이는 [표2]에서 보듯이 대선 기간 동안 이회창 후보를 지지하다가 이명박 후보에 대한 지지로 바꾼 부동층의 비율인 19.3%에 비해 상승한 수치이다.

이러한 현상은 기본적으로 보수적 성향을 가진 유권자가 대선에서의 이명박 후보의 낙마 가능성을 염두에 두고 보수 정권의 회복을 위해 이회창 후보에 투표했다가 국회의원선거에서 원래 자신의 지지 정당인 한나라당으로 돌아온 데 기인한다고 볼 수 있다. 반대로 18대 국회의원선거에서 자유선진당을 지지한 부동층 유권자 중에, 대선에서 이명박 후보에 투표했던 유권자는 34.3%에 달한다. 이는 동시에 대선 기간 동안 개인적 의혹에도 불구하고 지지율 상 가장 앞서 있는 후보에게 힘을 실어주기 위한 부동층 유권자의 의중이 반영되어 있다고 볼 수 있다.

이와 유사하게, 18대 국회의원선거에서 민주노동당의 후보들을 자신의 지역구에서 지지한 부동층 투표자 중 39.0%가 지난 대선에서는 대통합민주신당의 정동영 후보를 지지했으며, 이러한 수치는 대선 당일 권영길 후보에게 표를 던진 부동층 중 4.7%만이 이전에 정동영 후보에 대한 지지를 표현했음을 볼 때 상당히 증가한 수치라고 할 수 있다. 이와 같은 투표 행태는 민주노동당과 가장 가까운 심리적 유대감을 가지고 있는 진보적 유권자가 보수 성향의 대통령 당선을 막기 위해 결국 당선 가능성이 보다 높고 상대적으로 진보적인 정동영 후보에게로 움직였음을 보여 준다. 즉 부동층 유권자는 당선 가능성을 고려해 지지를 바꾸되 이념적으로 유사한 후보를 최우선적 대안으로 고려하고 있음을 경험적으로 확인할 수 있으며, 결국 '외적변동성'보다는 '내적변동성'이 크게 나타나는 결과를 초래했다고 볼 수 있다.

하지만 여기서 짚고 넘어가야 하는 부분은 유권자 자신이 원래 표명한 지지 후보 혹은 정당과 상이한 이념 성향을 가지고 있는 후보 및 정당에 투표를 하는 부동층(X_2)도 존재한다는 점이다. 18대 국회의원선거에서 대통합민주신당 후보에게 표를 던진 부동층 중, 거의 반(48.8%)에 헤딩하는 표가 대선 때 이명박 후보와 이회창 후보에게 표를 던졌던 유권자로부터 이동해왔다는 점은 흥미롭다. 이와 유사하게, 국회의원선거 때 민주노동당 후보를 지역구의 대표로 지지한 부동층 유권자 중 31.7%가 대선 때 이명박 후보와 이회창 후보를 뽑았던 사람들이라는 점 역시 '외적변동성'을 보이는 부동층의 지지 행태를 뒷받침하고 있다. [표2]에 나타난 것처럼, 대선의 경우에는 상대적으로 낮은 비율의 부동층 유권자가 상이한 이념 성향의 후보로 지지를 바꿨지만, 실제 대선 시 투표했던 후보와 국회의원선거 때 실제로 투표했던 정당 간 부동층의 변화를 나타내는 [표1]에서는 부동층이 지지 대상을 바꾸는 데 이념적 유동성이 작동하고 있음을 확인할 수 있다.

특히 대선 시기에서 이명박 후보와 이회창 후보를 지지한 유권자들이 국회의원선거 시기에 통합민주당으로, 심지어 민주노동당 후보에게로 지지를 선회한 것은 주목할 만하다. 이러한 현상은 결과적으로는 한나라당이 거대 여당의 규모를 갖추기는 하였으나, 심리적으로 한 정당이 행정부와 입법부를 모두 장악하는 데에 대한 거부감에서 오는 견제 의도가 작용한 부분이라 이해할 수 있으며 또한 한국 정치 역사에서 빈번하게 발생하고 있는 '여소야대' 정국과도 맥을 같이 한다고 하겠다. 또한 제도화된 정당 체제가 미흡한 상황도 유권자가 정부와 여당에 대해 갖고 있는 지지의 기반을 약하게 하고, 언제든지 크고 작은 이슈에 따라 지지의 방향이 급선회할 수 있음을 보여주고 있는 것이다.

결론

2007년 12월 19일 한나라당의 이명박 후보가 전체 유효 득표 중 49% 라는 압도적인 비율로 대통합민주신당의 정동영 후보를 누르고 한국의 제17대 대통령으로 당선되었다. 이후 4개월여가 지난 2008년 4월 9일, 18대 국회의원선거가 있었다. 대선 직후 치러진 국회의원선거에서, 유권자들은 새로운 여당에게 170석에 육박하는 표를 몰아줌과 동시에 야당에게 견제 가능성의 여지를 남겨놓는 결과를 선택하였다. 대선과 국회의원선거 시기 사이의 부동층 지지 변화를 통해, 대선에서 새로이 재집권에 성공한 보수 성향의 정당을 지지했던 부동층 유권자들이 낮은 '외적 변동성'을 보이고 있으며(V_{GNP}와 V_{LFP}에서는 $Y > X_2$로 나타남), 대선 이후 야당으로 탈바꿈한 진보 성향의 정당에 대해서 부동층이 더 높은 '외적 변동성'을 보이고 있음을 알 수 있다(V_{UDP}와 V_{DLP}에서는 $X_2 > Y$로 나타남). 이는 재집권한 보수 여당에 힘을 더 실어주기 위한 부동층 유권자들의 판단과 거대 여당을 견제하기 위한 포석이 동시다발적으로 작용하고 있음을 유추해 볼 수 있다.

4개월여의 짧은 시차에도 불구하고 여당이 갖는 선거 프리미엄이 국회의원

선거 시기에 제한적으로 나타난 것은 여전히 한국의 정당들이 유권자들로부터 정책을 기반으로 한 정당으로써 충분한 지지를 받고 있지 못하고 그만큼 정당 체제가 여전히 약한 기초 위에 놓여 있음을 보여주고 있다. 이러한 상황에서 유권자 그리고 정당 당원들이 자발적으로 정당에 가입하기보다는 동원된 노력에 의해 구성되는 것을 고려한다면 특정 정당이 어느 정도의 거대 정당 지지 세력을 가지고 있는지는 큰 의미가 없다. 정당에 가입하는 당원들의 수는 선거 기간을 즈음해서 크게 늘어나고 선거 후에 급속도로 감소한다. 이와 같은 자발적 정당 지지의 부재는 한국의 정당 정치가 제도화되고 공고화되지 못하는 하나의 원인으로 작용하고 있다. 이와 더불어 잦은 정당명의 교체, 정당 내의 낮은 민주화 정도는 대중적 지지를 추구하는 정책 정당으로 한국의 정당들이 거듭나는데 장애가 되고 있다. 이런 상황이 조금씩 나아지고는 있지만 여전히 특정 유명 정치인들을 중심으로 한 파벌의 영향력과 자발적인 정당 당원의 부족 현상들은 한국의 정당 발전을 위해 반드시 극복해야 하는 문제들이라 하겠다. 최근 주요 정당들이 '열린 공천 세도'를 시도하고 있는 것은 이러한 면에서 고무적인 현상이다. 하지만 여전히 정당 내에서 당원과 일반 유권자의 표를 등가로 처리하는 것은 문제가 있으며, 소수의 당 지도부가 아닌 정당 당원들의 선택에 의해 당의 선택이 정당화되는 절차도 무시되어서는 안된다.

정당들에 대한 낮은 기대감 역시 정당들이 타 정당들과 구별되는 분명한 사회경제적 노선과 정책을 수립하는데 부정적인 영향을 미치고 있다. 주지하다시피 한국 정당들의 이념적 스펙트럼은 상당히 좁게 나타나고 있는 것이 사실이다. 1987년 개헌을 통해 진보 정당 활동을 금지하는 조항이 삭제된 후에도 남한과 북한이 대치된 한국의 정치 현실은 실질적으로 진보 정당들에 대해 제한된 활동만을 허용해 왔다. 보수적 성향에 치우친 한국의 정당 체제에서 '상대적 진보'와 '상대적 보수'만이 존재해왔고 이 과정에서 한국의 이념적 스펙트럼이 사회 각계각층의 이해관계를 집약할 수 있을 정도로 충분히 확대되었다고 보기 어려운 것이 사실이다. 지난 17대 국회의원선거에서 민주노동당이 제3당의 위치로 부상한 것은 이러한 스펙트럼의 균형을 이루고 확대하는데 고무적인 현상이었으나, 18대 국회의원선거에서 그 규모가 대폭 축소된 것은 진지하게 고민해봐야 할 대목이다.

그 동안 한국의 정당은 끊임없는 이합집산으로 인해 스스로 유권자들로부터 신뢰를 상실하였다. 또한 지역적 유대감이 거의 유일한 선택의 준거가 되고 있는 상황에서, 정당은 이를 고려한 후보를 공천하고 유권자들 역시 지연 중심의 투표 행태에서 벗어나지 못하고 있는 현실이다. 이에 우리의 정당들이 진정한 정책 정당으로 발돋움하지 못하고 있는 퇴행적 정치 현실을 다시 한번 뼈저리게 느끼지 않을 수 없다.

■ 참고문헌

진영재. 2008. "부동층집단의 세분화를 통한 부동층의 이해" 이현우, 권혁용(공편) 《변화하는 한국 유권자 2》, pp. 207-228. 서울: 동아시아연구원.

Boyd, Richard W. 1986. "Electoral Change and the Floating Voter: The Reagan Election" *Political Behavior* Vol.8, pp. 230-244.

Mair, Peter. 1993. "Myths of Electoral Change and the Survival of Traditional Parties," *European Journal of Political Research* Vol.24, pp. 121-133.

**사회균열과 투표선택 :
지역 · 세대 · 이념의 영향**

박찬욱

서론

정치는 야누스의 얼굴과 같이 이중적이다. 정치과정에서는 집단 간에 균열이 생기고 갈등이 빚어질 뿐만 아니라 다른 한편 갈라진 집단들이 통합하고 상생을 모색하기도 한다. 개인의 거주지나 고향, 연령층 또는 세대, 그리고 이념성향과 같은 특성은 다른 개인과 공통되거나 차별되는 이익과 정체성을 형성하는 요인이 될 수 있다. 그것을 기반으로 집단 구성원들이 정치 행동을 위해 유도 내지 동원되면서 균열의 정치가 전개된다. 그렇지만 한 사회에서 집단 간 균열이 확대되어 심각한 수준에 이르면 그 사회의 존립마저 위협을 받기 때문에 균열을 관리 또는 해소하려는 통합의 정치가 필요하게 되며 그것을 위한 노력이 경주된다.

민주주의 체제에서 선거는 동전의 양면과 같은 균열의 정치와 통합의 정치가 펼쳐지는 중심 무대이다. 정당과 정치인들이 사회균열을 기반으로 지지를 호소하고 유도한다. 이러한 경쟁과정에서 사회균열은 정치 쟁점으로 부각되고 유권자의 선택에 영향을 미치며 선거의 결과로 창출된 권력은 통합정치의 과제를 안게 된다.

한국의 민주화 시기 1987년 대선부터 2008년 총선에 이르는 수차례의 선거는 지역균열을 지속적으로 표출하여 왔다. 그리고 최근 선거에는 세대균열과 이념균열도 주목을 받게 되었다. 특히 2002년 대선에서 유권자의 후보선택 행위는 지역균열과 세대균열 및 이념균열을 매우 명료하게 드러냈다. 노무현 후보와 이회창 후보에 대한 지지는 호남 및 충청 대 영남의 구도를 중심으로 전국이 동서로 분할되는 양상을 보였다. 또한 20대와 30대 연령층 유권자들의 선택이 50대 이상의 선택과 뚜렷한 대조를 보이는 세대균열이 명백하게 나타났다. 세대균열과 다소 중첩되기는 하나 그것으로 환원될 수 없는 이념균열도 표출되었다. 즉 진보성향의 유권자 다수와 보수성향 유권자 다수의 후보선택은 뚜렷하게 달랐던 것이다(2002년 대선에 관해서는 박찬욱 2006의 참고문헌 참조).

2007년 대선에서 사회균열 요인은 유권자 투표결정에 어떻게 영향을 미쳤는가? SBS, 중앙일보와 동아시아연구원이 공동으로 기획하고 한국리서치가 실시한 패널조사 결과의 분석에 따르면 2002년과 달리 동서분할 지역균열이 드러나지 않았다. 이명박 후보가 호남을 세외한 전 지역에서 1위를 기록했기 때문이다. 하지만 영남과 호남 균열이 사라지지 않고 온존되었고 크게 보아서는 호남 대 비호남 구도가 나타났다. 그리고 이회창 후보의 등장으로 비호남 지역 가운데 충청지역에서는 이명박 후보의 득표율이 다른 지역에서의 득표율에 비하여 낮았다. 2007년 대선에서는 모든 연령층에서 이명박 후보가 득표율 선두를 고수하였다. 세대균열이 뚜렷하지 않았고 다만 연령이 높은 유권자일수록 이명박 후보를 선택하는 경향이 있었다. 이념균열은 불완전하게나마 존재하였다. 진보성향 유권자들 사이에서 정동영 후보와 이명박 후보가 거의 대등한 지지를 받았지만 중도성향에서 보수성향으로 갈수록 이 후보에 대한 지지는 정 후보에 대한 지지를 점차 훨씬 상회하였다. 이념 및 정책 논쟁에서 한미관계나 남북한관계의 상대적 중요성은 종전보다 줄었고 분배 대 성장, 국가개입 대 시장자율, 대외개방의 축소와 확대와 같은 경제정책의 기조는 종전보다 더욱 중요하게 부각되었다(박찬욱 외 2008; 김민전 2008). 사회균열이 이렇게 변화되어 표출된 점은 대선 직후 실시된 다른 여론조사(이를테면, 한국정치학회와 한국선거학회가 공동으로 시행한 조사나 서강대 현대정치연구소와 한국리서치가 공동으로 실시한 조사)의 결과를 분석한 연구에서도 공통적으로 지적되었다(김왕식 2008; 이갑윤·이현우 2008; 조성대 2008).

그렇다면 2007년 대선 이후 3개월 여 지난 시점에서 실시된 2008년 총선에서 지역균열, 세대균열, 이념균열은 어떻게 표출되었는가? 양대 선거의 결과를 통해 그 유사성과 차이점을 경험적으로 확인하는 것은 의미 있는 일이 될 것이다.

지역균열

〔표1〕은 2007 대선에서 주요 후보자의 유효투표수와 득표율을 지역별로 제시하고 있다. 한나라당 소속 이명박 후보는 전국적으로 48.7%를 득표하여 26.1%를 얻은 2위 대통합민주신당의 정동영 후보에 압도적인 표차로 승리하였다. 이 후보는 호남권을 제외한 전국의 모든 지역에서 1위 득표를 하였는데 서울, 인천, 경기를 포함하는 수도권에서 과반수 득표율을 얻었으며 이른바 'TK지역'에서 압승하였다.

민주화 이후 선거에서 지속적인 위력을 발휘해 온 지역균열은 2007 대선에서도 유권자의 후보선택에 미친 영향력이 여전히 주목할 만한 심각성을 가지고 있었다. 영남 지역에 연고를 가진 한나라당의 이명박 후보는 대구와 경북을 합쳐 71.1%, 부산과 울산 그리고 경남지역에서 56.2%의 득표율을 기록하였다. 정동영 후보의 득표율은 대구와 경북에서 6.4%, 부산과 울산 및 경남에서

[표1] 2007 대선 주요 후보자 지역별 공식 득표율(%)

지역	17대 대선 (2007. 12)			
	유효투표수	정동영	이명박	이회창
전국	23,612,880	26.1	48.7	15.1
서울	5,051,369	24.5	53.2	11.8
인천/경기	6,222,764	23.6	51.4	13.7
강원	723,503	18.9	52.0	17.6
대전/충청	2,289,549	22.6	37.1	29.0
광주/전라	2,576,855	80.0	9.0	3.6
대구/경북	2,688,150	6.4	71.1	15.8
부산/울산/경남	3,811,168	13.0	56.2	20.1
제주	249,522	32.7	38.7	15.0

자료 : 중앙선거관리위원회 집계

13.0%에 그친 반면 지역연고가 있는 호남권에서는 80.0%의 득표율을 보였다. 무소속 이회창 후보의 경우 연고지역인 대전과 충청에서 득표율 2위에 그쳤으나 전국득표율보다는 훨씬 높은 지지를 받았다. 이회창 후보가 신당을 만들어 2008년 4월 총선에 참여하게 되면 충청지역을 핵심 지역기반으로 삼게 될 가능성이 시사되었다.

2008년 총선에서는 그 직전의 16대 총선에서와 같이 소선거구 단순다수제와 전국구 정당명부 비례제가 결합한 2표 병립제가 적용되었다. 정당의 지역적 기반을 확인하기 위해서는 후보자 요인이 상대적으로 적게 작용하며 정당에 대해 투표하는 비례제 선거의 결과를 살펴보는 것이 더욱 적절하다([표2] 참조).

먼저 대선 이후 총선까지의 기간에 이루어진 정당의 분열과 통합에 대한 언급이 필요하다. 한나라당은 후보자 공천을 놓고 친이명박 세력과 친박근혜 세력 간에 알력이 극심하였다. 친박근혜 세력의 일부는 한나라당을 이탈하여 '친

[표2] 2008 총선(비례) 주요 정당의 지역별 공식 득표율(%)

지역	18대 총선 (2008. 4)						
	유효투표수	통합민주	한나라	자유선진	민주노동	창조한국	친박연대
전국	17,131,537	25.2	37.5	6.8	5.6	3.8	13.2
서울	3,663,382	28.3	40.2	4.8	3.8	4.6	10.4
인천/경기	4,425,484	26.0	40.7	5.0	5.0	4.4	11.3
강원	586,007	18.6	45.5	6.3	5.9	3.7	12.3
대전/충청	1,774,705	18.2	28.6	29.3	4.8	3.1	9.2
광주/전라	1,821,097	66.8	7.3	1.2	9.0	2.9	1.9
대구/경북	1,928,950	5.3	50.4	3.4	3.7	2.6	27.6
부산/울산/경남	2,714,466	11.3	44.1	4.5	8.8	3.6	20.1
제주	217,446	30.2	32.4	4.2	10.0	5.1	12.3

자료 : 중앙선거관리위원회 집계

박연대'라는 정당을 창당하였다. 이 정당은 한나라당 밖에서 한나라당에 잔류하는 박근혜 전대표를 지지하는 기이한 정치세력이 되었다. 대통합민주신당은 2008년 2월 민주당과 합당하여 통합민주당이 되었다. 비슷한 시기에 이회창을 총재로 하는 자유선진당이 창당되었으며 이어 3월 민주노동당에서 일부세력이 이탈하여 진보신당을 창당하였다. 18대 총선에는 군소정당을 포함하여 무려 18개 정당이 참여하였는데 [표2]는 비례제 선거에서 전국적으로 3%이상 득표한 6개 정당의 지역별 득표율을 제시하고 있다.

18대 총선에서 한나라당의 전국득표율은 37.5%였고 호남과 충청을 제외한 지역에서는 득표율 1위였다. 대구와 경북을 비롯한 영남, 강원, 수도권에서 전국 득표율을 상회하는 지지를 확보하였다. 한나라당을 이탈한 친박연대의 전국득표율은 13.2%이었는데 영남에서의 득표율은 20%를 넘었다. 친박연대의 등장으로 특히 영남에서 한나라당에 대한 지지가 현저히 잠식당했다는 것을 말해준다. 전국적으로 총 유효득표수의 25.2%를 얻은 통합민주당은 호남에서는 유독 높게 66.8%를, 영남의 대구, 경북에서는 매우 저조한 수준인 5.3%를 얻어 대선에서 정동영 후보의 지역별 득표율 분포와 크게 다른 양상을 보이지 않았다.

자유선진당은 전국적으로 6.8%의 득표율을 얻어 친박연대에 이어 4위에 그쳤으나 충청지역에서는 무려 29.3%를 기록하여 28.6%를 득표한 한나라당을 앞질렀다. 충청지역에서 한나라당은 자유선진당, 통합민주당, 그리고 자당 이탈세력인 친박연대와 경쟁하면서 17대 대선의 결과에 비해 통렬한 패배를 경험하지 않을 수 없었다. 이 점은 1석 단순다수제 하의 지역구선거의 결과까지 고려하면 더욱 분명해진다. 대전과 충청의 총 24석은 자유선진당 14석, 통합민주당 8석, 한나라당 1석 및 무소속 1석으로 각각 나누어 차지하게 되었던 것이다.

결국 2007 대선에서 표출된 지역균열은 수개월 후 실시된 2008 총선에 와서 근본적으로 달라진 것은 아니었다. 한나라당이 수도권과 영남에서 가장 높은 득표율을, 그리고 호남에서 가장 저조한 득표율을 얻었다. 반면, 통합민주당은 호남에서의 압도적 득표율을, 그리고 영남에서는 매우 저조한 득표율을 기록하였다. 그럼에도 불구하고 총선에서 나타난 지역균열은 대선에 비하여 경쟁주체인 정당의 분화 양상에 따라 다기화되었다고 말할 수 있다. 즉 자유선진당이 창당되고 충청지역에서의 득표에 집중하면서 충청지역의 정치적 독자성은 대선에서 이회창 후보가 무소속으로 선전한 경우보다 강화되었다. 그리고 한나라당에서 이탈한 세력이 친박연대를 출범시키면서 종전의 한나라당 지지자들 가운데 영남 거주 유권자들 사이에서 한나라당 지지가 약화되는 면모가 드러났다. 수도권에 거주하는 한나라당 지지자들의 경우는 그러한 경향이 약했다. 이렇게 다기화하여 나타난 지역균열은 16대 대선에서와 같이 동서로 양분되는 지역균열에 비해 국민통합의 측면에서 그 심각성이 덜하다고 판단된다.

지역균열이 근본적으로 바람직하다고 볼 수는 없지만 다기화된 지역균열은 지역적 다양성의 추구라는 다원주의적 면모를 갖고 있기도 한 것이다.

유권자들을 상대로 대선과 총선 직후 실시한 여론조사의 결과를 통해서 앞서 논의한 바를 다시 확인해보기로 하자. [그림1]-[그림3]에서 대선에 관한 백분율 수치는 정동영, 이명박, 이회창 후보의 전국 및 지역별 지지율을 각각 표시한다. 여기서의 지지율은 이 주요 3인 후보 이외의 기타 후보들과 기권, 모름, 무응답까지 포함하여 합계가 100%에 이르는 경우이다. 그리고 조사에서 표본규모(사례수)는 가중치를 부여하여 2,111명이었다.

[그림1]은 정동영 후보에 대한 지지율이 지역별로 호남에서 가장 높았고, 영남 특히 대구·경북에서 가장 저조했다는 점을 말해준다. [그림2]는 이명박 후보에 대한 지지율이 지역별로 영남 특히 대구·경북에서 가장 높았고 호남에서 가장 저조하였으며 호남 이외 지역에서는 대체로 높은 편이었음을 보여준

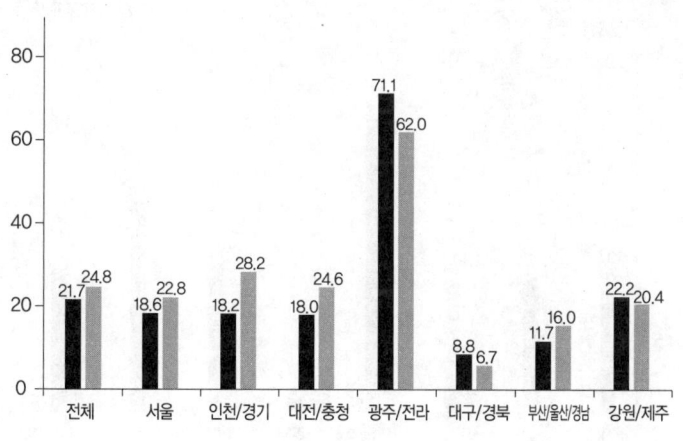

[그림1] 유권자 거주지역별 투표선택 : 2007 대선 정동영 후보와 2008 총선(비례) 통합민주당(%)

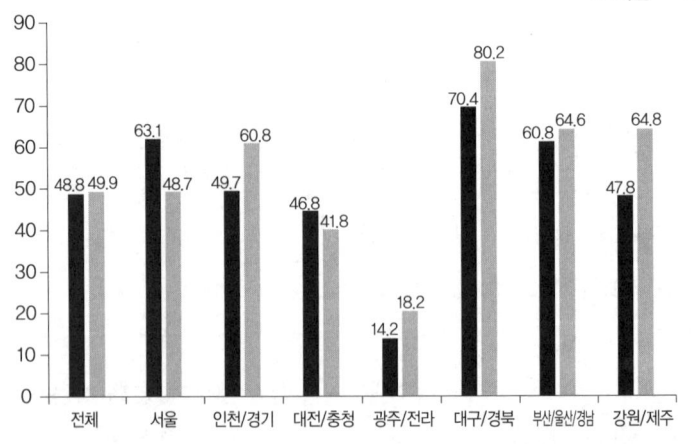

[그림2] 유권자의 거주지역별 투표선택 : 2007 대선 이명박 후보와 2008 총선(비례) 한나라당과 친박연대 합계(%)

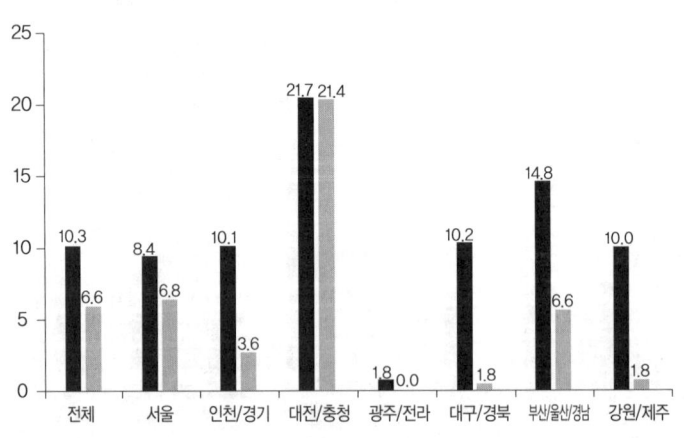

[그림3] 유권자 거주지역별 투표선택 : 2007 대선 이회창 후보와 2008 총선(비례) 자유선진당(%)

[표3] 유권자의 거주지역별 정당투표 : 2008 총선(비례)(%)

지역(사례수)	통합민주	한나라	자유선진	친박연대
전체(974)	22.8	37.0	5.5	12.9
서울(210)	26.2	36.4	5.6	10.3
인천/경기(254)	24.6	40.0	3.5	10.6
대전/충청(98)	24.5	32.8	21.4	9.1
광주/전라(95)	62.0	18.0	0	0.2
대구/경북(112)	5.7	49.7	1.8	30.5
부산/울산/경남(162)	15.0	38.0	5.5	16.5
강원/제주(44)	20.4	37.7	1.6	16.9

다. [그림3]은 이회창 후보가 대전·충청 지역에서 다른 지역에 비하여 높은 지지율을 얻었고 [그림2]의 이명박 후보 지지율과 비교할 때 그 지역에서는 2위가 되어 선전하였음을 시사한다. 집계된 실제 득표율과 동일한 양상을 읽을 수 있다.

[표3]은 2008년 4월 총선 직후 실시한 조사 결과 통합민주당, 한나라당, 자유선진당, 친박연대를 포함한 4개 정당에 대한 비례선거 지지율을 응답자 거주지역별로 제시하고 있다. [그림1]-[그림3]의 총선 관련 백분율 또한 마찬가지인데 다만 [그림2]에서는 한나라당과 친박연대의 수치를 합하여 제시한다. 여기서의 백분율은 이 4개 정당 이외 기타 정당, 투표에 참여했으나 정당투표는 하지 않음, 모름, 무응답까지 포함하여 득표율 합계가 100%에 이르는 경우에 해당한다. 그리고 가중치가 부여된 전체 사례수는 974명이다.

이 조사결과에 의하면 한나라당은 호남을 제외한 모든 지역에서 지지율 1위였다. 이러한 지지율 분포와 실제 집계결과를 비교할 때 충청지역의 경우에만 차이가 난다. 그런데 이 조사결과 역시 대구·경북에서 한나라당을 이탈한 친박연대가 한나라당의 지지율을 상당히 잠식하였음을 보여준다. 또한 통합민주당이 호남에서 다른 어느 지역에서보다 가장 우세하고 영남에서는 가장 열세였다는 점도 밝혀진다. 자유선진당의 경우 이미 지적한대로 충청지역에서 선두로 나타나고 있지는 않지만 이 지역에서의 지지율이 전국적 수준을 크게 상회하였음을 알 수 있다.

〔그림1〕은 대선에서 정동영 후보에 대한 지지율과 총선에서 통합민주당에 대한 지지율의 전국적 분포가 유사하다는 점을 밝혀주고 있다. 〔그림2〕는 총선에서 한나라당에 대한 지지율과 친박연대에 대한 지지율을 합치면 대선에서 이명박 후보에 대한 지지율의 지역별 분포와 비슷함을 보여준다. 〔그림3〕에서는 대선의 이회창 후보의 지지율 분포와 총선에서 자유선진당에 대한 지지율 분포가 제시되는데 충청지역의 정치적 독자성이 부각된다. 물론 대선의 경우보다 총선의 경우에 지역별 지지율 분포는 충청지역에 더욱 집중되었다. 크게 보아 대선에서 나타난 지역균열 구도가 총선에서도 유지되고 있다는 지속성을 확인할 수 있다. 다만, 자유선진당이나 친박연대의 등장으로 인하여 지역균열 현상이 얼마간 다기화되었음을 지적해야 할 것이다.

세대균열

2007 대선에서는 세대균열이라고 할 만한 현상이 분명하게 드러나지 않았다. 〔그림4〕에서 알 수 있듯이 2002 대선과 달리 20대와 30대 연령층조차 대통합민주신당의 정동영 후보가 아닌 한나라당의 이명박 후보를 가장 선호하였다. 젊은 세대마저 왜 이명박 후보를 더 선호하거나 아니면 정동영 후보에 등을 돌리게 되었는가하는 질문이 의미를 갖는다. 이와 관련하여서는 1997년 말 발생한 경제위기 이후 부모 세대의 경험으로부터 연유한 사회화, 본인들을 포

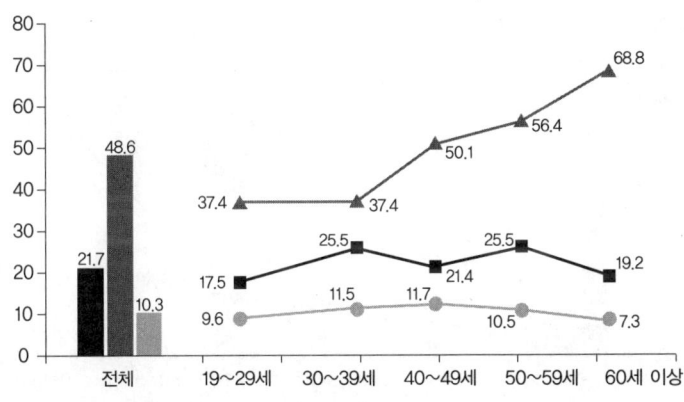

[그림4] 유권자의 세대별 투표선택 : 2007 대선(%)

함한 청년층의 높은 실업률, 대학가에서 학생운동의 퇴조, 민주화 이후 거대담론의 영향력 감소, 이념보다는 실용 가치를 강조하는 사고, 노무현 정부의 정책성과에 대한 부정적 평가 등 여러 요인이 지적될 수 있을 것이다. 여하튼 후보선택에 있어서 심각한 세대격차는 나타나지 않았다.

세대균열이 분명하게 표출되지는 않았지만 세대가 투표선택에 전혀 영향이 없었다고 말할 수는 없다. [그림4]를 보면, 적어도 이명박 후보에 관한 한 유권자의 연령과 후보선택은 단조적인 선형관계를 보인다. 이 후보에 대한 지지율은 20대와 30대 연령층에서는 37.4% 수준인데 40대 50.1%, 50대 56.4%, 그리고 60대 이상 68.8%로 연령층이 높아질수록 비교적 급격하게 상승한다. 나이가 많다는 것이 이명박 후보 지지의 가능성이 높다는 말이다.

정동영 후보 지지율은 모든 연령층에서 30% 미만이었고 가장 젊은 20대 연

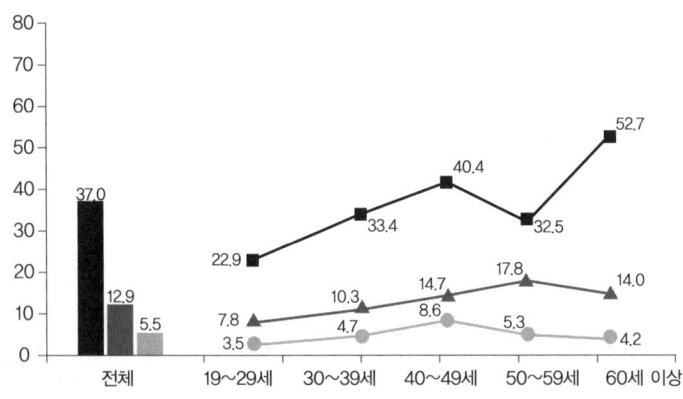

[그림5] 유권자의 세대별 투표선택: 2008 총선에서 한나라당, 친박연대, 자유선진당의 경우(%)

령층과 60대 이상의 연령층에서 상대적으로 지지율이 낮았다. 30대와 50대에서 가장 높았고 40대는 중간 수준이었다. 이와 같이 유권자 연령과 정 후보 지지의 관계가 분명하지 않았는데 이회창 후보의 경우도 마찬가지였다. 결국 2007년 대선에서는 세대균열이 크게 드러나지 않았던 것이다.

[그림5]와 [그림6]은 조사에 응답한 유권자의 정당 지지를 연령층별로 집계한 결과를 제시한다. 앞의 그림은 보수진영에 속하는 한나라당, 친박연대, 자유선진당이 되며, 뒤의 그림은 진보진영의 통합민주당, 민주노동당, 창조한국당이 해당된다. 2008 총선의 비례제 선거에서 세대별로 가장 많은 지지를 받은 정당을 살펴보면, 19세 포함 20대에서는 통합민주당이었고 다른 연령층에서는 한나라당이 1위를 했다. 특히 최고령층인 60세 이상에서 한나라당에 대한 지지율은 절반을 넘었다. 이것은 18대 총선에서도 확연히 세대균열이라고 일컬

[그림6] 유권자의 세대별 투표선택 : 2008 총선에서 통합민주당, 민주노동당, 창조한국당의 경우(%)

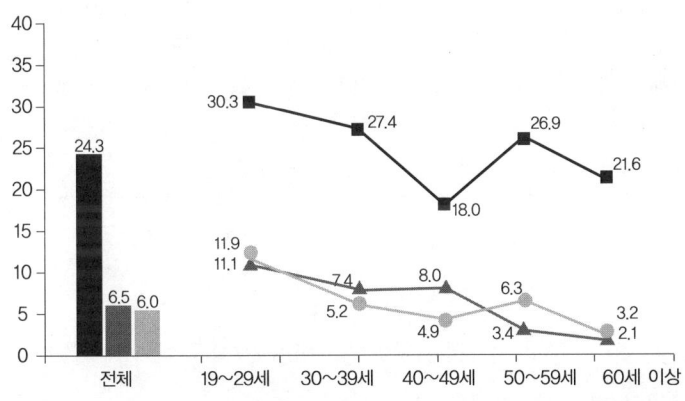

 을 수 있는 현상은 발견되지 않았지만 연령층 내지 세대에 따른 정당 선호와 지지의 차이는 주목할 여지가 적지 않음을 말해 준다.

 나이가 들수록 보수적인 정당에 대한 지지 경향이 강화될 것으로 예상할 수 있을 것이다. 한나라당의 경우는 50대가 이러한 예상과 다르기는 했으나 전반적으로는 그러하였고 친박연대의 경우는 60세 이상이 예외적이지만 역시 예상에 부합하는 편이다. 자유선진당은 50대와 60세 이상에서 예상보다 낮은 지지율을 기록하였다.

 한편, 진보적인 정당에 대한 지지는 젊은 세대일수록 강할 것으로 생각되었다. 통합민주당은 40대가 예외이지만 예상과 크게 다르지 않았다. 젊을수록 진보적인 정당을 지지할 것이라는 명제는 민주노동당에 대체로 부합한다. 창조한국당의 경우에도 50대가 예외적이기는 하지만 유사한 경향이 나타난다. 통

[표4] 유권자의 세대별 투표선택 : 2008 총선(비례) 보수 대 진보 정당(%)

지역(표본수)	한나라+친박연대+자유선진	통합민주+민주노동+창조한국
19~29세(162)	34.2	53.3
30~39세(222)	48.4	40.0
40~49세(237)	63.7	30.9
50~59세(161)	55.6	36.6
60세 이상(193)	70.9	26.9

합민주당, 민주노동당, 창조한국당 모두 20대에서의 지지가 다른 연령층에 비하여 상대적으로 가장 강했다.

[표4]는 [그림5]와 [그림6]에서 보여준 각 정당의 세대별 지지율을 보수와 진보 정당별로 각각 합산하여 제시하고 있다. 총선에서 보수 대 진보 진영은 유권자의 지지 면에서 대체로 6 : 4의 세력관계를 형성하였다. 그런데 19세를 포함한 20대에서 보수 대 진보 정당의 지지율은 4 : 6으로 역전된다. 30대에서 보수정당 지지율은 진보정당 지지율을 약간 상회할 정도이지만 40대 이상의 연령층에서는 보수정당이 진보정당을 확실히 압도하였다. 특히 60세 이상이 되면 총선에서 투표한 유권자 매 10명당 적어도 7명은 한나라당, 친박연대, 자유선진당의 3개 정당 가운데 어느 하나를 선택하였다. 즉 보수진영이나 진보진영이나 수 개의 정당으로 분화되어 개별 정당에 대한 지지만 보면 세대균열이 분명히 표출되지 않지만 이념성향이 유사한 정당들을 묶고 다른 진영의 정당들과 비교할 때 세대균열이 잠재하고 있음을 알 수 있다. 다시 말하면, 2008년 총선에서 세대균열이 주목할 정도로 표출되었다고 할 수는 없지만 세심하게 관찰할 때에 세대균열이 드러날 소지가 적지 않음을 분명히 알 수 있다.

[그림7] 유권자의 이념성향별 투표선택 : 2007 대선(%)

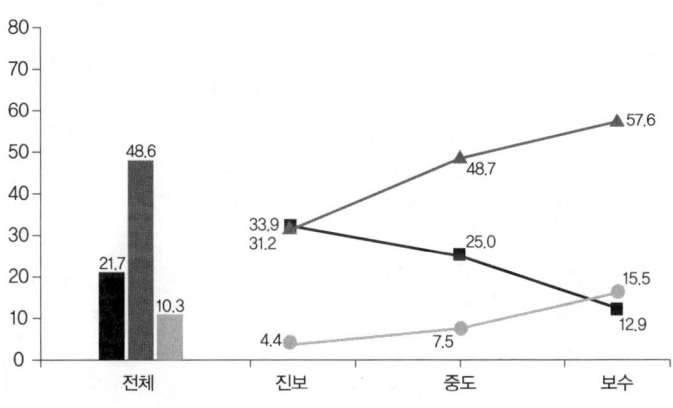

이념균열

서론에서 언급된 바와 같이 2002 대선에서는 진보와 중도 이념성향 유권자가 노무현 후보를, 보수 이념성향 유권자가 이회창 후보를 지지하는 경향, 즉 이념균열이 역력하였다. 그리고 진보-보수 이념성향은 성장과 분배를 둘러싼 경제 문제보다는 한국의 대북한, 대미 관계와 국내의 안보와 사회 질서 문제에 대한 입장과 더욱 밀접하게 관련되었다.

2007년 대선 직후에 실시된 조사에서는 응답자의 이념성향을 측정하기 위하여 매우 진보 0, 중도 5, 매우 보수 10으로 하여 응답자가 0에서 10 사이의 숫자로 자신의 위치를 스스로 매기도록 하는 11점 척도를 활용하였다. 여기서는

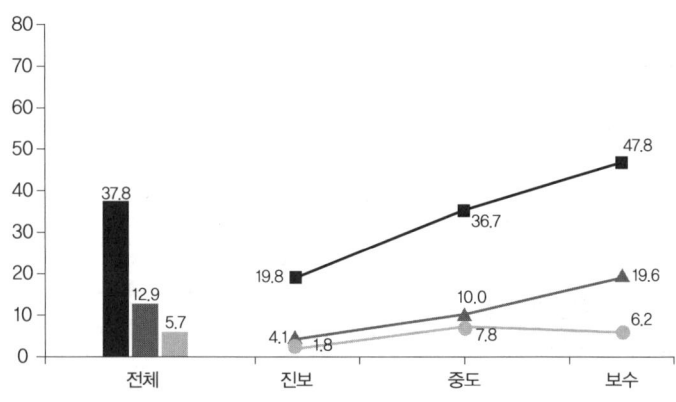

[그림8] 유권자의 이념성향별 투표선택 : 2008 총선에서 한나라당, 친박연대, 자유선진당의 경우(%)

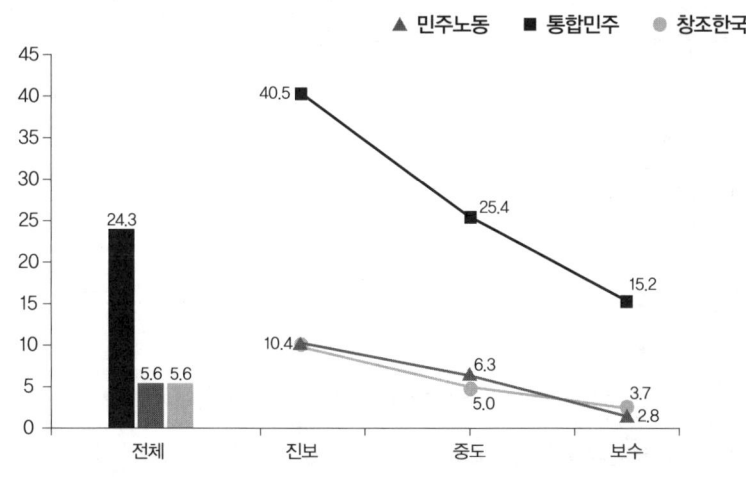

[그림9] 유권자의 이념성향별 투표선택 : 2008 총선에서 통합민주당, 민주노동당, 창조한국당의 경우(%)

0-4점을 진보, 5점을 중도, 6-10점을 보수로 분류하였다. 2008 총선 직후의 조사에서도 동일한 방식을 채택하였다. 다만, 대선 조사의 사례수는 2,111명, 총선 조사의 사례수는 974명이다.

[그림7]의 자료에 의하면 2007 대선에서는 그 보다 5년 전의 대선에서와 같은 정도로까지 이념균열이 나타나지는 않았다. 하지만 유권자의 이념성향이 후보선택에는 주목할 만한 효과를 미쳤다고 판단할 수 있었다. 진보성향 유권자들은 정동영 후보와 이명박 후보를 거의 비슷한 비율로 선택하였다. 중도성향 유권자들은 거의 두 배로, 그리고 보수성향 유권자들은 네 배가 넘게 정 후보보다는 이 후보를 지지하였다. 이명박과 이회창 두 후보에 대한 지지율은 보수성향일수록, 정 후보에 대한 지지는 진보성향일수록 상승한다.

[그림8]과 [그림9]를 함께 보면, 2008 총선에서 진보성향 유권자는 40% 정도가 통합민주당을 지지하였고 약 20%는 한나라당을 지지하였다. 이러한 경향은 중도적 이념성향의 유권자들 사이에서는 역전되어 나타난다. 즉 중도 유권자의 한나라당 지지율은 40%에 육박하고 통합민주당 지지율은 25% 수준이었다. 보수성향 유권자들은 매10명중 5명 정도가 한나라당을, 잘해야 2명이 통합민주당을 지지하였다. 진보에서 보수로 갈수록 통합민주당 지지는 줄고 한나라당 지지는 늘어난다. 2008 총선에서 유권자의 이념성향이 투표선택에 미

[표5] 유권자의 이념성향별 투표선택 : 2008 총선(비례) 보수 대 진보 정당(%)

이념성향(사례수)	통합민주+민주노동+창조한국	한나라+친박연대+자유선진
전체(974)	35.5	56.4
진보(222)	61.3	25.7
중도(319)	36.7	54.5
보수(433)	21.7	73.6

친 영향은 2007 대선에 못지않았고, 더 나아가서는 진보와 보수의 이념균열이 표출되었다고 말할 수 있다.

〔표5〕는 진보정당들과 보수정당들을 묶어 유권자의 이념성향별 지지율을 보여준다. 앞서 지적한 바대로 정당지지율은 진보정당 대 보수정당이 대체로 4 : 6의 분포를 보인다. 진보성향 유권자들 사이에서는 7 : 3으로 이와 현격한 대조를 보이고 중도성향 유권자들 가운데는 전체적 분포와 같고 보수성향 유권자들에서는 거의 2 : 8이 된다. 이런 경험적 자료를 토대로 2008 총선에서는 이념균열이 2007 대선보다 명료하게 표출되었다고 판단할 수 있다.

결론

개인의 사회적, 이념적 특성은 사회균열을 낳는 기준과 요인이다. 자유로운 참여와 경쟁이 있는 민주적 선거는 사회균열이 정치적으로 표출되는 중요한 제도적 통로인 동시에 정치화되는 사회균열의 봉합을 위해 통합정치의 의제와 계기를 마련한다.

2007 대선에서는 지역균열이 동서분할은 아니었지만 호남 대 비호남 형태로 지속적으로 표출되었다. 이러한 양상의 균열은 2008 총선에 와서 근본적으로 달라지지는 않았다. 그럼에도 불구하고 총선에서의 지역균열은 정당 간 경쟁양상이 복잡해지면서 여러 갈래로 나타나는 변화를 보였다. 즉 자유선진당이 창당되고 충청지역에서의 득표에 집중하면서 이 지역의 정치적 독자성은 대선에서 이회창 후보가 무소속으로 선전한 경우보다 강화되었다. 자유선진당이 종전의 자유민주연합과 같이 이 지역에서의 우위를 장기간 유지할 수 있을지는 아직 단언할 수 없으나 2008 총선에서는 그 지역에 강력한 기반을 마련한

것이 사실이다. 한나라당에서 이탈한 세력이 친박연대를 출범시키면서 수도권에서는 그렇지 아니했지만 영남에서는 유권자의 지지를 분점하는 것과 같은 면모가 나타났다.

  2007년 대선에서는 그보다 5년 전 대선에서 경험한 세대균열이 그대로 표출되지 않았다. 20대와 30대 유권자 집단에서도 한나라당의 이명박 후보가 가장 높은 득표율을 기록하였다. 노무현 정부시기에 실업, 분배 악화와 같은 민생문제가 점차 크게 대두되었다. 상대적으로 진보적인 노무현 정부는 일반인들이 기대하던 정책성과를 산출하지 못하여 부정적 평가를 받게 되었다. 젊은 세대에서 진보성은 점차 바래었고, 부패한 '차떼기 당'으로 몰렸던 한나라당에 대한 지지가 높아졌으며, 노무현 정부에 대한 대대적인 이반이 나타났다.

  그런데 2007 대선에서는 사라진 듯 보이던 세대균열이 2008 총선에 와서 어느 정도 은근한 영향력을 발휘하였다. 유권자 전체의 수준에서 한나라당, 친박연대, 자유선진당을 포함하는 보수정당 진영은 통합민주당, 민주노동당, 창조한국당을 포함하는 진보정당 진영을 6 : 4로 압도한 형국이었다. 그런 가운데 20대에서 보수 대 진보 정당의 지지율은 4 : 6이었다. 30대에서는 보수정당 진영이 지지율 면에서 진보정당 진영보다 약간 우세한 정도였고 40대 이상의 연령층에서는 보수정당들이 진보정당들을 확실히 압도하였다. 특히 60세 이상의 연령층에서는 유권자 매 10명당 적어도 7명이 한나라당, 친박연대, 자유선진당의 3개 정당 가운데 어느 하나를 선택하였다. 20대와 40대 이상을 비교하면 정당지지의 세대 간 차이를 충분히 읽을 수 있는 것이다.

  2007 대선에서 이념균열은 불완전하게나마 모습을 드러냈다. 중도와 보수성향 유권자들은 절반이상이 다른 어느 누구보다도 이명박 후보를 선택하였다. 진보성향 유권자들은 정동영 후보와 이명박 후보로 거의 대등하게 갈라졌다. 진보성향 집단에서 정 후보가 확고한 우세를 향유하지 못했기 때문에 이념균열은 불완전했다. 2008 총선에서는 이념균열이 2007 대선에 비하여 좀 더

강하게 표출되었다. 진보성향 유권자는 40% 정도가 통합민주당을, 20% 정도는 한나라당을 지지하였다. 중도성향 유권자 집단에서 한나라당 지지율은 40%에 가까웠고 통합민주당 지지율은 약 25%이었다. 보수성향 유권자들 가운데 절반이 한나라당을, 10명 중 2명 정도가 정도가 통합민주당을 지지하였다.

2008 총선은 2007 대선 이후 4개월이 채 되지 않은 시점에서 치러졌기 때문에 대선에서 표출된 사회균열 구조가 근본적인 변화를 보인다고는 말할 수 없다. 하지만 정당 간 경쟁체제가 좀 더 복잡하게 되면서 지역균열은 다기화 되었다. 민주화 이후 지속되어온 영남과 호남의 균열이 온존한 가운데 충청지역의 정치적 독자성이 강화되었다. 수도권 유권자들은 대선에 이어 총선에서도 비교적 일관적으로 한나라당을 지지한 반면 영남 유권자들은 한나라당에 이어 친박연대에도 상당한 지지를 보냈다. 한편, 세대균열과 이념균열은 총선에서 좀 더 강화되었다. 젊은 세대와 진보성향 유권자들이 2007 대선에서는 보수정당 편으로 투항하는 것과 같은 모양새가 나타났으나 2008 총선에 와서 그들의 진보정당 지지 성향이 주목할 정도로 다시 강화되었다.

2008 총선에서는 어느 정도 다기화된 지역균열, 사라지지 않고 무시못할 영향력을 보인 세대균열, 그리고 좀 더 분명해진 이념균열이 존재하는 가운데 한나라당, 자유선진당, 친박연대를 포함하는 보수진영이 통합민주당, 민주노동당, 창조한국당의 진보진영을 압도하였다. 그렇지만 정당체제가 변화무쌍하고 유권자들이 정부의 국정수행 방식과 성과에 역동적으로 반응하면서 선거와 정당 정치의 토대가 되는 사회균열구조 역시 변화를 거듭한다는 점을 염두에 두어야 한다. 지역균열이 온존하고 있지만 이른바 '3김 정치' 시대처럼 맹위를 떨치고 있지는 않으며 유권자들의 전략적인 이해 계산에 따라 그 양상이 달라지고 있다. 젊은 세대와 진보성향 유권자들조차 진보적인 정당보다는 보수적인 정당을 선택하였지만 그렇다고 해서 보수정당의 정치적 헤게모니가 강고한 것은 아니다.

민주적인 선거에서 지역균열 구조가 변화하는 가운데 세대균열과 이념균열이 의미 있는 영향을 미치는 것은 자연스러운 일이다. 지역균열의 과도한 영향력이 축소되고 세대균열과 이념균열이 병존하면서 의미 있는 영향을 미치게 되면 다원적인 정치경쟁이 촉진될 수 있다. 균열구조가 다원화되면 정책의제가 다양화하고 정치세력 간 관계도 변화할 수 있다. 정당이 정책을 중심으로 이성적이고 제도화된 경쟁을 펼치게 된다면 민주정치는 심화될 것이다. 정치인들이 사회 변화에 개방적이고 시대에 부응하는 정치개혁을 부단히 추구하면서 이성적인 정책경쟁을 전개하여 정치가 한 차원 더 높은 사회통합을 가져올 수 있도록 해야 한다.

■ 참고문헌

가상준. 2007. "2007년 대선과 이념." 〈NGO연구〉 제5권 1호, pp. 27-58.
강원택. 2003. 《한국의 선거정치: 이념, 지역, 세대와 미디어》. 서울: 푸른길.
김민전. 2008. "2007 대선, 그리고 정치균열의 진화." 이현우·권혁용 공편.《변화하는 유권자 2》, pp. 39-64. 서울: 동아시아연구원.
김왕식. 2008. 〈한국동북아논총〉 제13권 2호, pp. 223-245.
박명호. 2007. "2007년 대통령 선거와 세대." 〈한국지방정치학회보〉 제1권 2호, pp. 53-70.
박찬욱. 2006. "한국시민의 투표행태 분석: 제16대(2002년) 대통령선거에 있어서 사회균열과 유권자의 후보자 선택." 임혁백·고바야시 요시아키 외, 《시민사회의 정치과정: 한국과 일본의 비교》. 서울: 아연출판부; 2005. "韓國市民の投票行動分析-第十六代(2002年)大統領選擧における 社會龜裂と 有權者の候補者選擇." 小林良彰·任爀伯 編, 《市民社會における 政治過程の 日韓比較》東京: 慶應義塾大學出版會.
박찬욱·김경미·이승민. 2008. "제17대 대통령선거에서 유권자의 사회경제적 특성과 이념정향이 후보 선택에 미친 영향." 박찬욱 편.《제17대 대통령선거를 분석한다》, pp. 193-248. 서울: 생각의 나무.
이갑윤·이현우. 2008. "이념투표의 영향력 분석: 이념의 구성, 측정 그리고 의미." 〈현대정치연구〉 제1권 1호, pp. 137-167.
조성대. 2008. "균열구조와 정당체계: 지역주의, 이념, 그리고 2007년 한국 대통령선거." 〈현대정치연구〉 제1권 1호, pp. 169-198.

Berelson, B. R., P. F. Lazarsfeld, and William N. McPhee. 1954. *Voting*. Chicago: University of Chicago.
Campbell, Angus, Gerald Gurin, and Warren E. Miller. 1954. *The Voter Decides*. Evanston: Row, Peterson.
Campbell, Angus, Philip E. Converse, Warren E. Miller, and Donald E. Stokes. 1960. *The American Voter*. New York: Wiley.
Dalton, Russell J. 2002. "Political Cleavages, Issues, and Electoral Change." Lawrence LeDuc, Richard G. Niemi, and Pippa Norris eds. *Comparing Democracies 2: New Challenges in the Study of Elections and Voting*. Sage Publications.

Knutsen, O. 1995. "Value Orientations, Political Conflicts, and Left-Right Identification: A Comparative Study." *European Journal of Political Research* Vol.28, No.1, pp. 63-93.

Lazasfeld, Paul, Bernard Berelson, and Helen Gaudet. 1944. *The People's Choice*. New York: Columbia University Press.

LeDuc, Lawrence, Richard G. Niemi, and Pippa Norris eds. 2002. *Comparing Democracies 2: New Challenges in the Study of Elections and Voting*, pp. 189-209. Sage Publications.

Lipset, Seymour M. and Stein Rokkan, eds. 1967. *Party Systems and Voter Alignment*. New York: Macmillan.

Nie, Norman, Sidney Verba, and John R. Petrocik. 1976. *The Changing American Voter*. Cambridge: Harvard University Press.

경제가 선거에 미치는 영향 :
17대 대선과 18대 총선에서의 경제투표

정한울 · 권혁용

17대 대선과 18대 총선에서 경제문제에 주목하는 이유

경제투표는 EAI 선거여론 분석팀이 지난 2006년 지방선거, 2007년 대통령 선거, 2008년 국회의원총선거까지 연이은 전국선거 과정에서 주목한 주요 분석대상 중의 하나이다(이내영 외 2007). 본 연구는 경제투표이론연구에서 체계적으로 다루어지지 않았던 유권자 이질성 heterogeneous electorate 가설과 경제인식의 내생성 endogeneity에 대한 쟁점을 다룬다. 주로 활용하는 데이터는 17대 대통령 선거부터 18대 총선 직후까지 총 8차례 실시한 EAI · SBS · 중앙일보 · 한국리서치 선거패널여론조사 데이터이다.

본 연구팀이 한국선거연구에서 '경제' 요인에 주목한 것은 기존의 선거이론들이 2006년 전후 발생한 정치적 변화를 설명하는 데 한계를 드러내고, 현실 정치과정에서 경제 요인, 특히 유권자들의 경제 인식 변화가 투표선택에 중요한 변수가 되고 있다고 판단했기 때문이다. 이미 2006년 지방선거에서부터 국민여론의 균형추 역할을 해오던 수도권이나 개혁성향의 30-40대 층에서 한나라당에 대한 지지가 급증하는 현상이 발생했다. 그러나 정치권과 학계에서 정치재편이나 선거결과를 설명하기 위해 활용해온 지역주의 투표이론이나 정당투표 이론, 균열이론 등은 이러한 변화를 설명하기에 한계가 분명했다. 중간층이나 무당파 층은 물론 개혁 및 진보진영의 지지기반으로 간주된 젊은층, 진보층, 호남 유권자의 상당수가 한나라당 지지층으로 이탈하는 이상(異狀) 현상 뒤에는 노무현 정부시기 경제업적에 대한 유권자의 평가가 직·간접적으로 작용했다는 것이 본 연구팀의 판단이었다(권혁용 2008; 정한울 2007).

또한 각종 악재에도 불구하고 이명박 후보가 대통령 선거에서 당선된 것은 대선의 주요 쟁점이 경제 살리기에 맞추어졌을 뿐 아니라 이 후보와 한나라당이 이슈의 선점 및 차별화에 성공했기 때문이었다. 이후 진행된 총선에서도 집권당인 한나라당은 "경제를 살리겠습니다"는 구호를 내세우며 안정적 과반의석 확보를 호소한 반면, 야당으로 전락한 구여권에서는 "경제를 살리겠다는 이명박 대통령과 한나라당 집권 후 경제가 급속도로 악화되고 있다"는 MB정부의 경제무능론으로 맞섰다(연합뉴스 2008/03/19). 이 역시 지방선거, 대선에 이어 총선에서도 경제요인에 대한 관심을 높이는 요인으로 작용했다.

경제투표이론, 무엇이 쟁점인가?

경제투표의 기본논리 : 상벌투표모델(reward-punishment voting model)

투표선택을 결정하는 요인을 설명하는 다양한 시각 중에서 경제투표이론은 정치심리학적 요인을 중시하는 미시간 학파, 사회경제적 변수를 중시하는 콜럼비아 학파와 함께 3대 논쟁축으로서 이론적 입지를 확고히 다져왔다(Lewis-Beck & Stegmaier 2000; 이현우 1998; 김장수 2006). "경제실적이 좋으면 유권자들은 그에 대한 보상으로서 집권당의 후보에게 투표하고, 경제실적이 좋지 않으면 그에 대한 응징으로서 야당후보에 투표한다"는 상벌모델 reward-punishment model은 그 간결한 논리구조로 인해 세계 여러 나라의 선거를 설명하고 예측하는 분석

틀로서 널리 애용되어 왔다. 우리가 경제적 상벌모델에 이론적, 정책적 관심을 두게 되는 또 다른 이유는 유권자의 경제투표야 말로 선거를 통해 선출된 정치인(대리인)을 국민(주인)의 이익을 위해 일하게 만드는 민주주의의 책임성 democratic accountability의 기제라고 볼 수 있기 때문이다(Anderson 2007; Przeworski et. al. 1999; 권혁용 2008).

전통적 경제투표(상벌)모델에 대한 문제제기

그러나 전통적인 경제적 상벌투표 모델에 대한 비판적 흐름도 만만치 않다. 지난 20년 간 미국에서 출판된 논문만 400편 이상이 될 정도로 경제투표에 관한 연구들은 논증과 반논증, 검증과 반검증의 과정을 거치며 발전해 왔다. 그 동안 제시된 많은 반론들은 특히 전통적 경제투표 모델이 가정하는 두 가지 가설에 대한 비판으로 집약된다. 하나는 유권자 동질성 electorate heterogeneity 가설이고, 다른 하나는 경제상황에 대한 인식 및 평가의 독립성과 외생성 exogeneity 가설이다.

경제투표이론의 초기 쟁점은 경제가 투표행태 및 선거결과로 이어지는 메커니즘에 관한 문제에 초점이 있었다.[1] 크게 보면 '경제 상태를 평가하는 시간대' (회고 대 전망)와 '실질적으로 투표에 영향을 미치는 경제평가의 대상' (국가 경제상태 대 개인/가구의 경제상태)을 어떻게 이해할 지가 경제투표이론의 기본쟁점이었다. 여전히 논쟁의 여지는 남아 있지만 대부분의 경험적 연구결과들은 과거 경제실적에 대한 회고' retrospective vote 보다는 미래에 대한 전망 prospective vote 이, 개인이나 가정의 경제상태 pocketbook voting 보다는 국가경제와 같은 집합적, 사회적 경제상태 sociotropic voting 가 선거결과 및 투표행태에 보다 큰 설명력을

---

1) 이러한 내부 문제제기가 등장한 것은 경제투표이론에 기초한 다양한 경험적 연구결과들이 일관되게 단순상벌모델의 타당성을 지지하지 않고 대단히 혼란스러운 결론을 보여주었기 때문이다.

가지고 있는 것으로 나타났다(Erikson & Tedin 2005; Kiewiet & Udell 1998; Lewis-Beck & Stegmaier 2000; Marcus 1988; 권혁용 2008; 이현우 1998).[2]

그러나 해당 국가의 정치발전 수준에 따라(선진 민주주의 국가인가, 신생민주주의 국가인가), 혹은 해당 선거의 제도적 맥락의 차이에 따라(대통령 선거인가, 국회의원 선거인가)에 따라, 혹은 측정데이터의 수준에 따라(집합자료인가, 개인수준의 자료인가) 어떤 연구는 경제투표이론을 지지하기도 하고 다른 연구는 이를 전면 반박하는 결과를 보여주기도 한다(Powell & Whitten 1993; Duch 2001; Evans & Anderson 2006; Rudolph 2003). 이렇게 상벌모델에 기초한 연구들이 일관되지 않은 결론을 내놓게 되면서 최근 들어 경제투표 모델에 관한 이론적 논쟁이 심화되고 있다. 본 연구는 기존 단순상벌모델이나 국가경제투표이론 우위의 전통적 인식에 의문을 제기한다. 이러한 의문의 이론적 근거들은 크게 다음과 같은 내용에서 찾을 수 있다.

첫째, 단순상벌모델이 전제하고 있는 유권자 동질성 public homogeneity 가설에 대한 문제제기이다. 즉 현직자 혹은 현지 정부의 경제실적에 대한 유권자들의 반응이 동질적으로 나타나는 것이 아니라는 점이다. 유권자들의 인식과 행태에 다양한 요인이 작용한 결과 유권자들은 같은 경제현상에 대해 이질적으로 반응할 수 있으며 이것이 기존의 경제투표 연구결과들 사이에 나타나는 비일관성을 초래하게 된다. 이러한 이질성 가설에 따를경우, 경제투표이론의 타당성을 유권자 일반으로 확장하는 것은 어려워진다. 따라서 경제투표, 특히 상벌투표행태를 활성화하거나 반대로 이를 제약하는 제도적, 개인적 차원의 조건들을 찾아내는 것이 주된 연구과제로 등장하는 것이다(Gomez & Wilson 2006; Anderson 2007). 루돌프는 특정 정부의 경제실적에 대한 유권자의 인식과 평가가

---

[2] 필자들은 본 패널연구 단행본 시리즈를 통해 이러한 전통적인 경제투표 논쟁을 평가의 시점(회고 대 전망)과 평가의 기준(가정경제상태 대 국가경제상태)이라는 두 가지 축으로 교차하여 가정경제에 기초한 회고투표, 가정경제 평가에 기초한 전망투표, 국가경제인식에 기초한 회고투표, 국가경제인식에 기초한 전망투표 등 네 가지 유형으로 분류하여 설명한 바 있다(권혁용 2008; 정한울 2007).

서로 다르게 나타나는 요인으로서 제도적 차원에서는 분점정부divided government, 개인적 차원에서는 정당당파성partisanship, 및 경제적 이념성향 economic ideology을 꼽았다. 이러한 요인들이 경제실적의 책임을 누구에게 돌릴 것인가에 있어 유권자 인식의 분화를 가져오고 결과적으로 상벌모델의 설명력을 약화시키게 된다고 주장한다(Rudolph 2003, 700-702). 앤더슨 역시 이와 유사하게 상벌모델을 제약하는 요인으로서 제도적 요인과 개인적 차원의 요인을 구분하는 한편 측정방법상의 문제를 제기한다(Anderson 2007).

이들은 제도적 차원에서는 분점정부나 연합정부coalition government일수록 유권자들이 경제적 실적의 책임소재를 어렵게 함으로써 상벌투표모델의 타당성을 약화시키고 있다고 지적한다. 그 밖에 국가 간 비교에서는 내각제인가 대통령제인가, 단원제인가 혹은 양원제인가 등의 국가 정치체제 차원의 제도적 차이에 의해서도 상벌투표 모델의 영향력은 다르게 나타날 수 있다고 지적한다(Rudolph 2003; Anderson 2007, 283-284).

개인적인 차원에서는 유권자 개개인이 가지고 있는 경제상황에 대한 정보 및 인식수준의 제약informational and cognitive limits과 이념이나 정당일체감과 같은 가치관values 및 정치적 성향predispositions 등이 유권자들의 이질적인 주관적 경제인식과 평가를 이끌어낸다고 주장한다(Anderson 2007, 283-284; Gomez & Wilson 2006, 130-132). 또한 경제실적의 책임소재economic attribution를 누구에게 돌리느냐에 따라 경제실적에 대한 상벌의 대상이 달라지며 결과적으로 상벌모델의 설명력을 약화시키는 요인으로 작용하게 된다(Rudolph 2003; 정한울 2007). 이러한 논리를 전망투표이론에 적용하면 경제적 기대를 실현시켜줄 선택 가능한 대안이 존재하는가, 그 대안은 누구인가에 대한 명확한 판단이 서있는 경우 전망적 경제투표의 영향력은 커질 수 있다(Anderson 2007, 284-285). 결국 유권자 이질성 가설은 단순상벌모델이 가정하듯이 경제상태에 대해 유권자들이 동일한 투표행태로 반응하는 것이 아니라 다양한 요인에 의해 다양한 패턴으로 경제투표가 나타날 수 있다는 것을 말해준다.

둘째, 단순상벌모델을 포함하여 경제투표이론 전반에 대한 보다 근본적인 문제를 제기하는 학자들은 경제인식 및 평가의 내생성endogeniety 문제를 지적하기도 한다. 유권자의 경제인식이 유권자의 투표행태에 영향을 주는 것은 사실이지만, 과연 경제인식이 제3의 요인에 영향 받지 않는 독립적인 외생 변수 exogenous variable가 될 수 있는가에 대한 의문을 제기하는 것이다. 에반스와 앤더슨, 그리고 레드너와 월레지엔 등은 최근 연구를 통해 "유권자의 경제적 기대economic expectations는 유권자의 회고적 평가를 반영하고 이 양자는 정치적 선호political preferences를 반영한다"고 주장한다(Evans & Anderson 2006; Ladner & Wlezien 2007, 573-574). 이들에 따르면 유권자의 합리적인 경제인식은 "정당 당파성에 의해 채색"되어 "자신의 정치적 선호에 부합하는 정보만 선택적으로 취사선택한 결과"에 불과하다(Conover et. al. 1987; Bartels 1999). 또한 유권자들이 추정하는 각 후보별 경제적 기대효용 평가는 정당선호 및 당선가능성이라는 정치적 판단에 크게 의존하고 있다고 봄으로써 경제인식은 유권자이 투표선택이나 정치적 선호를 설명하는 외생적인 독립변수로 인정할 수 없다고 주장한다. 이러한 입장에 따르면 경제인식은 결국 자신이 지지하는 정당이나 정치적 입장을 합리화하는 방향으로 수렴된다(Ladner & Wlezien 2007).

한국에서의 경제투표 논의

위에서 본 바와 같이 경제투표이론은 경제-투표의 메커니즘에 관한 논쟁들을 거치며 체계적으로 진화하여 왔다. 반면 한국에서 경제투표 연구는 크게 두 가지 방향에서 이루어졌다.

첫째, 서구의 전통적인 경제투표이론의 분석틀을 한국사례에 적용하여 검증하는 확증적confirmative 차원의 연구였다. 즉 전통적인 경제투표이론의 쟁점인

'회고투표 대 전망투표', '개인경제투표egocentric economic voting 대 국가경제투표sociotropic economic voting' 중 어떤 것이 한국의 사례에서 보다 설명력을 갖는지 분석하는 논의들이다.

둘째, 민주화 이후 한국 유권자의 투표선택에서 지역주의는 압도적인 영향력을 미치고 있었다. 이런 상황에서 경제에 대한 유권자의 인식이 투표결정에 독립적인 영향력을 갖는 설명변수인가에 대해 문제가 제기되지 않을 수 없다(Jhee & Shin 2007; 김재한 1993; 박경산 1993; 이현우 1998). 또한 최근 지병근과 신계근이 1992년부터 2004년까지의 국회의원 선거와 대통령 선거에서 경제투표의 설명력을 일관된 분석모델을 가지고 검토하기까지는 대체로 연구자에 따라 조금씩 상이한 분석틀을 가지고 하나의 개별선거에 한정하여 투표 결정요인을 분석하는 데 초점을 맞추었다(Jhee & Shin 2007). 기존의 경제투표 연구결과를 보면 유권자 개개인의 경제인식이 투표결정에 미치는 영향력은 지역주의의 영향력이 약화된 상태에서 간헐적으로 영향력을 행사하는 것이라고 주장한다. 다만 지역주의를 고려하더라도 국가경제에 대한 평가와 개인과 가정의 경제상태에 대한 평가 중 국가경제에 대한 평가가 유권자 투표선택의 잣대로 의미가 있으며, 과거에 대한 회고와 미래의 기대이익에 대한 전망 중 미래에 대한 전망요인이 투표결정요인으로서 보다 큰 설명력을 갖고 있다는 것이 중론이다(Jhee & Shin 2007; 박경산 1993; 이현우 1998)[3]. 그러나 경제적 요인에 대한 유권자들의 이질적 반응의 가능성이나 유권자의 경제인식이 궁극적으로 정당 당파성이나 지역주의와 같은 제3의 요인에 의해 규정되는 경제투표 요인의 내생성과 관련한 문제에 대해서는 본격적인 연구가 부족한 것이 현실이다.[4]

---

3) 14대 대선(1992)을 연구한 박경산은 회고투표모델은 통계적으로 유의미한 변수로 나타나지 않았지만 전망투표 모델은 여야성향을 통제한 조건에서도 유의미한 변수로 나타났다고 보고한 반면, 15대 대선을 연구한 이현우는 1997년 금융위기 직후 실시한 대선에서 경제위기의 책임소재responsibility attribution에 대한 인식을 갖고 있는 유권자들의 경우 회고투표의 경향이 강하다는 결론을 제시한다(이현우 1998). 지병근과 신계근 역시 14대 총선에서 2004년 17대 총선까지 분석결과를 보면 1997년 금융위기 시기의 16대 대선을 제외하면 전망투표(경제이슈 투표) 모델의 설명력이 상대적으로 강한 반면 회고투표 요인의 설명력은 미약하면서도 간헐적으로 작용하고 있다고 지적한다(Jhee & Shin 2007).

이러한 문제의식 하에서 본 연구가 다루고자 하는 연구 질문을 정리하면 다음과 같다.

- 유권자이질성 가설에 기대어 볼 때 대선과 총선이라는 차이가 투표자의 경제투표 행위에 어떠한 차이를 가져오는가? 전국적 차원에서 행정부의 수반이자 중앙권력통수권자를 뽑는 대통령 선거와 입법부의 구성원이자 지역 대표성이 강조되는 국회의원 선거에서 유권자들은 동일한 기준으로 경제를 평가할까? 본 연구는 지역대표성을 갖는 국회의원 선거에서 전국대표성이 강조되는 대통령 선거에서 보다 개인 및 가정의 경제인식이 투표선택에 미치는 영향이 클 것으로 예측한다.

- 유권자들은 정권교체 전후 경제 악화의 책임을 누구에게 책임을 물을 것인가? 유권자의 경제인식과 투표행태를 이질적으로 나타나게 하는 개인적 차원의 요인으로서 경제실저의 책임소재를 누구에게 놀리느냐에 따라 투표지지 대상이 달라진다. 그렇다면 대선을 통한 정권교체 이후 불과 4개월여 만에 치러지는 총선에서 유권자들의 경제 심판의 대상은 여전히 전임 정부인가? 아니면 집권초기의 새정부인가? 이 대상을 누구로 보느냐에 따라 결국 상벌투표의 대상도 달라질 것이다.

- 경제심판이 우선인가, 경제를 살릴 후보가 우선인가? 경제심판을 우선하는 입장과 경제를 살릴 후보를 선택하는 차원이 반드시 일치하지 않을 수 있어도 배타적인 관계는 아니라고 할 수 있다. 집권당에 대한 경제심판의 책임이 크게 부각되면 경제를 살릴 적임 정당을 선택할 때 집권당은 선택지에서 배제될 수 있다. 또한 경제 살리기의 대안 available

---

4) 이에 대한 시론적 차원의 연구로는 권혁용(2008), 정한울(2007)을 참조할 것.

alternative이 명확할 때에 경제심판의 책임도 더 자신 있게 물을 수 있다는 샌더스와 캐리(Sanders & Carey 2002)의 주장은 설득력이 있다. 대선과 총선에서 경제실패의 책임과 경제살리기의 대안이 어떻게 달라지는지, 그리고 그에 따라 투표선택은 어떠한 영향을 받는지 살펴본다.

• 경제인식의 내생성에 대한 검토 역시 중요한 연구주제이다. 투표자의 경제인식이 투표선택에 미치는 영향력을 인정하더라도 이를 순수한 경제적 요인으로 이해할 수 있는가? 이 경제인식이 궁극적으로 정당일체감이나 지역일체감 등 다른 정치적 요인에 의해 규정된다면 결국 투표자의 투표선택이라는 정치적 행위는 외생적인 경제적 요인에 의해 좌우되는 것이 아니라 정치적 요인에 의해 좌우되는 내생성endogeneity 문제를 발생시킬 것이다(권혁용 2008).

새로운 문제의식은 새로운 방법론으로 : 패널연구

기존 연구들은 모두 각각의 일회성 선거여론조사 데이터를 가지고 분석을 진행함으로써 표집오차와 비표집오차의 개입 가능성이 컸다. 방법론 차원에서는 그 때 그 때 별도의 샘플을 추출하여 조사를 진행하는 일회성 조사ad hoc survey에 기초하여 분석을 진행할 경우 특정시점의 유권자의 경제인식 편차와 투표행태 차이의 연관을 밝히는 데는 유용하지만 시간 변화에 따른 동일 유권자의 인식 변화가 투표행태 변화에 미치는 영향력을 직접적으로 검증할 수 없다. 즉 여러 선거 조사 데이터를 동일한 분석틀을 적용하여 발견된 변화가 실질적인 유권자 인식의 변화로부터 발생한 것인지 아니면 별도의 샘플을 추출함으로써 발생한 표본의 편차bias 때문인지 구분하기 힘들다. 즉 유권자 개인 차원에서는 선거와 선거사이에 발생한 경제인식 변화와 투표행태 변화를 직접 연결하여 분석할 수 없다는 한계가 있었다.

　이러한 한계를 근본적으로 해결할 수 있는 최선의 방법이 패널조사 데이터를 활용하는 것이다(Lewis-Beck & Stegmaier 2000). 본 연구는 한국선거연구 사상 처음으로 대선 후보 등록기(2007년 4월)부터 총선 선거 후 조사(2008년 4월)까지 1년 여 기간 동안 총 8차례 동일응답자를 대상으로 진행한 "EAI · SBS · 중앙일보 · 한국리서치 선거패널여론조사 2007~2008" 데이터를 활용하여 위에서 정리한 경제투표이론의 쟁점 및 가설을 검토하고자 한다.[5]

17대 대선과 18대 총선의 쟁점: 전통적 이론에 대한 문제 제기

대선과 총선의 차이: 같은 기준으로 경제를 평가할까?

　유권자의 경제투표 성향이 제도적 조건과 개인적 차이에 따라 다르게 나타날 수 있다는 이질성 요인을 주목할 때 유권자의 회고적 경제투표는 모든 유권자들의 공통된 보편적인 투표행태라기 보다는 특정 집단이나 특정 조건 하에서 실현된다고 보는 것이 타당하다. 본 연구는 유권자의 경제인식과 그에 따른 투표선택이 다르게 나타나게 하는 제도적 요인으로서 대통령 선거와 국회의원 선거의 차이에 주목한다. 또한 개인적 차원에서는, 정당투표 외에 대다수 의원을 지역구 다수 득표에 의해 결정하는 국회의원선거에서 개인경제 및 가정경제의 인식이 대통령 선거에 비해 크게 작용할 것으로 예상된다.

　서구 연구에서도 대통령 선거와 달리 의회 선거에서는 국가경제에 대한 인식 외에 개인경제에 대한 인식이 선거 결과에 영향을 미친다는 결과들이 제시

---

[5] 이후 분석에서 특별한 지시가 없는 이상 데이터 분석은 최종 총선패널조사 2차 조사에 응한 1,153명의 성별, 연령, 지역 비례할당을 맞추기 위한 총선패널 2차 조사 횡단면 가중치를 적용한 결과임.

되었다(Fiorina 1981; Kramer 1983). 대통령 선거에서 특정 대통령의 당선과 개인의 경제상태 변화를 연결시킨다는 것이 논리적으로 쉽지 않지만, 국회의원 선거에서는 지역구를 구성하는 작은 지역단위의 개발 이슈 등으로 특정인의 당선과 자신의 경제상태를 연결시키는 것이 상대적으로 용이하기 때문이다. 이 절에서는 대통령 선거에서보다 총선에서 개인경제의 인식이 투표선택에 미치는 영향력이 상대적으로 클 것이라는 가설을 검증할 것이다.

실제로 18대 총선은 개인경제투표의 가능성이 상당히 높은 상황에서 이루어졌다고 할 수 있다. 2008년 총선에서 각 지역별로 개개인의 경제적 이익을 자극하는 지역개발 이슈들이 중요한 영향력을 행사하고 박빙의 주요 선거구에서는 선거 당락을 좌우하는 요인으로 까지 평가된 바 있다. 서울의 '뉴타운개발' 공약이나 '지방 그린벨트 해제권의 지방정부 이양'이나 각종 지역경제개발 공약이 각 지역의 표심에 적지 않은 영향을 미친 것으로 알려져 있다(연합뉴스 2008/04/06). 특히 뉴타운 공약의 경우 서울 28개 지역구에서 후보 공약으로 제기되었는데 이 중 한나라당 후보가 24명, 통합민주당의 후보도 23명이나 되었다. 통합민주당의 반대 당론에도 불구하고, 민주당의 많은 후보들이 선거공약으로 지역개발 이슈를 들고 나온 사실 자체가 그 위력을 반증하고 있는 것이다. 이는 개인 및 가정의 경제적 이익과 직결되는 지역개발 공약이 범람함으로써 17대 총선에서 개인경제투표가 활성화될 수 있는 객관적인 조건은 조성되어 있었다고 봐도 무방할 것이다.

[그림1]과 [그림2]는 대선에서 총선까지 조사에 응한 1,153명을 대상으로 대선패널 1차 조사(2007년 4월)에서 지난 5년 동안 가정경제와 국가경제 각각에 대해 평가한 내용과 12월 대선 6차 조사 및 2008년 4월 총선 후 조사의 투표결과를 비교한 결과이다.

여기에서 몇 가지 중요한 특징을 발견할 수 있다.

첫째, 대통령선거나 총선에서나 가정경제 혹은 국가경제 인식에 따라 지지

[그림1] 경제심판론(5년 경제회고)과 대선 투표(%)

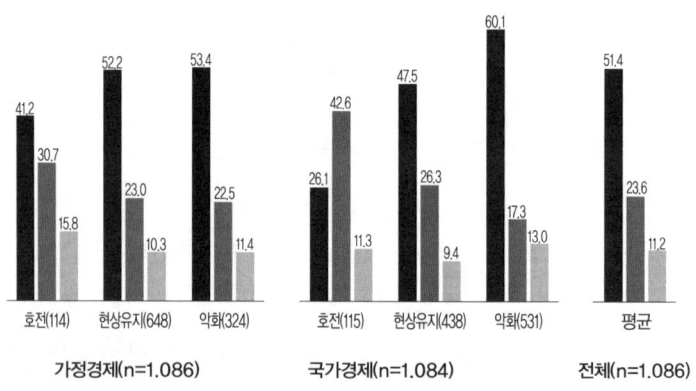

주1. EAI · SBS · 중앙일보 · 한국리서치 패널조사(2008) 대선1차(5년 경제회고), 대선6차(대선투표) 데이터
주2. 괄호안의 숫자는 빈도수, 기권자는 분석에서 제외

[그림2] 경제심판론(5년 경제회고)과 총선투표(%)

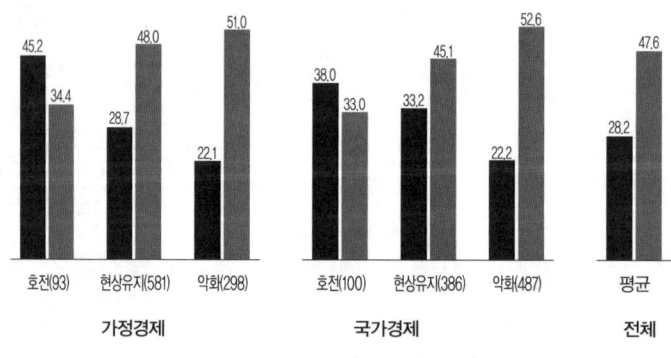

주1. EAI · SBS · 중앙일보 · 한국리서치 패널조사(2008) 대선1차(5년 경제회고), 대선6차(대선투표) 데이터
주2. 가정경제 분석샘플 972명, 국가경제 분석샘플 973명, 기권자는 분석에서 제외

216

후보의 차이가 뚜렷하게 나타나고 있다는 점이다. 대선에서는 '지난 5년간 가정경제/국가경제가 호전되었다'고 볼수록 정동영 후보에 대한 지지율이 상대적으로 높은 반면, '지난 5년간 경제가 악화되었다'고 볼수록 이명박 후보의 지지율이 높아지는 뚜렷한 패턴을 보여준다. 총선에서도 총선시점의 경제상황이 아닌 노무현 정부 시기 5년의 경제평가를 기준으로 보면 경제가 호전되었다고 볼수록 통합민주당 후보를, 악화되었다고 볼수록 한나라당 후보를 선택하고 있다.

둘째, 개인경제 인식의 영향력을 살펴보면 예상한대로 대통령 선거보다는 총선에서 개인경제에 대한 회고적 평가가 투표결정에 상대적으로 큰 영향력이 있음을 알 수 있다. 특히 총선에서 통합민주당 후보 지지율의 경우 5년간 가정경제가 호전되었다고 답한 층에서 45.2%로 과반수에 육박했지만, 악화되었다고 응답한 층의 지지율은 22.1%에 그쳤다. 대선에서 정동영 후보가 가정경제 호전 층에서 30.7%, 가정경제 악화 층에서 22.5%를 얻어 큰 차이가 없었던 것과는 크게 대조되는 결과이다. 지역대표성이 강조되는 총선의 경우 개인의 이익과 선거를 연결시킬 수 있는 정보가 대통령 선거에 비해 보다 많아 결과적으로 개인의 경제사정에 대한 평가가 투표선택에 강한 영향력을 행사했을 것으로 판단된다.

셋째, 대선에서 국가경제 상황에 대한 평가가 투표에 미치는 영향은 총선에서 상당히 약화되고 있다. 국가경제 평가를 보면 대선에서 노무현정부 5년간 경제가 호전되었다고 한 응답자의 26.1%가 대선에서 이명박 후보에게 투표한 반면, 악화되었다고 응답한 층에서는 무려 60.1%가 이명박 후보에게 표를 던져 무려 34% 포인트의 격차를 보였다. 반면 총선에서는 노무현정부 5년간 국가경제가 호전되었다고 응답한 층과 악화되었다고 응답한 층 사이의 한나라당에 투표한 비율 차이가 19.6% 포인트로 좁혀진다.

종합하면 대선과 총선사이에 유권자들의 회고투표 패턴에 연속성과 단절성을 확인할 수 있다. 즉 개인경제 및 국가경제에 대한 인식에 따라 대선에서 이명박 후보 대 정동영 후보, 한나라당 후보 대 통합민주당 후보에 대한 지지패턴이 유지되고 있다. 그러나 대선에서는 국가경제 실패에 대한 경제심판론이 크게 작용하고 있는 반면 총선에서는 개인경제에서의 득실평가가 후보 선택에 보다 크게 작용했다고 할 수 있다.

대선 이후 경제악화, 누구에게 책임을 물을 것인가?

선거과정에서 보여준 경제심판론의 위력을 고려할 필요가 있다. 2007년 12월 대선에서 과반수에 육박하는 득표로 이명박 후보가 당선된 데에는 노무현 정부 5년 경제실정에 대한 심판론이 먹혀들었다는 것이 선거 직후 정치권 안팎의 공통된 평가였다(강원택 2008; 이준한 2008). 2002년 16대 대선에서는 경제적 침체의 책임에 대한 인식에 상당한 편차가 존재했다. 일부는 그 책임을 당시 집권세력인 김대중 정부와 국민회의에 돌리는 경우도 있었지만 적지 않은 유권자들은 당시의 경제적 침체를 1997년 금융위기와 IMF 구제금융의 여파로 이해하며 전 정부(김영삼 정부와 한나라당)의 책임으로 인식하고 있었다. 즉 경제적 불만의 책임 소재를 파악하는 데 이질성이 존재했다. 그러나 17대 대선에서는 경제위기의 책임이 노무현 정부와 집권당인 열린우리당에 있다는 주장에 대한 공감대가 컸다(이내영·정한울 2007). 이는 17대 대선에서 회고투표의 영향력이 커질 것으로 예상할 수 있는 주요 근거가 된다.

한편 회고투표 요인의 설명력을 검토할 때 2008년 총선은 흥미로운 사례이다. 정권교체 후 불과 4개월의 시차를 두고 진행한 국회의원 선거에서 지난 5년간 경제실적에 대한 평가와 이명박 정부 집권 초기 경제실적에 대한 평가 중 어떤 요인이 투표결정에 보다 강한 영향을 미칠 것인지 관심사가 아닐 수 없다. 본 연구에서는 집권 초기 이명박 정부의 책임을 묻기에는 충분한 시간적

여유가 없었다는 점에서 집권당의 국가경제 차원의 경제실적에 따라 투표를 결정한다는 상벌모델의 영향력은 상대적으로 낮아질 것으로 예상한다. 그러나 총선에서 국가경제에 대한 인식이 투표결정에 미치는 영향력이 약화되었다고 단정 짓기는 힘들다. 왜냐하면 대선과 총선이 불과 4개월 터울로 진행되었지만, 분명 집권자와 집권당의 교체가 일어나기 전과 후에 각각 진행된 선거라는 점에서 유권자들이 나라경제의 상태를 판단한 시점이 정권교체 이전인가, 이후인가에 따라 문책의 대상을 전임정부에 둘 수도 있으며 반대로 신임정부에 둘 가능성이 존재한다. 즉 경제심판의 시점과 대상에 대한 이질적 인식이 국가경제 차원에서 회고투표가 미친 영향을 상쇄했을 가능성이 존재한다는 것이다.

〔표1〕이 보여주는 결과는 매우 흥미롭다. 경제심판의 대상이 바뀌고 있음을 보여준다. 대선 2차 조사와 총선 1차 조사까지 약 7개월 간 한국경제에 대한 만족도가 다소 악화되는 가운데(대선패널 2차 불만족 응답 41.0%→총선패널 1차 불만족 응답 46.8%) 한국경제 만족 여부에 따라 정당지지의 패턴이 완전히 바뀌고 있다는 점이다. 우선, 대선 2차 조사에서는 국가경제 상태에 만족할수록 당시 범여권 정당지지가 상대적으로 높지만(34.2%) 불만족 응답층에서는 지지도가 낮다(16.4%). 한나라당에 대한 지지의 경우 국가경제 상태에 만족하는 층의 지지율(35.0%)보다 불만족하는 층의 지지율이 더 높다(49.7%).

총선에서는 반대의 패턴이 확인된다. 총선 1차 조사에서는 국가경제 상태에 대한 만족 여부에 따른 통합민주당 후보의 지지율은 큰 차이가 보이지 않지만(18.0%와 22.0%), 총선 1차 조사 및 대선 2차 조사와 비교하면 국가경제 상태에 만족할 때 통합민주당을 지지하는 비율은 줄고(34.2%→18.0%), 불만족 응답층에서 통합민주당 지지층은 증가한다(16.4%→22.0%). 반면 한나라당 정당지지에 있어서는 국가경제 상태에 만족할수록 지지율이 높고(56.6%), 만족하지 않는다고 답할수록 정당 지지율이 크게 떨어지고 있다(40.4%). 대선 2차시기와 총선 2차시기를 비교해 보면 한나라당의 경우 국가경제 상태에 대한 만족 층에서는 지지가 크게 늘고(35.0%→56.6%), 경제 불만족 층에서는 지지가 줄어든다(49.7%→40.4%). 이는 경제심판의 대상을 대선시기에는 당시 노무현 정부와 범여권 정당에 묻지만 대선 이후 불과 4개월 만에 실시한 총선에서는 경제실정의 책임을 새 집권당인 한나라당에 묻는 방식으로 패턴이 바뀌고 있음을 의미한다.[6]

[표1] 경제인식의 변화와 정당 지지의 변화 : 2007년 8월-2008년 3월 (%)

현 국가경제평가별 정당지지		통합민주	한나라당	군소정당	무당파	총계
만족	총선1차	18.0	56.6	11.5	13.9	122(10.6)
	대선2차	34.2	35.0	12.0	18.8	117(10.2)
중립	총선1차	16.9	51.7	10.6	20.8	557(48.4)
	대선2차	19.3	49.9	8.1	22.7	493(43.0)
불만족	총선1차	22.0	40.4	13.1	24.5	473(41.0)
	대선2차	16.4	49.7	9.1	24.8	537(46.8)
총계	총선1차	19.1	47.6	11.7	21.6	1152(100)
	대선2차	19.4	48.3	9.0	23.3	1147(100)

주1. EAI · SBS · 중앙일보 · 한국리서치 패널조사(2008) 대선2차 데이터(2007. 8), 총선1차(2008.3)
주2. 마지막열의 총계 수치는 빈도수, 괄호 수치는 전체 응답 중 만족, 중립, 불만족의 상대비율

앞 절에서 노무현 정부 5년 기간에 대한 경제 평가는 대선 및 총선에서 일관된 투표패턴으로 나타났다. 그러나 이명박 정부 등장 이후 경제실패의 책임을 묻는 대상이 바뀌고 경제심판의 시점을 전임정부 시기로 볼 것인가 아니면 신

---

[6] 본 연구 말미에서 자세히 살펴 보겠지만 새정부의 경제실적을 평가할 근거를 충분히 갖지 못하고 있다는 점을 고려하면 유권자의 경제인식 평가가 제3의 요인에 의해 상당한 영향을 받고 있음을 말해주는 결과라 할 수 있다. 한편 총선에서 국가경제에 실망한 층에서조차 통합민주당을 지지한 응답(22.0%)이 상대적으로 높고 한나라당 지지층의 비율은 상대적으로 낮지만 통합민주당 정당지지는 한나라당 지지층의 절반에 불과하다. 통합민주당이 국민들로부터 대안정당으로 인식되고 있지 못함을 보여준다. 이는 이명박 정부에 대한 비판여론이 고조되고 한나라당 내 심각한 내분에도 불구하고 과반수 의석확보에 성공한 요인으로 평가될 수 있다.

임정부 시기로 볼 것인가에 따라 투표행태가 크게 엇갈리게 될 수 있음을 의미한다. 이는 곧 국가경제 차원에서 경제실패의 책임을 묻는 유권자들의 표심 사이에 상쇄효과가 일어나 결과적으로 총선에서 회고투표의 패턴에 혼선을 일으켰을 가능성을 생각해볼 수 있다.

국가경제 평가의 시점을 지난 '5년간(노무현 정부 시기) 평가'가 아닌 '투표 직전의 현재 국가경제에 대한 평가'로 평가시점을 맞추면 앞의 [그림1], [그림2]와는 상당히 다른 결과를 확인할 수 있다. [그림1], [그림2]의 "지난 5년간 우리나라 경제가 어떻게 달라졌는가?"라는 질문 대신 "현재 우리나라 경제 상태에 대해 어떻게 생각하십니까?"라는 질문으로 대체하여 투표행태를 분석한 결과가 [표2]이다. 대선투표의 경우에는 투표를 바로 앞둔 5차 조사에서 조사결과인데 이 경우에는 지난 5년간 경제상황 평가에 따른 투표패턴과 크게 다르지 않다. 이 시기는 여전히 노무현 대통령 임기가 남아 있는 시점이어서 5년간 평가나 대선직전 평가에 따른 경제심판 대상에 변화가 없기 때문인 것으로 보인다.

그러나 [표3]의 현재 국가경제 상태의 평가에 따른 총선투표 패턴은 상반된 결과를 보여준다. 대선에서 한국경제에 만족하면 정동영 후보를, 불만족하면 이명박 후보를 지지하는 패턴 대신, 총선에서는 총선 시점의(즉 이명박 정부 하에서의) 국가경제에 만족하면 한나라당 후보에게 투표하는 패턴이 등장한다. 국가경제 상태에 만족할 경우 한나라당에게 투표한 비율이 무려 63.1%이며, 반대로 국가경제에 불만을 가질수록 한나라당 후보에게 투표한 비율은 41.8%로 크게 줄어든다. 이러한 차이는 결국 유권자들이 대선 이후 이명박 정부가 경제에 의미 있는 영향을 미치기 힘든 시점이기는 하지만, 경제심판의 대상으로 전임정부가 아닌 신임정부로 생각을 바꾸고 있음을 보여주는 결과이다. 이처럼 경제책임을 묻는 대상이 바뀐 상황에서 경제평가의 시점과 대상을 고려하면 국가경제 인식의 총선 영향력이 줄어들었다고 단정하기는 쉽지 않다.

[표2] 대선투표시점 국가경제 평가와 대선투표

투표 시점 국가 경제 평가 (노무현 정부)		17대 대선투표								
		이명박	정동영	이회창	문국현	권영길	이인제	기타	모름	계
만족	빈도	26	41	17	17	2	0	0	2	105
	(%)	(24.8)	(39.0)	(16.2)	(16.2)	(1.9)	(0.0)	(0.0)	(1.9)	(100)
중립	빈도	243	122	34	63	8	1	0	3	474
	(%)	(51.3)	(25.7)	(7.2)	(13.2)	(1.7)	(0.2)	(0.0)	(0.6)	(100)
불만족	빈도	289	94	72	35	11	2	6	0	509
	(%)	(56.8)	(18.5)	(14.1)	(6.9)	(2.2)	(0.4)	(1.2)	(0.0)	(100)
전체	빈도	558	257	123	115	21	3	6	5	1088
	(%)	(51.3)	(23.6)	(11.3)	(10.6)	(1.9)	(0.3)	(0.6)	(0.5)	(100)

주1. EAI · SBS · 중앙일보 · 한국리서치 패널조사(2008) 대선5차 데이터(2007. 12), 대선6차(2007.12)
주2. 기권자는 분석에서 제외

[표3] 총선투표시점 국가경제 평가와 18대 총선 지지후보

투표 시점 국가 경제 평가 (이명박 정부)		18대 총선 지지 후보 정당								
		통합 민주당	한나라당	친박연대	민주 노동당	자유 선진당	창조 한국당	진보신당	기타	Total
만족	빈도	28	65	2	0	0	2	0	6	103
	(%)	(27.2)	(63.1)	(1.9)	(0.0)	(0.0)	(1.9)	(0.0)	(5.8)	(100)
중립	빈도	128	230	30	18	21	3	2	38	470
	(%)	(27.2)	(48.9)	(6.4)	(3.9)	(4.5)	(0.6)	(0.4)	(8.1)	(100)
불만족	빈도	120	168	17	21	16	2	14	44	402
	(%)	(29.9)	(41.8)	(4.2)	(5.2)	(4.0)	(0.5)	(3.5)	(10.9)	(100)
전체	빈도	276	463	49	39	37	7	16	88	975
	(%)	(28.3)	(47.5)	(5.0)	(4.0)	(3.8)	(0.7)	(1.6)	(9.0)	(100)

주1. EAI · SBS · 중앙일보 · 한국리서치 패널조사(2008) 총선1차 데이터(2008.3), 총선2차(2008.4)
주2. 기권자는 분석에서 제외

경제 살리기의 적임자는 누구인가? 가능한 선택대안의 필요성

본 연구에서는 경제심판을 우선하는 입장과 경제를 살릴 후보를 선정하는 입장이 반드시 동일한 차원에서 이루어지는 것은 아니지만 그렇다고 배타적인 관계는 아니라고 본다. 우선 17대 대선과 18대 총선에서 경제심판론(회고투표)의 영향력이 크다고 해서 전망투표의 영향력이 줄었다고 생각할 필요는 없다. 특히 경제 살리기의 대안이 명확할 때 경제심판의 책임도 부각될 수 있다는 샌더스와 캐리(Sanders & Carey 2002)의 주장은 타당하다.

[그림3], [그림4]에서 5년 후 경제 전망과 실제 투표사이의 관계를 살펴보자. 우선 대선 당시에는 대선 1차 조사에서 5년 후 경제를 호전될 것으로 본 587명 중에서 55.9%가 이명박 후보를 지지했지만, 악화될 것이라고 답한 135명 중에서는 43.7%만이 이명박 후보를 지지했다. [그림3]에서 정동영 후보에 대한 지지는 5년 후 경제전망에 따라 큰 차이를 보여주지 않는다. 즉 결과적으로 대선에서는 경제전망이 투표에 미치는 영향은 상대적으로 미약했다. 경제가 나아질 것이라고 기대하는 사람일수록 야당 후보를 지지한다는 것은 현재의 경제 악화로 인한 집권당에 대한 실망이 작용한 결과로 보인다. 또한 노무현 정부에 대한 경제심판론의 분위기가 크게 확산되면서 집권당 후보인 정동영 후보는 경제문제에 있어서는 선택가능한 후보가 아니라는 판단이 일반화되면서 경제전망에 대한 인식별로 지지율에 큰 차이가 없었던 것으로 해석된다.

그러나 총선시기에는 이명박 정부 집권 초기 경제회복에 대한 기대가 큰 조건에서 호전될 것이라는 응답이 600명으로 늘어났고, 악화될 것이라는 비관은 97명으로 줄어들었다. [그림4]에서 동시에 호전될 것이라는 응답의 58.3%가 한나라당 후보를 지지했고, 악화될 것이라고 대답한 사람들 중에서는 21.6%만이 한나라당 후보를 지지했다. 반면 통합민주당은 호전될 것이라는 사람 중 20.5%의 지지를 받았지만, 악화될 것이라고 본 사람 중에서는 52.6%가 통합민주당 후보를 지지했다. 총선시기에는 5년 후 경제 전망을 어떻게 보느냐가 후보 선택에 큰 영향을 미치고 있다. 이는 집권초기 한나라당의 국정실망이 작용한 결과로 해석된다. 적지 않은 유권자들이 노무현 정부에 대한 실망으로 인해 이명박 후보와 한나라당을 지지했었다. 그럼에도 이명박 정부 하에서 호전되지 않는 경제 상황에 대해 비관적으로 평가한 사람들은 이명박 정부에 대한 지지를 철회하는 경향이 높고, 그 반사 이익을 통합민주당 후보들이 가져간 결과라고 추론할 수 있다.

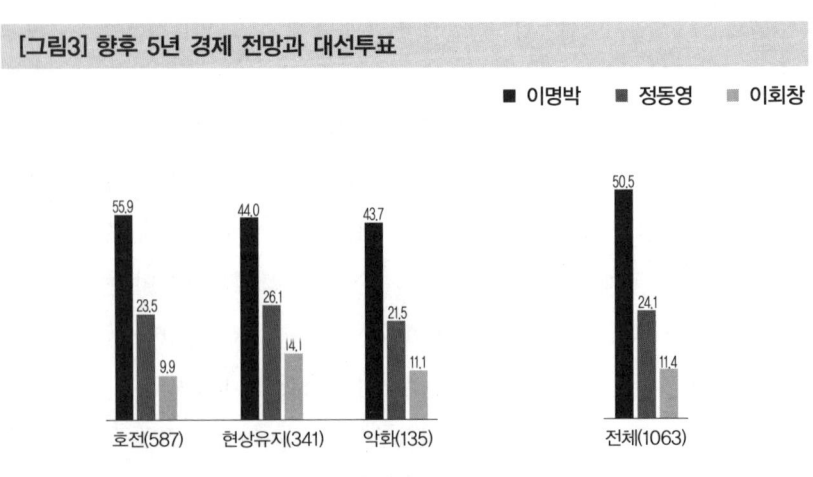

[그림3] 향후 5년 경제 전망과 대선투표

주1. EAI · SBS · 중앙일보 · 한국리서치 패널조사(2007-2008) 대선1차, 대선6차 데이터
주2. 괄호안의 숫자는 빈도수, 기권자는 분석에서 제외

그러나 전망투표의 영향력을 실질적으로 평가하기 위해서는 유권자들이 실제로 경제문제를 중요한 이슈로 생각하고 있는지, 그리고 그 이슈를 잘 해결할 것이라 생각하는 신뢰할만한 대안을 가지고 있는지에 대한 고려가 선행되어야 한다(이현우 1998; 권혁용 2008). 이를 알아보기 위해 대선 4차 조사(2008. 11)와 총선 1차 조사(2008. 3)에서 국민들이 최우선의 국정과제를 어떻게 판단했는지, 그

[그림4] 향후 5년 경제 전망과 총선투표

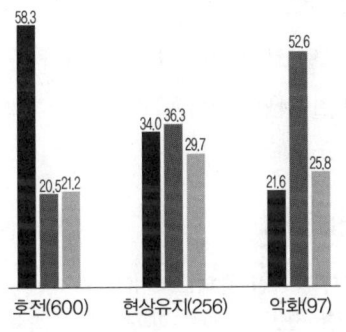
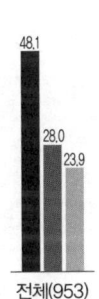

주1. EAI · SBS · 중앙일보 · 한국리서치 패널조사(2007-2008), 총선1차, 총선2차 데이터
주2. 괄호안의 수치는 빈도수, 기권자는 분석에서 제외

리고 해당 과제를 가장 잘 해결할 후보가 누구인지 물어보았다. 〔표5〕와 〔표6〕은 대선과 총선 각각의 응답을 보여준다.

우선, 〔표4〕에서 대선시기 유권자들의 국가 최우선 과제를 응답한 비율을 보면 경제양극화 완화를 꼽은 응답자가 457명으로 전체 39.8%가 가장 높았고, 경제성장이라고 응답한 응답자가 392명, 34.1%에 달했다. 경제관련 이슈를 꼽은 응답자가 전체의 73.9%에 달해 지난 대통령선거가 경제선거였다는 주장을 뒷받침하고 있다. 다만, 국민들이 바라는 경제살리기의 의미가 '경제성장'을 강조하는 시장주의적 시각보다도 '경제양극화 해소'라는 경제적 불평등의 문제 해결에 무게를 두고 있다는 점은 기억할 필요가 있다.

특히 주목할 점은 경제성장 이슈는 한나라당과 이명박 후보가, 경제 양극화 이슈는 범여권과 정동영 후보가 강점을 가지고 있다는 일반적인 평가와 달리 두 이슈 모두에서 이명박 후보를 문제해결의 대안으로 생각하고 있다는 점이다. 물론 경제성장 과제가 중요하다고 말한 응답자 중 이를 가장 잘 해결할 후보로 이명박 후보를 꼽은 응답자는 68.1%에 달해 기존의 시각과 일치한다. 그러나 양극화 과제가 중요하다고 꼽은 457명 중에서도 이를 가장 잘 해결할 후보로 이명박 후보를 꼽은 응답자가 38.9%로 가장 많았고, 그 뒤가 문국현 후보(21.7%)였다. 정동영 후보는 10.7%에 불과했다. 정동영 후보가 우위를 보인 이

[표4] 대선시기 국가 최우선 과제 인식과 과제별 해결능력 기대 후보(%)

		국정과제별 가장 잘 해결할 기대후보								계
		이명박	정동영	이회창	문국현	권영길	이인제	기타	없다	모름	
경제양극화 완화	빈도	178	49	64	99	37	2	1	22	5	457(39.8)
	(%)	(38.9)	(10.7)	(14.0)	(21.7)	(8.1)	(0.4)	(0.2)	(4.8)	(1.1)	(100)
경제성장	빈도	267	26	48	21	7	1	0	10	12	392(34.1)
	(%)	(68.1)	(6.6)	(12.2)	(5.4)	(1.8)	(0.3)	(0.0)	(2.6)	(3.1)	(100)
정치개혁	빈도	17	12	12	12	7	1	0	10	0	71(6.2)
	(%)	(23.9)	(16.9)	(16.9)	(16.9)	(9.9)	(1.4)	(0.0)	(14.1)	(0.0)	(100)
삶의 질 개선	빈도	21	6	6	16	4	1	1	12	3	70(6.1)
	(%)	(30.0)	(8.6)	(8.6)	(22.9)	(5.7)	(1.4)	(1.4)	(17.1)	(4.3)	(100)
국제경쟁력 강화	빈도	25	3	9	19	0	1	0	5	3	65(5.7)
	(%)	(38.5)	(4.6)	(13.8)	(29.2)	(0.0)	(1.5)	(0.0)	(7.7)	(4.6)	(100)
국민통합	빈도	19	14	7	4	2	1	0	3	0	50(4.4)
	(%)	(38)	(28)	(14)	(8)	(4)	(2)	(0)	(6)	(0)	(100)
남북관계 개선	빈도	8	18	0	3	1	0	0	1	0	31(2.7)
	(%)	(25.8)	(58.1)	(0.0)	(9.7)	(3.2)	(0.0)	(0.0)	(3.2)	(0.0)	(100)
국가안보 강화	빈도	3	1	4	0	0	0	0	2	3	13(1.1)
	(%)	(23.1)	(7.7)	(30.8)	(0.0)	(0.0)	(0.0)	(0.0)	(15.4)	(23.1)	(100)
전체		538	129	150	174	58	7	2	65	26	1149(100)
	(%)	(46.8)	(11.2)	(13.1)	(15.1)	(5.0)	(0.6)	(0.2)	(5.7)	(2.3)	(100)

주1. EAI · SBS · 중앙일보 · 한국리서치 패널조사(2007-2008), 대선 4차 데이터
주2. 마지막 열 '계' 빈도행의 앞의 수치는 각 최우선 과제별 응답 총 빈도수이고 그 옆의 괄호안의 수치는 그 빈도수가 전체 응답자 중 치지하는 비율을 의미함

슈는 남북관계 이슈였을 뿐이나 이를 국정의 중요과제로 꼽은 응답은 2.7%에 불과했다.

한편 [표5]에서 총선 시기의 인식변화를 살펴보자. 우선, 최우선 국정과제로

[표5] 총선시기 국가 최우선 과제 평가와 해당 과제별 기대 정당(%)

		국정과제별 가장 잘 해결할 기대정당								Total
		통합민주당	한나라당	민주노동당	자유선진당	창조한국당	진보신당	다른정당	모름/무응답	
경제양극화 완화(=)	빈도	101	284	33	9	27	8	5	76	543(47.3)
	(%)	(18.6)	(52.3)	(6.1)	(1.7)	(5.0)	(1.5)	(0.9)	(14.0)	(100)
경제성장 (=)	빈도	23	302	5	0	5	0	6	51	392(34.2)
	(%)	(5.9)	(77.0)	(1.3)	(0.0)	(1.3)	(0.0)	(1.5)	(13.0)	(100)
국민통합 (+3)	빈도	19	30	1	2	2	0	2	16	72(6.3)
	(%)	(26.4)	(41.7)	(1.4)	(2.8)	(2.8)	(0.0)	(2.8)	(22.2)	(100)
삶의 질 개선(=)	빈도	7	13	8	2	5	1	2	18	56(4.9)
	(%)	(12.5)	(23.2)	(14.3)	(3.6)	(8.9)	(1.8)	(3.6)	(32.1)	(100)
정치개혁 (-2)	빈도	11	10	2	2	3	3	2	4	37(3.2)
	(%)	(29.7)	(27.0)	(5.4)	(5.4)	(8.1)	(8.1)	(5.4)	(10.8)	(100)
국제경쟁력 강화(-1)	빈도	3	12	0	1	2	0	0	8	26(2.3)
	(%)	(11.5)	(46.2)	(0.0)	(3.8)	(7.7)	(0.0)	(0.0)	(30.8)	(100)
남북관계 개선(=)	빈도	13	3	0	2	0	0	0	2	20(1.7)
	(%)	(6)	(1)	(0)	(10)	(0)	(0)	(0)	(10)	(100)
국가안보 강화(=)	빈도	0	1	0	0	0	0	0	0	1(0.1)
	(%)	(0)	(100)	(0)	(0)	(0)	(0)	(0)	(0)	(100)
전체	빈도	177	655	49	18	44	12	17	175	1147(100)
	(%)	(15.4)	(57.1)	(4.3)	(1.6)	(3.8)	(1.0)	(1.5)	(15.3)	

주1. EAI · SBS · 중앙일보 · 한국리서치 패널조사(2007-2008) 총선 1차 데이터
주2. 마지막 열 '계' 빈도행의 앞의 수치는 각 최우선 과제별 응답 총 빈도수이고 그 옆의 괄호안의 수치는 그 빈도수가 전체 응답자 중 차지하는 비율을 의미함
주3. 최우선 국정과제 항목에 기술한 괄호 안 수치와 기호는 대선 4차 조사 시기에서의 응답순위와 비교한 값. (=)는 대선 4차 조사와 총선 2차 조사에서 응답한 비율 순위가 같음을 의미하며 (+3)은 대선조사에 비해 총선조사에서 3계단 순위가 상승했음을 의미함

꼽은 과제들의 순위를 보면 총 응답자 1,147명 중 '경제양극화 완화'를 꼽은 응답자는 543명으로 47.3%에 달해 대선 조사의 38.9%로보다 크게 급증했다. '경제성장'을 최우선 국정과제로 뽑은 응답자는 대선 4차 조사와 동일한 392명으로 34.2%였다. 주목할 점은 대선 4차 조사에서 '국민통합' 과제가 가장 중요하다고 응답을 꼽은 비율은 6위에 불과했지만 이명박 대통령 당선 이후 총선 조사에서는 3번째로 세 계단 올라섰다. 이는 이명박 대통령의 당선 이후 경제양극화에 대한 우려와 국민갈등 요인에 대한 우려가 더 커졌음을 의미한다. 집권초기이기는 하지만 소위 '강부자 내각' 파동이나 '기업 프렌들리 정부'라는 레토릭 하에서 이명박 정부가 기득권 세력을 대변한다는 우려가 더 커진 결과로 보인다.

그럼에도 불구하고 경제살리기의 적임자가 누구인지에 대한 유권자들의 선택은 새집권당인 한나라당으로 이어졌다는 점을 주목해야 한다. 경제양극화 완화 문제를 중시한 543명 중 이 문제를 가장 잘 해결할 정당으로 한나라당을 꼽은 응답자가 52.3%에 달했고 구여당인 통합민주당을 꼽은 응답자는 18.6%에 불과했다. 경제성장이 중요하다고 대답한 392명 중 경제성장의 적임자로 무려 77%라는 압도적인 지지로 한나라당을 꼽았다. 국민통합 과제 역시 41.7%가 문제해결 정당으로 한나라당을 꼽았다.

결국 이명박 정부의 등장으로 경제양극화 및 국민갈등에 대한 우려가 커짐에도 불구하고 이 문제를 해결할 해결사로 한나라당을 선택한 것은 다른 후보나 다른 정당이 한나라당 후보를 대신할 신뢰할 만한 대안으로 부각되지 못했음을 보여주는 결과이다.

이제 경제이슈에 대한 전망과 그 해결 대안에 대한 인식이 대선과 총선 투표에 강한 영향을 미쳤음을 확인할 차례이다. 이를 위해 경제양극화 혹은 경제성장 문제를 국정의 최우선 과제로 인식하고 있는 응답자들을 경제이슈를 국정 최대 과제로 보는 이들로 묶고 이들이 누구를 문제 해결의 적임자로 보느냐에

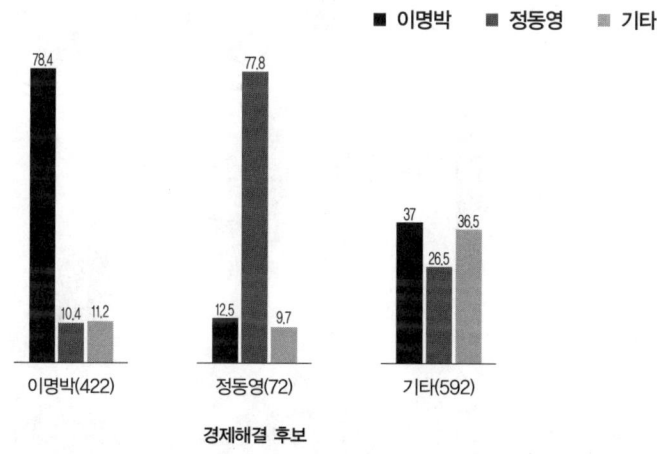

주1. EAI · SBS · 중앙일보 · 한국리서치 패널조사(2007-2008), 대선 4차, 대선 6차 데이터
주2. n=1,086 기권자는 분석에서 제외

따라 투표 행태가 어떻게 달라지는지 살펴보자.

[그림5]에서 2007년 대선에서 경제이슈를 최우선 과제로 꼽으면서 이 문제를 이명박 후보가 가장 잘 해결할 것이라고 꼽은 422명 중 실제 이명박 후보에게 투표한 비율은 무려 78.4%에 달한다. 반대로 경제이슈를 정동영 후보가 가장 잘 해결할 것이라고 본 응답자는 72명에 불과했지만, 이들 중 77.8%가 정동영 후보에게 실제로 투표하였다. 결국 경제이슈의 해결 적임자를 누구로 보느냐가 실제 투표대상을 선정하는 데 매우 중요한 역할을 하고 있는 것이다.

한편 [그림6]의 총선에서도 같은 패턴을 확인할 수 있다. 경제양극화 혹은 경제성장 등 경제이슈를 국정 최우선 과제로 선택한 유권자 중에서 한나라당을 경제문제 해결의 적임자로 본 515명 중 67.8%가 실제 총선투표에서 한나라당 소속 후보를 선택했고, 통합민주당을 경제문제 해결의 적임자로 본 응답자

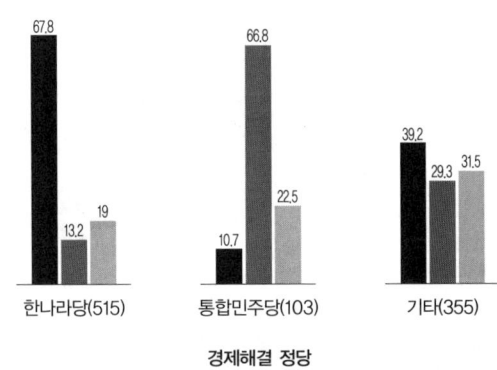

[그림6] 경제문제 해결 기대 정당 별 총선 투표(%)

주1. EAI · SBS · 중앙일보 · 한국리서치 패널조사(2007-2008), 총선 1차, 총선 2차 데이터.
주2. n=973, 기권자는 분석에서 제외.

103명 중 66.8%는 실제 투표에서도 통합민주당 소속 후보를 선택했다.

종합해 보면 앞서 제기한 바대로 경제이슈의 중요성을 인식하고 있으면서 그 해결의 대안에 대한 명확한 판단을 가지고 있는 경우 그 판단이 실제 투표로 이어질 수 있음을 보여주는 결과이며 그 영향력은 상당히 큰 것으로 볼 수 있다. 즉 회고투표의 경우 그 책임소재가 명확할수록, 전망투표의 경우 그 대안이 명확할수록 경제인식이 투표라는 정치행위로 이어질 가능성이 크다는 점을 말해주는 결과이다.

경제인식은 진짜 경제인식인가?

이제 경제투표 이론의 정당성에 대한 가장 근원적인 비판인 유권자의 경제

인식이 궁극적으로 유권자의 정치적 성향(당파성 혹은 지역감정)에 의해 규정되는 것이라는 주장을 검토해 보자. 즉 정치적 성향을 통제할 경우 경제인식은 독립적인 설명요인으로 보기 어렵다는 비판이다. 한국의 초기 경제투표 연구에서는 '여야성향'과 같은 정치적 성향에 대한 통제 없이 경제인식이 투표행태에 미치는 영향을 살펴봄으로써 과연 경제인식이 독립적인 설명변수로서 타당한지 제대로 검증하지 못하는 경우가 있었다. 그러나 이현우의 연구 이래로 정당 당파성과 지역주의는 경제투표의 독자적인 설명력을 확인할 때 반드시 통제되어야 할 대상으로 인식되었다(이현우 1998). 왜냐하면 유권자의 경제인식이 실제 객관적인 경제상황을 반영한 결과일 수도 있지만 자신이 지지하는 정당이 집권당이라면 실제 상황보다 경제상황을 긍정적으로 보고 반대로 자신이 싫어하는 정당이 집권당이라면 실제 상황보다 부정적으로 보는 경향이 나타날 수 있기 때문이다.

이는 루돌프의 표현으로는 '당파성의 합리화' partisanship rationalization로서 자신의 정치적 태도를 궁극적으로 규정하는 요인은 정치적 당파성이며 경제에 대한 평가는 정치적 당파성과 부합하는 방향으로 취사선택하는 심리적 기제에 의해 실현된다(Rudolph 2003). 권혁용은 2007년 대통령선거를 사례로 하여 경제인식과 정당일체감이 상당한 상관관계를 가지고 있음을 보여준 바 있다(권혁용 2008). 본 연구에서는 한발 더 나아가 총선을 중심으로 경제에 대한 인식변화가 정당태도나 투표선택에 미친 영향력을 분석하는데 그치지 않고 반대로 특정한 정당태도 및 지역요인을 고려한 상태에서 경제인식 변화가 투표선택에 미치는 영향력의 크기를 비교하고자 한다.

〔표6〕의 지역요인을 통제한 조건에서 총선시점의 국가경제 평가가 총선투표에 미친 영향을 살펴보면, 강력한 지역주의 영향력 속에서도 국가경제에 대한 평가는 총선투표에 적지 않은 영향을 미치고 있음을 확인할 수 있다. 우선 호남을 제외한 전지역에서 국가경제에 만족할 때보다 불만족할 때 통합민주당

후보들의 득표율이 높다. 반대로 총선 시점의 국가경제에 만족할 때와 만족하지 못할 때를 비교하면, 호남을 제외한 전 지역에서 만족할 경우에 한나라당에 대한 지지율이 높게 나타난다. 이는 호남을 제외한 전 지역에서 총선시점 국가경제상태의 책임을 현 여당인 한나라당에 묻고 있는 것이다. 지역별로 한나라당에 대한 지지율이 적게는 6.5% 포인트(강원/제주지역), 많게는 49.4% 포인트(영남지역)까지 차이가 난다.

특히 영남의 경우 국가경제에 만족할 때 한나라당을 지지한 비율이 92.9%였지만 국가경제 만족하지 않는다고 응답한 영남 거주자의 경우 한나라당 지지율이 43.5%로 절반에 그치고 있다. 만약 지역주의가 절대적으로 작용한다고 가정하면 영남지역에서 경제인식 차이에 따라 한나라당 지지율의 차이는 오히려 적어야 정상이다. 그러나 오히려 영남지역에서 경제적 인식 차이에 따라 한나라당 지지율의 차이가 크다는 것은 경제인식이 지역주의의 영향력에서 상당 부분 벗어나고 있음을 보여준다.

한편 호남의 경우는 통합민주당의 지지기반이라는 점에서 완전히 반대의 패턴을 보여준다. 국가경제에 만족할수록 통합민주당 후보 지지율이 91.7%에 달하지만, 불만족을 응답한 층에서 오히려 48.9%만이 통합민주당 후보를 지지하고 있다. 이는 호남지역 유권자들의 경우 경제인식이 투표로 이어지는 논리가 다른 지역 유권자들과 이질적이라는 것을 보여준다. 다른 지역의 경우 총선 시점의 국가경제 책임을 한나라당에 묻지만, 호남 유권자들은 반대로 총선시점에서도 국가경제 책임을 구여당인 통합민주당에 돌리고 있는 것이 아닌가 생각된다.

다음으로, 정당지지를 통제한 조건에서도 국가경제에 대한 평가가 총선투표에 미치는 영향을 살펴보면 지역별로 살펴본 결과와 유사한 점을 발견할 수 있다. [표7]에서 국가경제 인식에 따라 총선에서의 정당지지와 총선투표 사이의 관계를 살펴보면 통합민주당 지지자를 제외하면 국가경제에 만족할수록 한나

[표6] 총선시점 국가경제평가 차이에 따른 지역별 총선투표 패턴(%)

국가경제 인식	지역	총선투표	총선투표			
			통합민주당	한나라당	기타	계
만족	수도권(44)	(%)	25.0	59.1	15.9	100
	충청권(12)	(%)	25.0	75.0	0.0	100
	호남권(12)	(%)	91.7	8.3	0.0	100
	영남권(28)	(%)	3.6	92.9	3.6	100
	강원/제주(7)	(%)	28.6	42.9	28.6	100
	소계(103)	(%)	27.2	63.1	9.7	100
불만족	수도권(199)	(%)	35.2	48.2	16.6	100
	충청권(41)	(%)	31.7	41.5	26.8	100
	호남권(45)	(%)	48.9	8.9	42.2	100
	영남권(108)	(%)	9.3	43.5	47.2	100
	강원/제주(11)	(%)	45.5	36.4	18.2	100
	소계(404)	(%)	29.7	41.6	28.7	100

주1. EAI · SBS · 중앙일보 · 한국리서치 패널조사(2007-2008), 대선 4차(지역), 총선 1차(국가경제인식), 총선 2차(총선투표) 데이터
주2. 경제인식 중 현상유지 응답자들은 분석에서 제외

라당 후보를 지지한 비율이 높고, 국가경제에 불만족할수록 한나라당 지지율이 약해진다. 이는 한나라당 지지층에서도 확인할 수 있다. 한나라당 지지층에서 한국경제에 만족할 때 한나라당에 투표한 비율은 91.9%였지만, 한국경제에 불만족할 경우에는 한나라당 지지층에서 한나라당에 투표한 비율은 77.8%로 약화된다. 한국경제에 부정적이면서도 한나라당을 지지한 비율이 77.8%라는 점에서 정당일체감이 상당히 작용하고 있음을 보여주지만 역시 현 국가경제에 부정적인 인식은 한나라당 정당일체감의 강도를 약화시키는 것으로 볼 수 있다.

한편 통합민주당 지지층은 다른 정당 지지층과는 이질적인 인식과 투표패턴을 보여준다. 즉 국가경제에 만족할수록 통합민주당을 찍은 비율이 90.5%에 달하지만, 불만족할 때는 72.7%로 크게 낮아진다. 이는 앞서의 호남유권자들처럼 한국경제의 책임을 여전히 구여당인 통합민주당에서 찾는 것으로 해석가능하다. 대선 이후 4개월, 이명박 대통령 취임 직후 2개월 여 만에 치러진 선거라는 점에서 경제 실적의 책임 인식이 구 여당인 통합민주당 지지층과 그 지역기반인 호남을 중심으로 이질적으로 나타난 것으로 추측해 볼 수 있다.

종합해 보면 경제인식을 결정하는 궁극적 요인으로 '정당당파성'이나 '한국에서의 지역주의'를 통제하더라도 경제인식의 차이는 총선투표에 적지 않은 영향을 미치고 있다는 결론이 가능하다.

[표7] 총선시점 국가경제평가 차이에 따른 정당지지와 총선투표 패턴(%)

국가경제 인식	정당지지	총선투표	총선투표			
			통합민주당	한나라당	기타	계
만족	통합민주당(21)	(%)	90.5	4.8	4.8	100
	한나라당(12)	(%)	3.2	91.9	4.8	100
	군소정당(12)	(%)	57.1	28.6	14.3	100
	무당파(28)	(%)	25.0	33.3	41.7	100
	소계(103)	(%)	27.5	62.7	9.8	100
불만족	통합민주당(199)	(%)	72.7	6.8	20.5	100
	한나라당(41)	(%)	5.8	77.8	16.4	100
	군소정당(45)	(%)	27.8	16.7	55.6	100
	무당파(108)	(%)	36.0	21.3	42.7	100
	소계(404)	(%)	30.1	41.5	28.4	100

주1. EAI · SBS · 중앙일보 · 한국리서치 패널조사(2007-2008), 총선 1차(국가경제인식, 정당지지), 총선 2차 (총선투표) 데이터
주2. 경제인식 중 현상유지 응답자들은 분석에서 제외

결론

이렇듯 과거 선거와 달리 17대 대선과 18대 총선에서 지역요인이나 정당 지지요인 등을 통제한 조건에서도 경제인식 요인들은 투표결정에 유의미한 변수들로 나타났다. 본 연구팀은 지난 2007년 대선 패널조사와 2008년 총선 패널조사 데이터를 활용하여 경제투표 연구의 새로운 문제의식들을 소개하고, 시론적 차원에서 한국 선거연구에 적용해 보고자 했다. 본 연구는 지난 2년의 연구과정에서 제기한 경제투표의 새로운 쟁점들을 집약적으로 정리하고, 쟁점들로부터 도출되는 가설들을 17대 대선 및 18대 총선의 사례를 통해 확인하였다. 과거 역대 선거에 비해 경제인식 및 평가가 유의미한 투표결정 변수로 확인된 것은 의미 있는 학문적 기여라고 판단한다.

한국에서 경제투표 연구분야는 보다 확장될 필요가 있으며 학문적, 정책적 중요성 또한 커지고 있다. 첫째, 한국선거에서 압도적인 투표결정 요인이었던 지역요인이 더디지만 꾸준히 완화되고 있으며, 실제 일상생활은 물론 선거과정에서 경제가 중요한 이슈로 보다 빈번하게 등장하는 것은 이미 하나의 추세가 되었기 때문이다. 민주주의 사회에서 선출된 정치인들의 책임성을 묻는 중요한 기제가 경제투표이며 이는 민주주의가 심화되면서 더 크게 부각될 수밖에 없을 것이다.

패널조사의 장점을 살리기 위해서는 특정 선거 내에서의 투표결정요인을 비교하는 수준을 넘어 선거 간 경제인식의 변화가 정치적 요인(정당일체감의 변화, 투표행태의 변화, 이념태도의 변화 등)의 변화에 미치는 영향 등 보다 역동적인 변화를 설명하는 연구를 진행하는 것이 필요하다. 이는 필자들의 최우선적인 후속 연구과제로 남겨두고자 한다.

[부록] 조사 차수별 정당지지 재분류 기준

조사시점	범여당	한나라	군소정당	무당파	모름/무응답
대선1	열린우리당+민주당+통합신당	한나라당	민주노동당+국민중심당	무당파	모름/무응답
대선2	대통합신당+열우당+통합민주당	한나라당	민노당+국중당	무당파	모름/무응답
대선3	대통합신당+통합민주당	한나라당	민노당+국중당+창조한국당	무당파	모름/무응답
대선4	대통합신당+민주당	한나라당	민노당+국중당+창조한국당+기타	무당파	모름/무응답
대선5	대통합신당+민주당	한나라당	민노당+국중당+창조한국당+기타	무당파	모름/무응답
대선6	대통합신당+민주당	한나라당	민노당+국중당+창조한국당+기타	무당파	모름/무응답
총선1	통합민주당+민주당	한나라당	민노당+창한당+진보신당+자유선진당+기타	무당파	모름/무응답
총선2	통합민주당	한나라당	민노당+창한당+진보신당+자유선진당+친박연대+기타	무당파	모름/무응답

■ 참고문헌

강원택. 2008. "제17대 대선에서 나타난 유권자의 정치의식과 한국정치의 변화," 한반도전략연구원 주관 〈변화의 시대, 대통합민주신당의 나아갈 길〉토론회 자료집. http://hanbando.undp.kr/bbs/viewbody.php?code=NAoneTeam&id=8&number=8(검색일. 2009.1.10).

_____. 2004.《한국의 선거정치: 이념, 지역, 세대와 미디어》. 서울: 푸른길.

권혁용. 2008. "2007년 대통령선거에 나타난 경제투표," 이현우·권혁용 편.《변화하는 한국유권자2: 패널조사를 통해 본 2007 대선》. 서울: 동아시아연구원.

김장수. 2005. "정당일체감에 따른 인식의 양극화 : 기제와 완충요인을 중심으로." 〈국제정치논총〉제45집 4호, pp. 145-169.

김재한. 1993. "제14대 대선과 한국경제." 〈한국정치학회보〉제27집 1호, pp. 99-120.

박경산. 1993. "제14대 대통령선거에 나타난 경제적 투표." 〈한국정치학회보〉제27집 제1호, pp. 186-208.

이내영. 2002. "세대정치와 이념." 〈계간사상〉(2002년 가을호).

이내영·정한울. 2007. "이슈와 한국 정당지지의 변동." 〈한국정치학회보〉제41집 제1호, pp. 32-55.

이준한. 2008. "한국 유권자의 변화와 지속," 한반도전략연구원 주관 〈변화의 시대, 대통합 민주신당의 나아갈 길〉토론회 자료집. http://hanbando.undp.kr/bbs/viewbody.php?code=NAoneTeam&id=8&number=8(검색일. 2009.1.10).

이현우. 1999. "미국의 개인적 경제투표에 관한 재검토."〈한국정치학회보〉제33집 2호, pp. 241-257.

_____. 1998. "한국에서의 경제투표." 이남영 편.《한국의 선거 II》. 서울: 푸른길.

정한울. 2007. "한국에서 경제투표는 가능한가?" 이내영·이현우·김장수 편《변화하는 한국유권자: 패널조사를 통해 본 5. 31 지방선거》. 서울: 동아시아연구원.

Anderson, Christopher J. 2007. "The End of Economic Voting?: Contingency Dilemmas and the Limits of Democratic Accountability." *Annual Review of Political Science* 10, pp. 271-296.

Evans, Geffrey and Robert Anderson. 2006. "The Politica Conditioning of Economic

Perceptions." *The Journal of Politics* 69 no.1, pp. 194-207.

Carmines, Edward G. and Robert Huckfeldt. 1996. "Political Behavior: An Overview." in Robert E. Goodin and Hans-Dieter Klingemann eds. *A New Handbook of Political Science*. New York: Oxford University. 223-254.

Conover, Pamela Johnston, Stanley Feldman, and Kathleen Knight. 1987. "The Personal and Political Underpinnings of Economic forecasts." *American Journal of Political Science* 28, pp. 50-78.

Duch, Raymond M. 2001. "A Developmental Model of Heterogeneous Economic Voting in New Democracies." *American Political Science Review* 95. No.4, pp. 895-910.

Erikson, Robert S. and Kent L. Tedin. 2005. *American Public Opinion: Its Origins, Contents, and Impact*. New York: Pearson Longman.

Fiorina, Morris. 1981. *Retrospective Voting in American National Elections*. New Haven: Yale University Press.

Gomez, B. T. and J. M. Wilson. 2006. "Cognitive Heterogeneity and Economic Voting: A Comparative Analysis of Four Democratic Electorates." *American Journal of Political Science* 50, pp. 127-145.

_____. 2003. "Casual Attribution and Economic Voting in American Congress Elections." *Political Research Quarterly* 56 no.3, pp. 271-282.

Jhee, Byong-Kuen and Geiguen Shin. 2007. "Democratization and Changing Voting Behavior: A Case Study of Korea." *Korean Observers* 38. No.1, pp. 33-63.

Kiewiet, D. Roderick and Michael Udell. 1998. "Twenty-five Years After Kramer: An Assessment of Economic Retrospective Voting Based Upon Improved Estimates of Income and Unemployment," *Economics and Politics* vol.10 no.3.

Kramer, Gerald. 1983. "Ecological Fallacy Revisited: Aggregate-verus Individual-Level Findings on Economics and Elections, an Sociotropic Voting." *American Political Science Review*, pp. 92-111.

Ladner, Mattew and Christopher Wlezien. 2007. "Partisan Preferences, Electoral Prospects, and Economic Expectation," *Comparative Political Studies* 40 no.5, pp. 571-596.

Lewis-Beck, Michael S. 2006. "Does Economics Still Matter? Econometrics and the

Vote," *The Journal of Politics* 16. no.1, pp. 208-212.

Lewis-Beck, Michael S. and Mary Stegmaier. 2000. "Economic Determinants of Electoral Outcomes." *Annual Review of Political Science* 3, pp. 183-219.

Nagler, Johnathan and Jennifer R. Nieman. 1997. "Economic Conditions and Presidential Elections," A paper at the Annual Meeting of the American Political Science Association(1997 August), Washington, DC.

Marcus, Gregory B. 1988. "Impact of Personal and National Economic Conditions on the Presidential Vote: A Pooled Cross-sectional Analysis." *American Journal of Political Science* 32, pp. 135-54.

Przeworski, Adam, Bernard Manin, and Susan C. Stokes. 1999. *Democracy, Accountability, and Representation*. New York: Cambridge University Press.

Rudolph, Thomas. 2003. "Who's Responsible for the Economy? The Formation and Consequences of Responsibility Attributions." *American Journal of Political Science* 47. No.4, pp. 698-713.

Sanders, David and Sean Carey. 2002. "Temporal Variations in Economic Voting: A Comparative Cross-national analysis." *Economic Voting*. London: Routledge.

신문

〈연합뉴스〉. "미국발 금융위기 총선쟁점 조짐." 2008. 3. 19.
〈연합뉴스〉. "뉴타운 공약' 선거에 영향은?…한나라 후보로 표 쏠려." 2008. 4. 15.

제3부
후보자와 선거 결과

8
의원의 의정활동과 재선 결과 :
성실성 · 이념성 · 당파성에 대한 평가를 중심으로
_김민전

9
18대 총선과 현직효과
_임성학

의원의 의정활동과 재선 결과 :
성실성·이념성·정당충성도에 대한 평가를 중심으로

김민전

서론

우리 국회의원들 사이에서 회자되던 속설 중의 하나로 입법활동을 열심히 하는 의원은 낙선하고 지역구활동을 열심히 하는 의원은 당선된다는 말이 있다. 의원들이 국회에서 어떻게 활동하는지 유권자가 잘 모르기 때문에 의정활동은 유권자의 표를 얻는데 별 도움이 되지 않는다는 것이다. 뿐만 아니라 의정활동을 열심히 한다고 지역구를 소홀히 할 경우 오히려 유권자의 표를 잃게 되어 손해를 보게 된다는 것이다.

만약 이러한 속설처럼 의정활동이 재선결과에 미치는 영향이 전혀 없다면 대표자의 활동에 대해 다음 선거에서 책임을 묻는다는 대의민주주의 이론에 큰 구멍이 생기는 것이라고 할 수 있을 것이다. 그러나 필자의 논문인 "의원의 정당충성도, 이념성, 그리고 재선결과: 18대 국회의원선거를 중심으로"(김민전 2008)에서의 논의를 보면, 다수 정치인들의 생각과는 달리 의원들의 의정활동이 재선(reelection)결과에 상당한 영향을 미치는 것으로 나타나고 있다.[1] 그러나 앞에서 언급한 연구는 의원의 의정활동을 '정당충성도'와 '이념성'의 측면에서만 측정하고 있다는 점에서 한계를 지니고 있다. 때문에 여기서는 의정활동의 '성실성'이라는 측면을 추가해 의정활동의 다양한 측면을 보다 포괄적으로 분석해 보고자 한다.

사실, 그동안 의원의 의정활동을 평가할 때 가장 많이 사용된 지표는 성실성이었다. 1997년 기독교윤리실천협의회에 의해 국회에 대한 시민단체의 의정활동 감시가 시작되었는데, 그 당시 중점적으로 본 것은 의원들이 얼마나 성실하게 국정감사에 임하는지 여부였다.[2] 이에 당시 의원들은 시민단체들 때문에 화장실도 못 간다는 불평을 쏟아내기도 했다. 이후 시민단체의 의정활동평가는 보다 다양해졌지만, 성실성에 대한 평가는 여전히 의정평가에 있어서 중요한 한 부분을 차지하고 있다.

의정활동에 대한 성실성 평가는 의원들이 "얼마나 열심히 의정활동을 했는가"에 대한 평가라고 할 수 있는데, 유권자의 입장에서는 '얼마나 열심히'에 못지않게 중요한 측면이 "어느 방향(예컨대 진보와 보수)으로 의정활동을 했는가"라고 할 수 있을 것이다. 개별유권자의 입장에서는 자신의 정책적 입장과 같은

---

1) 이러한 결과는 미국에서의 연구결과와도 상당히 유사한 측면을 가지고 있다. 에릭슨(Erickson 1971)은 최초로 원내투표행위가 다음 선거에 미치는 영향을 체계적으로 연구하였다고 볼 수 있는데, 공화당 의원들에게서 보수주의는 선거의 결과 혹은 선거 마진margin에 부정적인 영향을 미치고 있음을 발견했다. 1974년 하원선거 결과를 분석한 번햄(Burnham 1975)을 비롯한 후속연구들도(Ansolabehere, Snyder & Stewart, 2001; Erikson & Wright 2001)도 정당의 이념적인 극단을 지지하는 것과 선거결과는 반비례의 관계에 있음을 확인하고 있다. 또한, 킹던(Kingdon 1989)은 다음 선거를 마음에 둔 의원들은 선거구민들이 볼 때 너무 극단적이라는 인상을 줄 수 있는 입장을 피하는 전략적인 투표를 하고 있음을 주장하고 있다.

최근에는 이념성향보다 자신이 소속된 정당에 대한 지지여부가 다음 선거의 결과에 더 큰 영향을 준다는 연구들도 나오고 있다. 케인즈 론 등(Canes-Wrone, Brady & Cogan 2002)과 카슨 등(Carson, Koger & Lebo 2006)이 연구한 바에 따르면, 정당에 대한 지지가 높을수록 다음 선거의 마진이 줄어드는 현상이 나타나고 있음을 볼 수 있다. 이와 같은 정당에 대한 지지와 선거의 결과는 의원 개인적인 수준에서 뿐만 아니라 정당의 전체적인 수준에서도 연구되었는데, 레보 등(Lebo, McGlynn & Koger 2005)은 미국의회의 1789년에서 2000년까지 데이터를 매크로 차원에서 검토한 후 정당일체성의 증가는 선거에 부정적인 영향을 미치고 있음을 발견하기도 했다.

2) 당시 필자는 임성호 교수와 함께 기윤실의 국정감사모니터 요강을 만드는데 참석한 바가 있는데, 한국정치사에 있어서 최초로 시작되는 것인 만큼 상당한 부담감을 지니고 있었다. 의원들의 정책적 전문성, 이념적 성향과 같은 질적인 평가가 필요하다는 문제의식은 지니고 있었지만, 이러한 질적인 판단의 기준을 세우는 것이 어렵고, 무엇보다도 시민단체 소속 회원들이 그것을 평가할 수 있는 자질이 안 된다는 현실론에 입각해 성실성을 중심으로 평가하기로 했다. 당시는 국정감사 중 피감기관으로부터 향응을 받거나 질의만 하고 답변은 듣지도 않는 등 상당한 문제점을 노정하고 있었기 때문에 성실성만을 평가하는 국정감사모니터도 국민들의 각광을 받았다.

의원이라면 열심히 의정활동을 해 자신의 정책적 입장을 대변해주는 것은 원하지만, 자신과 다른 입장을 가진 의원이 의정활동을 열심히 하는 것은 오히려 자신이 원하는 정책과는 다른 결과를 낳을 수 있기 때문이다. 예를 들어, 개별 유권자의 입장에서는 자신과 정책적 입장이 다른 의원이 표결에 참여해 자신이 원하는 것과 다른 방향의 법안이 통과하는 것을 원하지 않을 수 있다. 이는 유권자가 의원의 의정활동을 평가함에 있어서 성실함에 못지않게 이념성, 즉 어떤 정책적 입장을 가지고 있는가 라고 하는 것을 중요시 할 것임을 시사하는 것이다.

또한, 의원은 지역구(혹은 전국구)의 대표로서 지역구의 의견을 대표하기도 하지만, 동시에 의원은 정당원으로 당의 입장을 대변하기도 한다. 그런데, 적지 않은 경우에 지역구(혹은 전국구) 대표자로서의 역할과 정당원으로서의 역할이 상충할 수 있다.

예컨대, 의원이 정당원으로서 당리당략을 위해 상대 정당의 공격에(언어를 사용한 것이든 아니면 물리력을 사용한 것이든) 앞장 설 수 있지만, 지역구의 유권자는 이것을 원하지 않을 수 있다. 또, 법안에 대한 표결에 있어서도 당론에 따라 투표하는 것이 지역구의 이해관계와는 맞지 않을 수 있다. 이 때문에 의원의 의정활동을 측정함에 있어서는 얼마나 당의 노선을 따르고 있는지 여부, 즉 정당충성도를 고찰하는 것이 필요하다고 할 수 있을 것이다. 여기서는 이와 같은 성실성, 이념성, 그리고 정당충성도라고 하는 의정활동의 세 측면이 재선에 미치는 영향을 평가하고자 한다.

연구방법

그간의 서양연구는 의정활동의 이념성과 당파성이 재선에 미치는 영향을 주목해 왔는데, 이념성과 관련해서는 다음과 같은 두 가지의 결과를 보여주고 있다. 하나는 의원들의 이념성향이 극단적일수록 다음 선거에서 불리하다는 결과(Erickson, 1971; Burnham, 1975; Ansolabehere, Snyderr & Stewart, 2001; Eriksonr & Wright 2001)이고, 다른 하나는 의원들의 이념성향이 선거결과에 별다른 영향을 주지 않는다는 결과(Carson, Koger & Lebo, 2006)라고 할 수 있는데, 우리의 경우 의원들의 이념성향이 다음 선거의 결과에 미치는 영향은 무엇인지 살펴보고자 하는 것이다.

또, 미국의 연구결과는 정당충성도가 높을수록 선거에서 불리한 것으로 나타나고 있는데(Carson, Kogerr & Lebo, 2006), 우리의 경우에 정당충성도가 다음 선거에 미치는 영향은 무엇인지 살펴보고자 한다.

한편, 의정활동이 성실성에 대한 연구는 필자가 과문한 탓인지 몰라도 서양학계에서는 찾을 수가 없었다. 이는 이념성이 뚜렷한 서양사회에 있어서는 얼마나 열심히 의정활동을 하느냐보다 누구를 대변하고 있는가가 더 중요하기 때문인 것으로 보인다. 그러나 우리의 경우에는 2002년 대선이전까지만 해도 이념의 지평이 넓지 않았기 때문에 정치적 선택에 있어서 중요한 변수가 되지 못했다는 점, 그리고 그간의 의정감시에 있어서도 성실성이 중요한 부분을 차지하고 있었다는 점을 감안해 성실성이 재선에 미치는 영향을 살펴보고자 한다.

먼저, 의원의 성실성은 얼마나 열심히 의정활동을 하고 있는지를 의미하는 것으로 본회의나 상임위원회에서의 발언의 횟수나 출석률, 그리고 법안의 발의수 등으로 측정할 수 있을 것이다. 이렇게 다양한 측정방법 가운데 여기서는 본회의 출석률과 법안의 발의수로 의정활동의 성실성을 측정하고자 한다.

상임위원회의 출석률은 상임위원회마다 개회일수에 있어서 상당한 차이가 있기 때문에 모든 의원들을 동시에 비교함에 있어서는 상임위원보다 본회의의 출석률을 비교하는 것이 바람직한 것으로 보이기 때문이다. 또, 회의에 출석을 하는 것이 수동적인 의정활동이라고 한다면 법안을 발의하거나 발언을 하는 것은 좀 더 능동적인 의정활동이라고 할 수 있으므로 능동적인 의정활동의 측정치로는 법안의 발의건수를 사용하고자 한다.

의원의 이념성은 보통 본회의 투표결과를 바탕으로 측정되고 있는데, ADA와 ACU 스코어에서 보듯이 보통 각 법안에 대한 찬성과 반대가 각각 진보와 보수 중 어느 입장인지를 먼저 코딩한 후 이를 합산해 의원별 이념지수를 만들어 내고 있다.

그러나 우리의 경우에는 표결을 사용해 의원들의 이념지수를 산출해 내는 것이 쉽지 않다고 할 수 있다. 미국처럼 진보 혹은 보수 이익집단들이 법안에 대한 입장을 체계적으로 표명해 이념적인 방향성을 설정해 주지 않고 있는 상황이기 때문이다. 연구자가 몇몇 법안을 선택해 지수를 만들어내는 방법이 있을 수 있지만, 이러한 경우에는 포괄적인 측정이라고 하기 어려운 문제가 발생한다. 그렇다고 해서 모든 주요법안을 대상으로 진보와 보수의 입장을 모두 검토한 후 개별의원의 이념지수를 산출해 내기에는 또 하나의 논문이 필요할 정도의 방대한 작업을 해야 하는 문제점이 있다. 그래서 여기서는 2004년 중앙일보와 동아시아연구원이 17대 의원들을 대상으로 설문조사의 결과로 만들어낸 이념지수를 사용하고자 한다.[3]

또, 일반적으로 의원의 정당충성도는 정당일체성지수로 측정하고 있는데

---

3) 의원의 이념성향을 측정하는 방법은 중앙일보에서 했던 것처럼 여론조사 결과를 바탕으로 하는 방법을 비롯해 ACU와 ADA처럼 이익집단의 본회의 표결에 대한 평가를 중심으로 하는 방법 이외에도 일부의 학자들이 사용하고 있는 노미네이트Nominate의 방법이 존재하는데(Burden, Caldeira & Groseclose, 2000), 노미네이트의 방법을 사용해 이념을 측정하는 것은 엄청난 시간과 노력이 필요하므로 여기서는 정당충성도를 측정하기 위한 정당일체성투표지수만을 직접 측정하고 이념에 대한 측정은 중앙일보의 측정지수를 사용하도록 한다. 사실, 버든 외(Burden, Caldeira & Groseclose)의 연구에 따르면, 어느 방식으로 측정했든지 큰 차이는 없는 것으로 나타나고 있다.

(Carson, Koger & Lebo 2006, 12), 정당일체성지수 party unity score 는 정당투표 party vote 가 발생한 투표에 대하여 각 의원이 정당의 다수의원들과 동일하게 투표한 비율로 측정하고 있다(Jenkins 2001, 9). 즉 정당일체성지수는 한 정당의 50% 이상의 의원들과 다른 정당의 50% 이상의 의원들이 서로 대립한 투표에 있어서 의원들이 자신이 소속된 정당의 다수 의원과 동일하게 투표한 비율로 측정하는 것이다.

미국의 경우 양당제이기 때문에 한 정당의 50% 이상의 의원들과 다른 정당의 50% 이상의 의원들이 대립한 표결에 있어서 각 의원이 소속정당의 노선에 따라 투표한 비율로 측정하는 것이 의미가 있고,[4] 또 측정이 용이한 측면이 있다고 볼 수 있다. 그러나 다당제의 국가에서는 상황이 그렇게 간단하지 않다고 볼 수 있다.

미국과 같은 양당제 국가에서는 한 정당의 50% 이상의 의원들과 다른 정당의 50% 이상의 의원들이 대립한 표결을 모수로 해서 정당일체성지수를 구하는 것이 모든 표결을 다 고려하는 경우보다 계산이 용이할 뿐 아니라, 정당이 대립한 표결에서 얼마나 당의 노선을 지지했는지를 봄으로써 정당의 대립성을 좀 더 고려하고자 한 취지라고 할 수 있다. 그러나 다당제의 국가에서는 몇 개의 정당이 대립한 경우를 대립적인 표결로 볼 것인지, 어느 정도의 의석을 지닌 정당을 기준으로 할 것인지 판단이 쉽지 않다고 할 수 있다. 따라서 여기서는 정당간에 대립이 있었던 표결만 고려의 대상으로 하지 않고 17대 국회에서 행해진 모든 본회의 표결에 있어서 얼마나 소속 정당의 다수의원들이 투표한 방향과 일치하여 투표했는지를 중심으로 측정하고자 한다.[5]

이렇게 측정된 17대 국회의원의 성실성지수, 이념지수, 그리고 정당충성도지수를 바탕으로 18대 국회의원선거결과에 어떤 영향을 미쳤는지 살펴볼 것인데, 이를 위해 선거구의 안전도, 선거자금, 그리고 출신지역 변수를 통제한 다음과 같은 모델을 제시하고자 한다.

18대 선거결과 = β_0 + β_1성실성 + β_2정당충성도 + β_3이념성 + β_4선거구의 안전도 + β_5정치자금 + β_6지역 + ε

위의 모델에서 성실성, 이념성, 그리고 정당충성도 변수는 이 논문이 측정하고자 하는 독립변수이며, 선거구의 안전도와 선거자금, 그리고 지역은 통제변수이다. 선거의 결과에 도전자의 자질이 미치는 영향력 또한 적지 않다는 점에서 도전자의 자질에 대한 통제변수를 포함시키는 것이 더 바람직할 수 있지만 (Jacobson, 1980: 106-107), 여기서는 선거구의 안전도seat safety가 도전자의 질에 영향을 미칠 수 있다는 가정 아래 도전자의 자질과 관련된 변수는 포함시키지 않았다.[6] 선거구의 안전도는 지난 선거인 17대 국회의원선거에서 의원들이 얻은 득표율과 차점자 득표율의 차이, 즉 선거마진electoral margin으로 측정하였다.

정치자금이 선거결과에 미치는 영향에 대해서는 미국의 경우에는 정치자금이 도전자의 경우에는 당선확률을 높이지만, 현직후보에게는 큰 영향을 미치지 않는다는 연구결과들이 나와 있는데, 우리의 경우 어떤 영향을 미치고 있는지 확인되지 않고 있기 때문에 통제변수로 삽입하였다. 정치자금은 17대 국회 4년간 의원들의 후원회가 모금한 총액수로 측정하였다.[7] 또, 지역변수는 민주화 이후 한국정치에 있어서 가장 중요한 변수로 간주되어 왔기 때문에 여기서

---

4) 정당간의 입장이 대립하는 표결에 있어서 정당의 노선을 따르는 것이 정당간의 입장이 다르지 않은 표결에서 정당의 노선에 따르는 것보다 더 정당에 대한 일체성이 높은 것으로 판단할 수 있을 것이다.
5) 일반적으로 미국정치에 대한 연구에서는 정당일체투표와 정당일체성party cohesion 혹은 정당기율party discipline이라는 개념을 구분하지 않고 혼용하고 있다. 그러나 유럽정치에 대한 연구에는 정당일체성과 정당기율이라는 개념을 구분하고 있는 경향이 있는데, 정일체성은 소속의원들의 선호나 태도의 일체성을 의미하는 것임에 반해, 정당기율은 소속의원들의 표결행동의 일체성을 의미하는 것으로 사용하기도 함. Ozbuddun(1970), Boweler, Farrelll & Katz(1999), Kitschelt et al (1999), Kitschelt (2000) 참조.
6) 선거구가 안전하면 좋은 도전자를 유인하지 않지만, 선거구가 불안하면 좋은 도전자를 유인하는 경향이 있기 때문에 막대한 작업량에 비해 실익은 크지 않다고 판단했기 때문이다.
7) 선거자금으로 사용한 액수와 정치자금후원회를 통해 모금한 액수가 일치하지 않고 있는 것은 사실이다. 그러나 선관위에 보고된 선거자금 총액이 짧은 선거기간 동안의 사용액만을 포함하고 있고, 무엇보다도 신고된 자금이 어느 정도의 정확성을 띠고 있는지 의문이 없는 것도 아니기 때문에, 여기서는 모금액이 후보의 자금동원력을 보여준다는 의미에서 정치자금후원회의 모금액을 사용했다.

도 포함시켰다.

그리고 마지막으로, 종속변수인 18대 국회의원선거 결과는 두 가지로 측정하였다. 하나는 18대 국회의원선거에서 후보로 출마한 17대 의원들이 얻은 득표율의 마진으로 측정하였으며, 다른 하나는 18대 선거에서의 당선여부로 측정하였다. 득표율의 마진은 후보로 출마한 의원이 다시 당선되었을 경우에는 차점자와의 득표율의 차이로 측정하였으며, 낙선한 경우에는 당선자와 현직출마자와의 득표율의 차이로 측정하였다. 그리고 18대에서의 당선여부로 측정한 경우에는 당선이면 1, 낙선이면 0으로 측정하였다.

18대 선거에서의 득표율 마진을 종속변수로 사용한 경우에는 회귀분석을 사용하고, 18대 선거에서의 당락 여부를 종속변수로 사용하는 경우에는 프로빗 분석을 사용하였다. 또한, 이 모델이 보다 큰 설명력을 얻기 위해서는 연구의 범위를 확장하는 것이 바람직하지만, 본회의에서 전자투표가 도입된 것이 16대 국회 말기 때문에 부득이 연구범위를 제한해 17대 국회에서의 본회의 투표와 18대 국회의원선거의 관계를 분석하는 것으로 한정한다.

17대 국회에서의 성실성, 정당충성도, 이념성

17대 국회의원의 본회의 출석률과 법안발의 건수

앞에서 언급한 것처럼 의정활동의 성실성을 본회의 출석률과 법안발의건수로 측정한 결과, [표1]에서 보는 것과 같이 17대 국회에서 의원들의 평균 본회의 출석률은 85.96%로, 법안발의건수는 17.79건으로 나타나고 있다. 본회의 출석률을 정당별로 보면, 한나라당이 86.30%, 열린우리당이 86.80%, 자유선진당이 84.52%, 민주노동당이 79.99%로 주요정당의 본회의 출석률은 정당간 차이가 거의 없는 것으로 나타나고 있다. 다만, 민주노동당의 출석률은 79.99%로 다른 정당소속의원들의 평균에 비해 상당히 낮은 것으로 나타나고 있는데, 이는 민주노동당이 주요정당간의 처리합의가 이루어진 안건에 대해서 투표불참을 자주하였던 것과 상당한 관계가 있는 것으로 보인다.

18대 국회의원선거에 출마한 의원과 불출마한 의원의 평균을 비교해 보면, [표2]에서 보는 것과 같이 출마한 의원의 본회의 출석률은 87.08%로, 불출마한 의원은 83.90%로 나타나고 있다. 이는 출마한 의원의 평균출석률이 3%포인트 높은 것으로 통계학적으로도 유의미한 것으로 나타나고 있다. 이에 반해, 법안발의 건수에 있어서는 출마한 의원과 불출마한 의원 간의 통계학적으로 유의미한 차이가 드러나지 않는다. 그러나 출마한 의원의 평균 법안발의 건수

[표1] 17대 국회 정당별 본회의 출석률 및 법안발의 건수

구분	한나라당	열린우리당*	자유선진당	민주노동당**	기타	평균
출석률(%)	86.30	86.86	84.52	79.99	81.01	85.96
발의건수	19.87	15.45	14.33	32.0	17.17	17.79

주: 본회의 출석률과 법안발의건수는 참여연대가 집계한 자료를 바탕으로 한 것임.
* 열린우리당은 2007년 이후 분당해 수차례의 이합집산을 거듭하는데, 여기서는 계산의 편의상 분당하기 이전의 소속을 기준으로 계산한 것임.
** 민주노동당 역시 18대 총선직전 분당에 이르게 되지만, 여기서는 계산의 편의상 분당하기 이전의 소속을 기준으로 계산한 것임.

[표2] 18대 당선자와 낙선자의 본회의 출석률 및 법안발의 건수

구분	출마	불출마	ANOVA(F)
본회의 출석률	87.08	83.90	8.77*
법안발의건수	18.52	16.33	0.26

*<0.05

는 18.52건임에 반해 불출마한 의원의 평균 법안발의건수는 16.33건으로 출마한 의원의 발의건수가 많은 것으로 나타나고 있다.

정당이 의정활동이 성실한 의원에게 공천을 주고 있는 것인지 아니면 의정활동을 성실히 하지 않은 의원이 스스로 출마를 포기하는 것인지는 알 수 없지만, 이러한 결과는 출마와 불출마를 결정짓는 데에는 의정활동의 성실성이 일부 영향을 주고 있음을 시사하는 것이라고 볼 수 있을 것이다.

17대 국회 본회의 표결에서 드러난 정당충성도의 특징

정당별 정당충성도의 변화

17대 국회에서는 [표3]에 제시한 바와 같이 총 2,186건의 전자표결이 있었는데, 의원들의 정당충성도를 산출하기 위해, 각 표결에 대한 각 당의 다수의원들의 입장이 무엇인지를 정하고 그 입장과 개별의원들이 동일하게 투표하였는지 여부로 구분한 후, 전체표결에서 각 의원이 당의 다수의원과 농일하게 투표한 비율이 어느 정도인지를 중심으로 측정하였다.[8] 이렇게 산출된 개별 의원들의 정당일체성 지수를 정당별로 평균한 값은 각 정당이 국회 본회의 표결에서 얼마나 통일성 있게 행동했는지를 보여준다고 할 수 있다.

[표4]는 연도별 각 당의 정당충성도를 보여주고 있다. 여당인 열린우리당은 2004년에는 76.7%, 2005년에는 76.3%로 비교적 높은 정당충성도를 보이고 있지만, 2006년에는 70.0%로 정당충성도가 감소하는 것으로 나타나고 있다. 이는 17대 초반인 2004, 2005년에는 여당인 열린우리당이 상당히 일사불란한 투표성향을 보였지만, 2006년 들어 여당의 일체성이 감소했음을 의미하는 것으

---

8) 여기서는 모수를 의원이 투표에 참석한 전체투표수로 하지 아니하고 의원이 투표에 참석하지 않은 투표수도 모두 포함한 전체 투표수를 모수에 포함시켰다. 그 이유는 우리 의회에서는 질병과 같은 부득이한 사유로 투표에 불참하는 것이 아니라 기권이나 투표불참을 하나의 의사표현의 방법으로 사용하는 경우들이 상당히 있기 때문에 불참에 담긴 정치적 의미를 포함시키기 위해서이다.

로 볼 수 있다. 이렇게 2006년부터 열린우리당의 정당충성도가 감소한 것은 노무현 대통령의 한나라당과의 대연정 제안을 비롯해, 이라크파병 연장안, 레바논 파병안 처리를 두고 당내 이념갈등이 확산되었기 때문으로 보인다. 또한, 노무현대통령의 낮은 국정지지율과 재보선에서의 연패, 그리고 2007년 대선출마를 바라는 유력정치인들을 중심으로 한 계파분열 역시 정당충성도를 약화시켰던 원인으로 보인다.

이렇게 분열되기 시작한 열린우리당은 2007년 벽두에 있었던 진보성향의 임종인의원의 탈당을 시작으로 탈당도미노가 시작되었다. 결국 열린우리당은 해산절차를 밟았고 여권은 우여곡절을 거쳐 대선을 눈앞에 두고서야 통합민주당으로 통합하는 것으로 정리가 되었다. 2007년의 범여권은 분열과 이합집산으로 특징지을 수 있지만, 이들은 정치적으로는 '범여권'이라는 하나의 단위로 치부되는 아이러니한 상황에 있었다. 따라서 이들을 범여권으로 묶어서 정당충성도를 구해보면, 63.5%로 나온다. 이는 이들이 범여권이라는 하나의 정치적 단위로 불려도 무방할 정도로 상당한 결속력을 보였던 것이 사실이지만, 동시에 이들이 끊임없는 이합집산을 할 수 밖에 없을 정도로 결속력이 낮은 것 또한 사실이었다고 할 수 있을 것이다. 2008년 2월에는 통합민주당과 민주당이 통합을 해 이름 그대로 통합민주당이 되었지만 정당충성도는 더 약화되어 58.1%를 기록하고 있다.

한편, 탄핵에 대한 역풍으로 천막당사의 수모를 겪기도 한 한나라당은 18대 국회 첫 국회에서는 62.6%의 비교적 낮은 정당충성도를 보이고 있다. 어려운 선거환경 속에서 국회로 들어왔지만 구심점을 잡지 못해 강한 결속력을 보이지 않았던 것으로 보인다. 그러나 '4대 개혁입법안'을 중심으로 여당과의 이념적인 대립이 커지면서 한나라당의 정당충성도가 상승해 2005년에는 72.8%의 상당히 높은 결속력을 나타낸다. 그러나 2006년 이후 한나라당의 정당충성도는 각각 68.8%, 68.4%, 69.1%로 한풀 꺾이는 것을 볼 수 있다. 노무현 대통령의 이라크 파병 등 '좌 깜박이 키고 우회전하기' 정책이 본격화하면서 이념대립이 줄어든 것이 정당충성도를 일부 완화시키기 시작해, 정적인 열린우리당이 분해되고 범여권이 분열상을 보이는 것도 한나라당이 비교적 느슨해질 수 있는 원인이 되었던 것으로 보인다.

17대 국회에서 처음 원내진입에 성공한 민주노동당은 2004년 82.9%, 2005년 81.4%, 2006년 76.6%, 2007년 75.2%로 가장 높은 정당충성도를 보이는데, 이는 대중정당, 이념정당을 표방하는 민주노동당의 특징과 상당히 연관이 있는 것으로 보인다. 그러나 18대 총선을 목전에 둔 2008년에는 58.1%로 정당충성도가 급락하는 것으로 나타나고 있는데, 이는 민주노동당이 18대 국회의원선거를 앞두고 노선싸움에 들어가게 되고 결국에는 분당하게 되는 것과 밀접한 관계가 있는 것으로 보인다. 이에 반해 민주당이나 자유선진당은 규모는 민주노동당과 유사하지만 정당에 대한 정당충성도는 높지 않은 것으로 나타나고 있다.

[표3] 연도별 본회의 표결 건수

연도	2004(6~)	2005	2006	2007	2008(~5)	합계
표결건수	222	546	533	592	293	2186

[표4] 연도별, 정당별 정당충성도 지수

연도	열린우리당	한나라당	민주당	민주노동당	통합민주당(범여권)	자유선진당
2004(6월~)	76.7%	62.6%	55.2%	82.9%	-	-
2005	76.3%	72.8%	60.3%	81.4%	-	-
2006	70.0%	68.8%	55.7%	76.6%	-	-
2007	-	68.4%	-	75.2%	63.5%[9]	60.8%
2008(~5월)	-	69.1%	-	58.1%	58.1%	51.8%

이념성과 정당충성도

이념성은 의원들의 정책적 지향성 혹은 입장에 대한 집합적인 측정이라고 할 수 있을 것이다. 이 이념성과 정당충성도 간에 어떤 관계가 있는 지를 짚어 보는 것 역시 정당충성도에 대한 연구가 처음 시도되는 것이기 때문에 의미가 있을 것으로 보인다.

그러나 불행하게도 앞서 언급한 것처럼 의원들의 투표기록으로부터 이념성을 측정하는 것이 현실적으로 쉽지 않기 때문에 여기서는 의원들의 정책적 입장에 대한 설문조사를 바탕으로 이념성지표를 만들어 낸 중앙일보지표를 사용하기로 한다.

중앙일보 지표는 정치, 외교, 경제, 사회분야의 현안을 중심으로 12개의 설문을 만들고, 설문마다 보수에서 진보적인 견해를 4개 항에 걸쳐 제시해 의원들의 이념성향을 측정한 것인데, 설문에 대한 답변 내용을 각각 점수로 환산해서 평균점수를 내어 이념성향을 측정했다. 이 조사는 이념성향을 0-10스케일로 측정했는데, 국민평균은 4.6, 열린우리당은 3.5, 민주당은 3.9, 한나라당은 5.4, 그리고 자민련은 6.1을 기록했다.[10]

[그림1]을 보면 2004년도에는 열린우리당과 민주노동당의 진보성향의 의원들은 비교적 높은 충성도를 보이며 촘촘하게 분포되어 있는 것에 반해, 보수성향의 의원들은 90%이상의 높은 충성도를 보이고 있는 의원들이 많지 않을 뿐 아니라 50% 이하의 낮은 충성도를 보이는 의원들도 상당히 있는 것으로 나타나고 있다. 그러나 2005년에는 열린우리당, 한나라당은 물론이고, 민주노동당과 민주당까지 모두 그림의 위쪽으로 촘촘하게 분포하는 것을 볼 수 있는데,

---

9) 2007년 1월부터 시작된 탈당에서부터 그해 8월 20일 열린우리당 탈당파가 몇 차례의 이합집산을 거쳐 만든 대통합민주신당과 열린우리당이 합당절차를 완료할 때까지의 과정을 모두 추적해 개별로 합산하는 것은 엄청나게 많은 양의 작업을 요하는 것에 반해 사실상의 실익은 많지 않은 것으로 보인다. 의원에 따라서는 그 기간 동안 5번이나 당적을 바꾼 경우도 있었기 때문이다. 그래서 여기서는 후일 더 정교한 작업이 나오길 기대하며 2007년1월부터 8월20일까지의 이합집산 과정은 생략하고 모두 통합민주당으로 분류해 작업했다.

10) 중앙일보 2004년 08월 31일자 기사 참조.

이는 모든 정당에 있어서 정당충성도가 강화되었음을 의미한다. 2005년을 정점으로 해서 그 이후에는 정당충성도의 분포가 점점 느슨해져 2008년에 이르면 가장 분산된 분포를 보이고 있다. 특히 진보진영의 경우에 그 정도가 더한데, 통합민주당과 민주노동당의 경우에는 정당충성도가 높은 의원과 낮은 의원의 분포가 더욱 확산되고 있다.

〔표 5〕는 0-10까지로 측정된 의원들의 이념지수를 5 구간으로 나누어 각 구간의 정당충성도 지수의 평균을 제시한 것이다. 총선 후 첫해인 2004년에는 이념지수가 2미만인 의원들의 평균 정당일체지수가 81%로 가장 높게 나왔다. 2부터 4미만은 75.5%, 4이상 6미만은 70.8%, 6이상 8미만은 60.5%, 8이상은 76.5%로 나왔다. 통계학적으로 유의미할 정도로 진보성향이 강한 의원들이 높은 정당충성도를 보여주었다.

이러한 결과는 일반적인 예상과는 상당히 차이가 있다고 볼 수 있다. 보수나 진보 모두 이념적인 성향이 강할수록 당파성이 강하고 이는 곧 정당에 대한 충성심의 강화로 연결된다고 판단할 수 있는데, 이러한 일반적인 추론과는 달리 진보는 강한 정당충성심을 보이고 있는 것에 반해 보수는 그렇지 않은 것으로 나오고 있는데, 이는 17대 국회의원선거 전후의 정치적 상황과 밀접한 연관이 있는 것으로 보인다.

17대 국회의원선거에서는 탄핵에 대한 역풍으로 진보성향의 의원들이 대거 당선되었고, 이 때문에 열린우리당은 민주화 이후 처음으로 인위적인 정계개편 없이 선거결과만으로 원내 과반의석을 확보한 여당이 될 수 있었다. 뿐만 아니라 진보정당인 민주노동당이 한국정치사상 처음으로 원내에 진출하게 되었다. 이러한 가운데 진보세력의 사기는 충전되었고, 이것이 높은 충성도로 연결되었던 것으로 보인다.

이에 반해, 차떼기 정당이라는 멍에를 진 채 간신히 17대 국회의원 선거에서 궤멸되지 않고 제1 야당의 지위를 유지한 한나라당은 당의 정체성을 어떻게

[그림1] 이념과 정당충성도

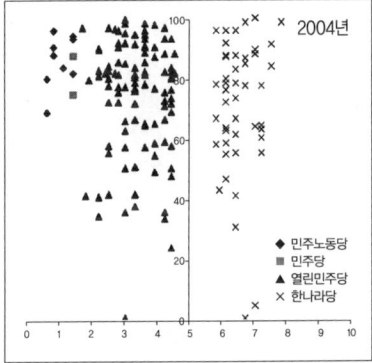
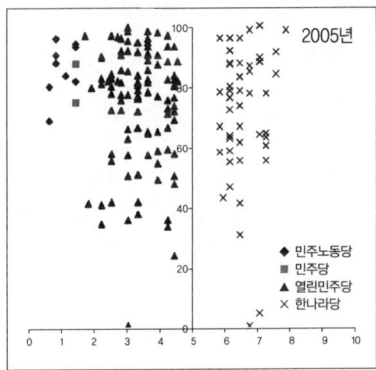
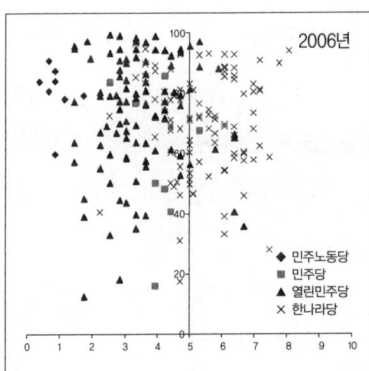
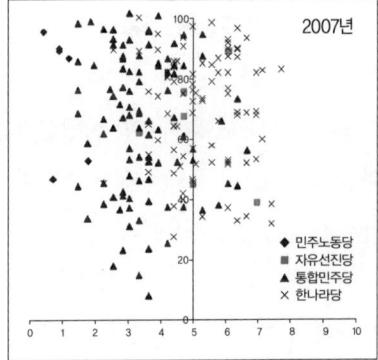
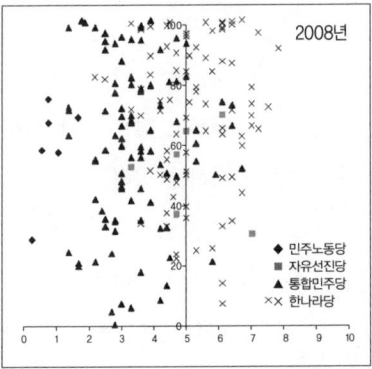

[표5] 이념과 정당충성도(%)

연도	0≦ I < 2	2≦ I < 4	4≦ I < 6	6≦ I < 8	8≦ I < 10	n	F
2004	81.0	75.5	70.8	60.5	76.5	223	6.03*
2005	81.7	75.8	75.3	70.5	66.6	224	1.65
2006	72.0	71.8	68.0	67.8	92.3	218	0.98
2007	72.4	63.8	65.9	65.7	65.5	195	0.72
2008	60.5	61.1	60.4	65.8		184	0.39

*$p < 0.05$

만들어나가야 하는지, 어떤 구심점을 만들어 나가야 하는지 상당히 혼돈에 빠져있었고, 이 때문에 한나라당 의원들은 강한 정당충성도를 나타내지 않았던 것으로 보인다.

그러나 2005년에 이르면 이념성과 정당충성도의 관계는 통계학적인 유의미성을 잃게 된다. 중도에서 보수에 이르는 성향을 가진 의원들의 정당충성도가 급격히 높아지기 때문이다.

또한, 2006년부터 진보성향 의원들의 정당충성도가 낮아지기 시작하더니 2008년에 이르면 비록 통계학적인 유의미성은 없지만, 진보성향의 의원들이 보수성향의 의원들보다 정당충성도가 낮은 것으로 나타나고 있다.

선수와 정당충성도

우리 국회는 초선의원들이 본회의장의 앞자리를 차지하고 있는 것에 반해, 다선의원들과 정당 지도부는 본회의장의 뒷자리를 차지하고 있다. 이는 서양 의회와는 큰 차이가 있는 것인데, 서양 의회의 경우 정당 지도부와 다선의원들은 본회의장의 앞좌석에 앉는 반면, 초선의원들은 주로 뒷자리에 앉는다. 이 때문에 정당의 지도부를 프론트 벤처front bencher, 평의원들을 백 벤처back bencher라고 부르기도 한다.

우리 국회와 서양 의회가 다른 점은 이것만이 아니다. 서양 의회의 경우 초선의원들은 의회의 규칙과 관행을 습득하는 데 노력을 기울이고 있음에 반해 다선의원들이 의정활동을 주도하고 있다. 그러나 우리 국회는 법안 발의건수는 물론이고 국정감사활동, 하다못해 물리적인 몸싸움에 이르기까지 초선의원들이 단연 앞장서고 있는 것을 볼 수 있다. 이러한 우리 국회에서 선수와 정당충성도에는 어떤 관계가 있는지 보도록 한다.

[표6]은 선수와 정당충성도의 관계를 제시한 표인데, 17대 전체적으로 보아 초선의원들이 다선의원들보다 높은 정당충성도를 보이고 있다. 그러나 흥미로운 것은 연도별로 약간의 차이를 보이고 있다는 점이다.

17대 국회의 첫해인 2004년에는 초선의원들이 74.4%의 정당충성도를 보이고 있는 것에 반해, 재선의원들은 69.4%, 3선 이상의 의원들은 57.8%의 정당충성도를 보이고 있다. 갓 국회에 들어온 초선의원들이 높은 정당충성도를 보이고 있는 것이다. 그러나 정당의 대립이 격화되는 2005년에는 다선의원들의 정당충성도 지수도 상당히 높아지는 것을 볼 수 있다. 초선의원들이 76.9%, 재선의원들이 72.8%, 그리고 3선 이상의 의원들이 67%를 보이고 있다.

[표6] 선수와 정당충성도(%)

연도	1선	2선	3선 이상	Anova(F)
2004	74.4	69.4	57.8	15.65*
2005	76.9	72.8	67.0	5.60*
2006	73.0	67.8	57.2	15.26*
2007	67.0	65.2	60.7	1.82
2008	62.2	64.6	63.0	0.14

*$p < 0.05$

2006년에는 다시 재선이상의 다선의원들의 정당충성도가 떨어져 초선의원들이 재선의원들보다 통계학적인 유의미성을 찾을 수 있을 정도의 높은 정당충성도를 보인다. 초선의원들이 73%의 충성도를 보이고 있는 것에 반해, 재선의원들은 67.8%, 3선 이상의 의원들은 57.2%의 충성도를 보이고 있다. 정당간의 대립이 약화되는 가운데 2004년의 수준으로 되돌아간 것이다.

대선의 해인 2007년에 들어오면 여권은 이합집산을 거듭하고, 야권은 주요 후보들을 중심으로 세력겨루기에 들어감에 따라 당내구심력이 급격히 약화된다. 이러한 가운데 다선의원들은 평년의 수준을 유지하고 있는 것에 반해, 초선의원들의 하락 폭은 상당히 크게 나타나 선수에 따른 정당충성도의 차이는 사라지고 있는 것을 볼 수 있다. 2007년에는 초선의원들이 67%, 재선의원들이 65.2%, 그리고 3선이상이 60.7%를 보이고 있다. 2008년에는 초선의원들이 62.2%, 재선의원들이 64.6%, 그리고 3선이상이 63%로 선수에 따른 정당충성도의 차이가 사라지는 것으로 나타나고 있다.

지역구와 정당충성도

출신지역에 따라 정당충성도에 있어서 어떤 차이가 있는지를 살펴보면, [표7]에서 보는 것과 같이, 2004년에는 수도권 출신 의원들이 74.3%로 가장 높은 충성도를 보이지만, 영남출신의원들이 가장 낮은 충성도를 보이는 것으로 나타나고 있다. 한편, 정당간 대결이 격화되었던 2005년에는 지역간의 격차는 거의 사라지는 것을 볼 수 있다.

그러나 2006년 이후에는 지역의 정당충성도 패턴이 그 이전과는 사뭇 다르게 나타나는 것을 볼 수 있다. 높은 충성도를 보이던 수도권의 충성도는 상당히 큰 폭으로 감소하고 있는 것에 반해, 영남은 오히려 정당충성도가 강화된 것으로 나타나고 있다. 2008년의 경우 수도권 출신의원들의 정당충성도는 62.6%이지만, 영남은 66.8%로 나타나고 있다. 수도권이 2004년보다 11.7%포

[표7] 지역구와 정당충성도(%)

연도	수도권	충청	호남	영남	제주강원	N
2004	74.3	73.7	69.3	60.8	67.1	234
2005	74.6	74.7	73.2	73.7	80.4	242
2006	68.2	66.5	64.5	71.5	69.1	244
2007	64.8	70.3	61.1	64.5	69.0	212
2008	62.6	61.9	60.6	66.8	59.1	212

인트나 감소한 것에 반해 영남은 2004년보다 6%포인트나 증가한 것으로 나타나고 있다.

17대 초에 높은 정당충성도를 보이던 수도권의 충성도는 점차 감소한 것에 반해 영남은 오히려 증가한 것으로 나타나고 있는데, 이는 수도권에 초선의원들, 특히 열린우리당의 초선의원들이 많았던 것과 밀접한 관계가 있는 것으로 보인다. 이에 반해 영남에는 한나라당의 소속의원들의 지역구가 많은 곳인데, 한나라당의 정당충성도가 2004년보다 강해진 것과 맥을 같이 하는 것이라고 볼 수 있을 것이다.

지역구와 비례대표, 그리고 정당충성도

지역구의원은 의원직 당선을 위해 정당의 공천에 못지않게 지역주민들의 지지가 중요하지만, 비례대표의원들은 정당이 몇 순위로 공천하는지가 당선여부에 있어서 매우 중요하다. 또, 의정활동을 해 나감에 있어서도 지역구의원들은 정당의 압력과 지역구의 압력을 동시에 받지만, 비례대표의원들은 지역구로부터의 압력은 받지 않고 정당으로부터의 압력만을 받는다. 이 때문에 일반적으로 지역구의원보다 비례대표의원들이 정당충성도가 높을 것으로 예상할 수 있는데, [표8]에서 이를 확인해 보자.

17대 국회의 첫해인 2004년에는 지역구의원들이 69.5%의 정당충성도를 보이고 있는 것에 반해 비례대표의원들은 73.5%로 비례대표 의원들이 더 높은 정당충성도를 나타내고 있다. 그러나 정당의 대립이 심했던 2005년에는 지역구의원과 비례대표의원이 각각 74.4%와 74.1%로 의 차이는 거의 나타나지 않는다.

당파간의 갈등이 심했던 2005년을 지나 2006년에 들어서게 되자 다시 비례대표의 정당충성도가 지역구보다 조금 높은 것으로 나타나고 있다. 2006년에 비례대표의원들의 평균은 71.4%이지만, 지역구의원의 평균은 68.5%이다. 또 2007년에는 지역구의원들의 평균이 65.0%인 것에 반해, 비례대표의원들의 평균은 68.8%로 나타나고 있다.

그러나 국회의원선거가 있는 2008년에는 비례대표, 지역구 할 것 없이 모두 정당충성도가 감소하지만, 비례대표의 감소가 더 두드러진다. 지역구의원들의 평균이 63.2%인 것에 반해, 비례대표는 60.9%로 나타나고 있다. 이렇게 비례대표의 정당충성도가 급격하게 감소한 것은 정당의 이합집산 속에서 비례대표의원들이 정책적인 입장을 결정하는 데 어려움을 겪은 측면도 있지만, 그보다 더 중요한 이유는 비례대표의원들 중의 상당수가 18대 국회의원선거에서 재출

[표8] 지역구의원 및 비례대표의원의 정당충성도(%)

연도	지역구	비례대표	N	F
2004	69.5	73.5	290	1.77
2005	74.4	74.1	301	0.01
2006	68.5	71.4	291	1.00
2007	65.0	68.8	265	1.39
2008	63.2	60.9	264	0.31

마하고자 하는 의사를 지니고 있지 않았기 때문에 의정활동에 적극적이지 않았던 것과 관계가 있는 것으로 보인다.

재출마와 정당충성도

17대 의원의 정수는 299명이지만 중간에 의원직을 상실하고 재보선에 의해 선출된 의원들을 모두 합치면 연인원 319명에 달한다. 이들 중에서 18대 국회의원선거에 재출마한 의원들은 모두 215명이고, 출마하지 않은 의원은 104명이다. 전체의원 중 약 1/3에 해당하는 의원들이 18대 국회의원선거에 출마를 하지 않은 것이다.

공천과정이 투명하지 않았기 때문에 불출마의원들이 김용갑 의원처럼 역사적인 소임을 다했다고 판단해서 출마를 하지 않은 것인지, 공천에서 탈락한 것인지, 또는 공천 탈락을 예상하고 출마하지 않은 것인지는 불분명하다. 만일 후보공천을 위한 경선이 있었다면 누가 공천에서 탈락한 것인지가 보다 분명했겠지만, 공천과정이 공개되지 않았던 상태에서 이를 구분하는 것은 불가능하다고 해도 과언이 아닐 것이다.

그러나 어떤 이유에서 불출마를 했든지 그 여하를 불문하고, 출마의원보다 불출마의원이 정당충성도가 낮은 것으로 나타나고 있다. 18대 국회의원선거에 출마한 의원들의 평균 정당충성도는 69.1%인 것에 반해서 불출마한 의원들의

[표9] 재출마와 정당충성도

구 분	18대 출마 의원	18대 불출마 의원
총수	215	104
정당충성도 평균	69.1%	63.0%
Anova(F)	8.02*	

* $p < 0.05$

평균 정당충성도는 63%로 나타나고 있다([표9] 참조). 그리고 이 차이는 통계학적인 유의미성을 지닐 정도로 분명한 것이다.

이는 의원이 정당과 자신의 정책적 입장이 맞지 않아서 공천을 받고자 하지 않았던지, 아니면 의원은 다시 정당의 공천을 받고자 하였지만, 정당이 공천을 주지 않았던지 어느 쪽이든지 정당의 충성도와 정당의 이름으로 다시 출마를 하는 데에는 상당한 관계가 있음을 알 수 있다.

성실성, 정당충성도, 이념성이 18대 국회의원 선거결과에 미친 영향

당선한 의원과 낙선한 의원간의 아노바테스트 결과

위의 결과를 보면, 17대 의원중 18대 국회의원선거에 다시 출마를 한 의원들은 그렇지 않은 의원들보다 평균적으로 본회의 출석률이 높고, 법안 발의건수가 많으며, 정당충성도가 높은 것으로 나타났다. 이는 다시 출마를 한 의원들이 그렇지 않은 의원들보다 의정활동에 있어서 성실성과 정당충성도를 보인 의원들이라고 할 수 있다. 그러면, 18대 국회의원선거에 출마를 한 의원 중 당선한 의원과 낙선한 의원 간에는 어떤 차이가 있을까? 이에 답하기 위해 당선한 의원과 낙선한 의원의 의정활동의 성실성, 정당충성도 및 이념성에 있어서 통계학적으로 유의미한 차이가 있는지를 먼저 본 후, 18대 선거에서의 득표율의 마진과 당락여부에 이러한 요소들이 어떤 영향을 주었는지를 살펴보고자 한다.

먼저 출마한 의원 중 당선한 의원과 낙선한 의원의 성실성을 비교해보면, 당선한 의원의 본회의 출석률이 87.39%인 것인데 반해 낙선한 의원은 86.51%로

[표10] 18대 당선자와 낙선자의 본회의 출석률 및 법안발의 건수

구 분	당선	낙선	F(ANOVA)
본회의 출석률	87.39	86.51	0.65
법안발의건수	17.50	20.28	1.78

나타나고 있다. 이는 당선한 의원들이 낙선한 의원들보다 조금 높은 출석률을 보이고 있는 것을 의미하지만, 아노바테스트의 결과를 보면, 통계학적인 의미를 지니고 있지는 않은 것으로 나타나고 있다.

또, 당선한 의원들의 평균 법안발의건수는 17.50건인 것에 반해, 낙선한 의원들의 평균건수는 20.28건으로 낙선한 의원들의 평균 발의건수가 조금 더 많은 것으로 나타나고 있다. 이는 국회를 떠돌고 있는 '의정활동을 열심히 할수록 낙선한다' 는 말이 전혀 헛된 것은 아님을 보여주고 있다. 그러나 아노바테스트 결과를 보면, 당선한 의원과 낙선한 의원간의 법안발의건수의 차이는 통계학적인 유의미성을 지니고 있는 것은 아닌 것으로 나타나고 있다.

[표10]은 2008년 국회의원 선거에서 당선된 의원들과 낙선한 의원들의 연도별 정당충성도지수를 나타낸 것인데, 2004년과 2005년 정당충성도와 의원들의 당락여부는 통계학적으로 유의미할 정도의 연관성을 가지고 있는 것으로 나타나고 있다. 그러나 관계의 방향은 [표9]에 제시된 재출마 여부와는 정반대로 나타나고 있다.

[표11]에서 2004년의 경우를 보면, 당선된 의원의 평균 정당충성도는 62.8%인 것에 반해 낙선한 의원들의 정당충성도는 70.9%로 나타나고 있다. 또, 2005년에는 당선한 의원들의 정당충성도는 68.2%로 나타나고 있는 것에 반해, 낙선한 의원들의 평균 정당충성도는 75.2%로 나타나고 있다. 그리고 모두 통계학적으로 유의미한 것으로 나타나고 있다. 2006년에도 당선의원들의 정당충성

[표11] 18대 국회의원선거 당락과 정당충성도(%)

구 분	2004	2005	2006	전체
당선	62.8	68.2	65.0	69.4
낙선	70.9	75.2	68.6	70.1
총계	65.6	70.7	66.2	69.6
F	4.25*	4.21*	1.03	0.08

* $p < 0.05$

[표12] 18대 국회의원선거 당락과 이념성향(%)

구분	$0 \leq I < 2$	$2 \leq I < 4$	$4 \leq I < 6$	$6 \leq I < 8$	$8 \leq I < 10$
당선자수	7	30	41	23	1
	(35.0)	(48.4)	(77.4)	(79.3)	(100)
낙선자수	13	32	12	6	0
	(65.0)	(51.6)	(22.6)	(20.7)	(0)
총출마자수	20	62	53	29	1
Pearson chi-square			20.63*		

* $p < 0.05$

도가 65%인 것에 반해 낙선한 의원들은 68.6%의 충성도를 보이고 있지만, 통계학적인 유의미성은 더 이상 존재하지 않는 것으로 나타나고 있다. 결국 2004년과 2005년의 정당충성도와 18대 국회의원선거에서의 당락은 부정적인 관계가 있는 것으로 보인다.

그러면 이념성향과 18대 국회의원선거에서의 당락과는 어떤 관계가 있을까? [표12]는 앞에서 언급한 중앙일보와 동아시아연구원의 공동조사를 통해 밝혀진 국회의원들의 이념지수를 5단계로 재조정한 것이다. 이념지수 2미만의 진보적인 의원들은 20명이 국회의원선거에 출마해 7명이 당선되어 35%의 당선율을 보였다. 이념지수 2이상 4미만의 온건진보성향의 의원들은 62명의 출마자중 30명이 당선해 48.4%의 당선율을 보인 것으로 나타나고 있다. 또, 이념성향 4이상 6미만의 중도성향의 의원들은 53명이 출마해 가장 많은 의원들이 국회의원선거에 출마했는데, 그중 41명이 당선해 당선율 77.4%를 보이고 있어 진보성향의 의원들에 비해 2배에 가까운 당선율을 보이고 있다. 또, 이념지수 6이상 9이하의 온건보수성향의 의원들은 29명의 의원들이 출마해 23명이 당선해 79.3%의 당선율을 보이고 있다. 또 강한보수라고 할 수 있는 이념지수 8이상의 의원은 1명이 출마해 당선한 것으로 나타나고 있다. 결국 진보성향의 의원들이 18대 국회의원선거에서 당선율이 낮았던 것으로 나타나고 있다.

18대 선거에서의 득표율마진을 종속변수로 한 회귀분석 결과

이를 바탕으로 18대 국회의원선거에 출마한 의원들의 선거결과가 어떤 요소의 영향을 받았는지 본격적으로 분석해보고자 한다. 특히 앞에서 살펴본 성실성, 이념, 정당충성도가 다른 요인들을 통제하는 경우에도 계속해서 재선결과에 영향을 미치는 것으로 나타나고 있는지 살펴보고자 하는데, 보다 정확한 결과를 위해 다음과 같은 두 가지의 방법을 모두 사용하고자 한다. 하나는 18대 선거에서 얻은 득표율의 마진을 종속변수로 사용하는 것이고, 다른 하나는 18대 선거에서의 당락여부를 종속변수로 사용하는 것인데, 전자의 경우에는 회귀분석을 사용하고 후자는 프로빗 분석을 사용해 분석하고자 한다.

〔표13〕은 18대 선거에서의 득표율의 마진을 종속변수로 회귀분석을 한 결과인데, 득표율의 마진은 당선된 의원의 경우에는 차점자와의 차이로, 그리고 낙선된 의원일 경우에는 당선자와의 차이로 산출했다. 〔표13〕에는 4개의 모델이

제시되었는데, 모델1은 성실성, 정당충성도, 그리고 이념성향에 더해 의원의 선수, 후원회 모금액, 17대 국회의원선거에서의 차점자와의 득표율 마진, 그리고 지역변수를 포함시켰다. 그 결과를 보면, 출석률은 양의 지수로서 통계학적으로 유의미한 것으로 나오고 있다. 그러나 이념은 양의 지수, 정당충성도는 음의 지수가 나왔지만, 통계학적으로 유의미한 수준은 아니었다. 한편, 통제변수인 모금액과 호남은 모두 18대 국회의원선거에서의 득표율 마진과 양의 관계를 지니고 있으며, 통계학적으로도 유의미한 관계가 있는 것으로 나타나고 있다.

한편 17대 득표율마진은 지역 및 이념성향과 상당한 관계가 있는 것으로 나타나고 있다. 그래서 모델 2에서는 17대 득표율 마진 변수는 제외시켰다. 그 결과를 보면, R 스퀘어가 0.29에서 0.32로 향상되는 것으로 나타나고 있고, 출석률, 정당충성도, 이념 모두 0.05수준에서 통계학적으로 의미가 있는 것으로 나타나고 있다.

출석률은 양의지수를 가지고 있는 것으로 나타나고 있는데, 이는 출석률이 높은 성실한 의원일수록 재선에서의 득표율의 마진이 큰 것을 의미한다. 그러나 법안의 발의 건수는 재선에서의 득표율마진에 직접적인 영향을 주는 것은 아닌 것으로 나타나고 있다.

정당충성도는 음의 지수를 지니고 있다. 이는 정당충성도가 감소할수록 더 많은 표를 받을 수 있음을 의미하는 것으로 앞에서 소개한 외국에서의 연구와도 일맥상통하는 것이라고 볼 수 있다. 이념성향의 경우에는 양의 지수를 가지고 있는데, 이는 진보성향이 강할수록 득표율의 마진이 줄어들었음을 의미하는 것으로 진보, 보수할 것 없이 이념적으로 극단적인 성향을 볼 일수록 선거 마진이 줄어든다는 외국의 연구와는 상당한 차이가 있는 것이다.

그러나 본회의 투표율과 정당충성도는 피어슨 상관계수가 0.34로 0.02이상의 수준에서 통계학적으로 유의미한 것으로 나타나고 있다. 그래서 두 변수의

[표13] 18대 국회의원선거 결과 회귀분석

구분		모델 1		모델 2		모델3		모델4	
		비표준화	표준화	비표준화	표준화	비표준화	표준화	비표준화	표준화
constant		-63.35		-49.02		-7.42		-43.91	
성실성	출석률	66.83 (2.28*)	0.20	51.53 (1.98*)	0.15			24.55 (0.99)	0.07
	법안 발의건수	0.15 (1.14)	0.09	0.04 (0.37)	0.02			0.00 0.22	0.00
정당 충성도		-0.19 (-2.18)	-0.19	-0.24 (-2.79*)	-0.2 2	-0.16 (-2.11*)	-0.15		
이념		1.37 (1.13)	0.09	2.48 (2.38*)	0.18	2.79 (2.72*)	0.20	3.21 3.10*	0.23
17대 득표율 마진		0.14 (0.81)	0.07						
선수		-0.80 (-0.40)	-0.32	-1.38 (-0.69)	-0.0 5	-1.96 (-1.00)	-0.07	-0.83 (-0.41)	-0.03
모금액		9.24E-8 (3.16**)	0.27	1.09E-7 (3.88**)	0.31	1.09E-7 (3.69*)	0.28	1.8E-7 (3.76*)	0.30
호남		32.07 (3.78**)	0.37	34.98 (4.86**)	0.36	34.84 (4.84*)	0.36	32.18 (4.41*)	0.33
영남		5.13 (0.83)	0.09	3.18 (0.58)	0.05	3.77 (0.70)	0.06	2.27 (0.41)	0.03
수도권		2.92 (0.55)	0.06	4.82 (1.14)	0.09	4.82 (1.14)	0.09	2.73 (0.62)	0.05
n		135		160		160		160	
R-square		0.29		0.32		0.31		0.29	

* $p < 0.05$

상관관계가 미치는 영향력을 확인하기 위해 모델3과 모델4에서는 각각 성실성

변수와 정당충성도변수를 제외하고 다시 회귀분석을 해 보았다. 그 결과를 보면, 모델2와 엇비슷하지만 정당충성도변수를 제외한 모델4에서 모델전체의 설명력이 크게 떨어지는 것을 볼 수 있다. 또 모델4에서 성실도변수는 통계학적으로 유의미하게 나타나지 않고 있다.

　이러한 모델4의 결과는 모델2에서 출석률이 통계학적으로 유의미하게 나온 것은 정당충성도와의 높은 상관관계에 의해 나타난 허위적인 영향력임을 말해주는 것이라고 할 수 있을 것이다. 따라서 본회의 출석률과 정당충성도의 높은 상관관계를 감안할 때, 위의 4개의 모델 중 모델3이 가장 바람이라고 할 수 있을 것이다.

　모델3을 채택할 때 모금액, 호남, 이념, 그리고 정당충성도가 통계학적으로 유의미한 것으로 나타나고 있다. 여기서 통제변수인 모금액, 호남은 양의 지수를 나타내고 있는데, 이는 호남에서 출마한 의원들이 그렇지 않은 의원들보다, 정치자금의 모금을 많이 한 의원들이 그렇지 않은 의원들보다 득표율의 마진이 높아지는 것으로 나타나고 있다.

　그리고 이 논문에서 고찰하고자 하는 독립변수인 성실성, 이념, 정당충성도 중 이념은 양의 계수를 지니고 있고, 정당충성도는 음의 계수로 나타나고 있는데, 이는 18대 국회의원 선거에서 보수성향이 강한 의원일수록 득표율 마진이 증가하였지만, 진보성향이 강한 의원일수록 득표율의 마진이 줄어들었음을 의미한다. 또, 정당충성도가 강한 의원일수록 득표율의 마진이 줄어들지만, 정당충성도가 약한 의원일수록 득표율 마진이 증가하고 있음을 의미한다.

18대 국회의원선거에서의 당락을 종속변수로 한 프로빗분석 결과

　[표14]에서는 18대 선거에서의 당락여부를 종속변수로 해 프로빗 분석을 한 결과를 나타내고 있다. 위의 회귀분석과 마찬가지로 4가지의 모델을 제시하고

있다. 모델1은 위에서와 마찬가지로 정당충성도와 이념변수에 더해 선수, 모금액, 지역, 그리고 17대 선거에서의 차점와의 득표율 마진을 변수로 하였다. 그 결과 이념만 오차범위 0.07의 수준에서 통계학적으로 유의미하게 나타나고 있는데, 상관계수는 양의 계수로 나타나고 있다. 이는 이념성향이 보수적일수록 당선의 확률이 높아지는 것에 반해 진보적일수록 당선의 가능성이 낮아지는 것임을 의미한다.

모델2는 17대 선거에서의 득표율 마진이 지역변수 및 이념과 밀접하게 연관되어 있기 때문에 17대 득표율 마진을 제외한 것이다. 그 결과를 보면, 이념이 오차수준 0.02에서 통계학적으로 유의미하며, 양의 계수로 나타나고 있다. 그러나 다른 변수들은 통계학적으로 유의미하게 나타나지 않고 있다.

모델3은 본회의 출석률과 정당충성도의 상관관계가 높다는 점을 감안해 본회의 출석률을 모델에서 제외하고 프로빗분석한 결과를 제시한 것인데, 여기서는 정당충성도와 이념이 통계학적으로 유의미하게 나타나고 있다. 이념은 0.02오차수준에서, 또 정당충성도는 0.07 오차수준에서 유의미한 것으로 나타나고 있다. 이념은 음의 계수로 나타나고 있는데, 이는 보수성향일수록 당선의 확률이 높아지는 것에 반해서 진보성향일수록 당선의 확률이 낮아지는 것을, 그리고 정당충성도가 높을수록 당선의 확률이 낮아지는 것에 반해서 정당충성도가 낮을수록 당선의 확률이 높아지는 것을 의미한다고 볼 수 있을 것이다.

모델4는 모델3과 반대로 정당충성도를 제외하고 프로빗분석한 결과인데, 이념이 0.01오차수준에서 유의미하며, 앞에서 언급한 것처럼 보수성향일수록 당선의 가능성이 높은 것으로 나타나고 있다. 본회의 출석률은 모델4에서 처음으로 0.09오차수준에서 유의미한 것으로 나타나고 있는데, 본회의 출석률이 높을수록 당선의 가능성은 줄어들고 있는 것으로 나타나고 있다.

결국 모델3이 4개의 모델중 가장 설명력이 높은 것으로 볼 수 있을 것인데, 이는 17대 국회의원들의 의정활동에 나타난 이념성과 정당충성도가 18대 국회

[표14] 18대 국회의원선거 결과 프로빗분석

구분	모델 1			모델 2		
	coefficients	z	t	coefficients	z	t
constant	-0.075	-0.04	0.96	-0.032	-0.02	0.98
출석률	-0.046	-0.23	0.98	-0.013	-0.00	0.99
법안발의건수	-0.008	-0.80	0.42	-0.008	-0.97	0.33
정당충성도	-0.005	-0.74	0.45	-0.007	-1.21	0.22
이념	0.115	1.43	0.15	0.153	2.23	0.02
17대 득표율 마진	0.019	1.46	0.4			
선수	-0.129	-0.96	0.33	-0.055	-0.42	0.67
모금액	0.000	1.17	0.23	0.000	2.11	0.34
호남	0.047	.007	0.93	0.050	0.10	0.90
영남	0.008	0.18	0.98	0.017	0.04	0.96
수도권	-0.105	-0.30	0.76	-0.046	-0.16	0.98
n	135			160		
Chi-square	140.58			166.64		
Sig	0.14			0.18		
구분	모델 1			모델 2		
	coefficients	z	t	coefficients	z	t
constant	-0.039	-0.06	0.94	-0.107	-0.07	0.93
출석률				-0.013	-1.67 *	0.09
발의건수				-0.083	-0.05	0.95
정당충성도	-0.009	-1.80	0.07			
이념	0.155	2.33	0.02	0.159	2.40	0.01
17대 득표율 마진						
선수	-0.050	-0.39	0.69	-0.139	-1.08	0.27
모금액	0.000	2.13	0.33	0.000	1.60	0.10
호남	0.056	0.12	0.90	0.062	0.13	0.89
영남	0.020	0.05	0.95	0.038	0.10	0.91
수도권	-0.042	-0.15	0.87	-0.113	-0.41	0.67
n	160			160		
Chi-square	167.14			159.16		
Sig	0.20			0.32		

* $p < 0.05$

의원선거에서의 당락에 영향을 미친 것으로 볼 수 있을 것이다. 특히, 성실성 중 본회의 출석률과 정당충성도는 높은 상관관계를 지니고 있는데, 출석률보다는 정당충성도가 더 설명력이 큰 것으로 나타나고 있다.

특히 주목할 점은 [표13]와 [표14]의 결과인데, 두 결과를 비교해보면, 이념과 정당충성도가 당락에 직접 영향을 미치고 있는 것에 반해, 지역, 정치자금은 득표율의 마진에만 영향을 주고 있다는 점이다. 이는 우리가 지니고 있던 기존의 지식과는 상당히 차이가 있는 것이라고 할 수 있다. 매크로 데이터를 사용해 선거를 분석한 연구들은 선거의 결과를 결정함에 있어서 지역변수의 중요성을 강조하지만, 마이크로 차원에서 분석한 여기에서의 분석은 지역보다 의원의 이념성향이나 정당충성도가 선거결과를 결정하는 데 있어서 더 중요한 요소임을 보여주고 있다.

결론

이 논문에서의 연구결과는 17대 국회의원의 의정활동의 성실성, 이념성향, 정당충성도 중 이념성향과 정당충성도가 18대 국회의원선거에서의 득표율 마진이나 당락에 상당한 영향을 미쳤음을 보여주고 있다.

보수성향의 의원일수록 18대 선거에서의 승리확률이 높아지고 득표율 마진도 커지고 있음에 반해, 진보성향일수록 승리의 가능성이 낮아지고 득표율 마진도 줄어들고 있음을 볼 수 있다. 길게는 10년, 짧게는 5년의 진보정치에 대한 실망감이 보수의원들의 승리가능성과 득표율 마진을 높인 반면, 진보의원들의 승리가능성과 득표율 마진은 낮춘 것으로 보인다. 또, 정당에 대한 충성도가 높을수록 선거에서 이길 가능성과 득표율 마진은 작아지고 있음에 반해,

충성도가 낮을수록 선거에서 이길 가능성과 득표율 마진은 커지고 있는 것으로 나타나고 있다.

이러한 결과는 유권자들이 의원의 의정활동을 기억하지 못하고, 나아가 유권자가 지연이나 학연에 따라서 투표하기 때문에 의원의 의정활동이 선거결과에 영향을 주지 못한다는 상식과는 상당히 차이가 있는 것이라고 할 수 있다. 또한, 그동안 거시적 수준 macro level의 연구들이 지역구도가 선거결과에 가장 큰 영향을 미치고 있음을 보여 온 것과 달리, 이 논문에서의 결과는 미시적 수준 micro level에서는 지역변수가 선거에서의 득표율의 마진을 증가시키는 데에는 도움을 주지만, 당락에 직접적으로 영향을 주지는 않는 것으로 나타나고 있다.

물론 이 결과가 우리의 선거결과에서 지역구도가 작동하지 않음을 직접적으로 보여주는 것이라고는 할 수 없다. 또한, 앞으로 몇 대를 거쳐 표결과 선거결과 데이터 더 축적해서 더 검증해야 이 논문에서의 발견을 일반화힐 수 있을 것이다

그럼에도 불구하고 이 연구는 의원의 이념성과 정당충성도가 재선 reelection의 결과에 미치는 영향에 대한 연구의 새로운 지평을 열고 있다는 점에서 의의가 있다고 할 수 있을 것이다.

■ 참고문헌

김민전. 2006. "집단정체성, 사회균열, 그리고 정치균열." 강원택 편《한국인의 국가정체성과 한국정치》, pp. 39-72.
김민전. 2008. "2007대선, 그리고 정치균열의 진화." 이현우, 권혁용 편《변화하는 한국 유권자2》, pp. 39-66.
박찬표. 2008, "제17대 국회의 정당 경쟁 구도 분석."〈한국정당학회보〉. 제7권 제2호, pp. 5-40.
엄기홍. 2007. "유권자의 의회 대의활동 평가에 대한 재고 :제6대 경기도 의회를 중심으로."〈한국정치연구〉제16집 제1호, pp. 167-190.
이현우. 2005. "한국과 미국의 국회의원 표결요인 비교 :자유무역협정 비준의 경우."〈국제정치논총〉, 제45집 3호, pp. 105-126.
윤종빈. 2005. "국회의원과 선거구민의 관계연구."〈명지법학〉제4호, pp. 129-145.

Aldrich, John H. 1995. *Why Parties? The Origin and Transformation of Political Parties in America*. Chicago: University of Chicago Press.
Ames, Barry. 2002. "Party Discipline in the Chamber of Deputies." Scott Morgenstern and Benito Nacif, eds. *Legislative Politics in Latin America*, pp. 185-221. New York: Cambridge University Press.
Amorim Neto, Octavio, Gary W. Cox, and Mathew D. McCubbins. 2003. "Agenda power in Brazil' s Camara dos Deputados, 1989-98." *World Politics* vol.55, no.4, pp. 550-578.
Ansolabehere, Stephen, James M. Snyder, Jr., and Charles Stewart, III. 2001. "Candidate Positioning in U.S. House Elections." *American Journal of Political Science* vol.45, pp. 136-159.
Bell, Lauren Cohen and Jason M. Roberts. 2005. "Keeping Score: Parties, Interest Groups, and Roll-Call Voting in the U.S. House of Representatives." Paper Presented at the Annual Meeting of the American Political Science Association.
Bond, Jon R., and Richard Fleisher. 1990. *The President in the Legislative Arena*. Chicago: the University of Chicago Press.
Bovitz, Gregory L. and Jamie L. Carson. 2006. "Position Taking and Electoral Accountability in the U.S. House of Representatives." *Political Research*

Quarterly vol.59(June).

Bowler, Shaun, David M. Farrell, and Richard S. Katz. 1999. "Party Cohesion, Party Discipline, and Parliaments." *Party Discipline and Parliamentary Government.* Columbus, OH: The Ohio State University Press.

Brady, David, and Naomi Lynn. 1973. "Switched Seat Congressional Districts: The Effect on Party Voting and Public Policy." *American Journal of Political Science* vol.17, pp. 528-543.

Brady, David W., Joseph Cooper, and Patricia A. Hurley. 1977. "The Electoral Basis of Party Voting: Patterns and Trends in the U.S. House of Representatives." Louis Misel and Joseph Cooper, eds. *The Impact of the Electoral Process.* Beverly Hills: Sage.

Burden, Barry, Gregory Caldeira, and Timothy J. Groseclose. 2000. "Measuring The Ideologies of Legislators Accurately." *Legislative Studies Quarterly* vol.25, pp. 237-258.

Canes-Wrone, Brandice, David W. Brady, and John F. Cogan. 2002. "Out of Step, Out of Office: Electoral Accountability and House Members' Voting." *American Political Science Review* vol.96(March), pp. 127-140.

Canes-Wrone, Brandice, Julia Rabinovich, and Craig Volden. 2007. "Who Parties? Floor Voting, District Ideology, and Electoral Margins: Party, Process, and Political Change in Congress." David Brady and Mathew McCubbins, eds. *Further New Perspectives on the History of Congress* Vol.2, pp. 113-125. Stanford: Stanford University Press.

Carson, Jamie L., Gregory L. Koger, and Matthew Lebo. 2006. "The Electoral Costs of Party Loyalty in Congress." *Midwest Political Science Association.*

Cox, Gary W. and Mathew D. McCubbins. 2007. *Legislative Leviathan: Party Government in the House,* 2nd edition. New York: Cambridge University Press.

Desposato, Scott W. 2004. "The impact of federalism on national party cohesion in Brazil." *Legislative Studies Quarterly* vol.29, no.2, pp. 259-285.

Diermeier, Daniel and Timothy J. Feddersen. 1998. "Cohesion in Legislatures and the Vote of Confidence Procedure." *American Political Science Review* vol.92, no.3, pp. 611-622.

Erikson, Robert S. 1971. "The Electoral Impact of Congressional Roll Call Voting." *American Political Science Review* vol.65(July), pp. 1018-1032.

Fenno, Richard. 1978. *Home Style*. Boston: Little Brown.

Figuereido, Argelina Cheibub and Fernando Limongi. 2000. "Presidential Power, Legislative Organization, and Party Behavior in Brazil." *Comparative Politics* vol.32, no.2, pp. 151-170.

Fiorina, Morris P. 1974. *Representatives, Roll Calls, and Constituencies*. Lexington: Lexington Books.

Griffin, John D. 2006. "Electoral Competition and Democratic Responsiveness: A Defense of the Marginality Hypothesis." *The Journal of Politics* vol. 68(August): Forthcoming.

Haspel, Moshe, Thomas F. Remington, and Steven S. Smith. 1998. "Electoral institutions and party cohesion in the Russian duma." *Journal of Politics* vol.60, no.2, pp. 417-439.

Hix S. 2004. "Electoral institutions and legislative behavior - Explaining voting defection in the European Parliament." *World Politics* vol.56, no.2, pp. 194-223.

Hix, S. 2002. "Parliamentary behavior with two principals: Preferences, parties, and voting in the European Parliament." *American Journal of Political Science*, vol.46, no.3, pp. 688-698.

Jacobson, Gary C. 1980. *Money in Congressional Elections*. Yale University Press.

Jenkins, Jeffery A., Michael A. Crespin, and Jamie L. Carson. 2005. "Parties as Procedural Coalitions in Congress: An Examination of Differing Career Tracks." *Legislative Studies Quarterly* vol.30(August), pp. 365-389.

King, David C., and Richard J. Zeckhauser. 2003. "Congressional Vote Options." *Legislative Studies Quarterly* vol.28, no.3, pp. 387-411.

Kingdon, John W. 1989. *Congressmen's Voting Decisions*. Ann Arbor: University of Michigan Press.

Krehbiel, Keith. 1993. "Where's the Party?" *British Journal of Political Science* vol.23, no.1, pp. 235-266.

Lebo, Matthew, Adam J. McGlynn, and Greg Koger. 2007. "Strategic Party Government: Party Influence in Congress, 1789-2000." *American Journal of*

Political Science vol.51(July), pp. 464-481.

Levitt, Steven D. 1996. "How Do Senators Vote? Disentangling the Role of Voter Preferences, Party Affiliation, and Senator Ideology." *American Economic Review* vol.86, no.3, pp. 425-441.

Mainwaring, S. and Liñán, A. P. 1997. "Party Discipline in the Brazilian Constitutional Congress." *Legislative Studies Quarterly* vol.22, no.4, pp. 453-483.

Mayhew, David R. 1974. *Congress: The Electoral Connection*. New Haven: Yale University Press.

Miller, Warren E., and Donald E. Stokes. 1963. "Constituency Influence in Congress." *American Political Science Review* vol.57, pp. 45-56.

Shugart, Matthew S. 1998. "The inverse relationship between party strength and executive strength: A theory of politicians' constitutional choices." *British Journal of Political Science* vol.28, pp. 1-29.

Turner, Julius and Edwards v. Schneier, Jr. 1970. *Party and constituency: Pressures on Congress*. Baltimore: Johns Hopkins University Press.

Weyland, K. 1996. *Democracy Without Equity: Failures of Reform in Brazil*. Pittsburgh: University of Pittsburgh Press.

Wright, Gerald C., Jr. 1978. "Candidates' Policy Positions and Voting in U.S. Congressional Elections." *Legislative Studies Quarterly* vol.3, pp. 445-464.

Wright, Gerald C. 1989. "Policy Voting in the U.S. Senate: Who is Represented?" *Legislative Studies Quarterly* vol.14, pp. 465-486.

18대 총선과 현직효과

임성학

서론

현직효과incumbency advantage는 정치학의 중요한 주제로 다루어지고 있다. 현직의원은 의회에서 제공하는 다양한 자원을 이용하여 유권자들에게 쉽게 다가가고 적극적인 대민활동이나 의정활동을 통해 인지도를 높일 수 있다. 또한 후원회를 통해 막대한 정치자금과 선거비용을 모을 수 있기 때문에 선거 경쟁력은 매우 높다. 따라서 현직의원이 출마한 선거구에서 도전자가 승리하기는 '하늘에서 별따기'와 같이 어려워진다. 이런 현직효과로 인해 경쟁력 있는 신인이 도전하지 않게 되어 선거 경쟁은 사라지고 의회는 현직의원 중심으로 구성되기 쉽다. 현직의원은 점점 새로운 도전자의 진입을 막는 정치제도를 도입에 협조해 정치인 혹은 정당의 책임성accountability, 반응성responsiveness은 저하되고 이는 결국 민주주의 저발전을 초래한다.

미국이 현직효과의 대표적인 예이다. 하원의 90%이상이 경선과 본선에 진출하고, 90% 이상이 당선된다. 1986년과 88년의 경우 1명의 하원의원만 경선에서 실패하였고, 단지 6명 만이 본선에서 낙선함으로써 현직의원은 98%의 재선율을 기록하였다(Hazan 2002, 115). 이런 문제를 해결하기 위해 의원의 임기를 제한하는 경우가 있다. 미국의 경우 연방의회의 임기제한은 없지만 주의회는 의원임기를 제한하는 제도를 둔 경우도 있다(Chen 2005; 가상준 2003). 일본은 현직효과가 후대에 연결되는 세속정치적 특성이 나타나고 있다. 국회의원 중 1/3은 세습된 의원이다. 고이즈미 준이치로(小泉純一郎), 아베 신조(安倍晋三) 전 총리도 선조 때부터 물려받은 지역구에 선출되어 총리가 된 대표적인 세습 의원이다. 고이즈미 전 총리는 아들에게 지역구를 물려주기 위해 정치 은퇴를 선언하기도 했다. 이런 세습정치를 막기 위해 민주당은 세습 정치를 제한하는 방안을 추진키로 했다(중앙일보 08/06/17).

한국의 경우에도 현직효과는 나타나고 있다. 현직의원은 정치신인보다 인지도, 자금력, 조직동원력에서 우월하고, 선거경쟁력도 높다는 것이 일반적인 상식이다. 4년 동안 의정활동을 통해 지역의 발전을 꾀하고, 유권자들과 수시로 만날 수 있는 기회를 가져 유권자와의 접근성을 높이고, 언론매체를 통해 관련 소식이 전해지면서 인지도를 높일 수 있고, 새로운 후보자를 선택하여 발생할 수 있는 불확실성에 대한 두려움 등 때문에 어떻게 보면 현직효과가 있는 것은 당연하다. 이 논문은 18대 국회의원선거에서 나타난 현직효과를 살펴보는 것이다. 먼저 현직효과가 있는지, 있다면 얼마나 있는지를 살펴본다. 두 번째는 한국 의원의 현직효과가 정치적 책임성과 반응성을 저해할 정도로 문제가 심각한지에 대한 살펴본다. 마지막으로 한국의 현직효과의 특성에 대한 원인을 살펴보려고 한다. 기존의 연구는 현직효과의 유무에 대한 논란에 초점을 맞추었으나 이 논문은 현직효과의 유무와 함께 현직효과의 정치적 결과와 그 원인에 대해 논하고자 한다.

18대 총선에서의 현직효과

한국 현직효과에 대한 평가

먼저 한국의 현직효과에 대한 평가를 살펴보자. 현직효과에 대한 평가는 현직효과가 거의 없다는 무(無)효과 주장, 있어도 매우 약하다는 소(小)효과 주장, 그리고 상당한 효과가 있다는 대(大)효과 주장이 있다. 무효과로는 문용직의 연구가 대표적이다. 이 연구에 따르면 한국에서 현직효과를 매우 낮다고 평가하고 있다. 7, 8, 14대 선거에는 전반적으로 없다고 볼 수 있으며 15대는 약하게 나타나고 있다. 또한 지역개발의 기대 때문에 여당의 경우 현직효과가 좀 더 크게 나타날 것이라고 기대했지만 그렇지 않았고 농촌에서 강하게 나타날 것이라는 기대도 검증되지 않았다(문용직 1997). 14대부터 16대 총선을 분석한 이갑윤과 이현우의 연구는 소효과 주장에 가깝다. 총선이 후보자 요인보다는 정당요인이 강하게 작용하기 때문에 현직효과와 같은 후보자요인의 영향력이 적다고 평가했다. 후보자의 득표율에 대한 지역별 정당평균득표율의 회귀관계를 통해 지역별 평균득표율이 후보자 득표율 분산의 약 70%를 설명해 주는 것으로 나타났고 14, 15, 16대로 가면서 정당요인은 점차 증가하고 있다(이갑윤 and 이현우 2000, 153). 15대와 16대의 경우 현직여부가 후보자의 득표에 다소 도움이 된 것으로 나타났다. "현15대와 16대 총선의 경우 현직의원이라는 사실이 동일한 지역의 같은 정당소속의 비현직보다 5% 이상 득표에 도움이 된 것으로 나타난다"고 분석하였다(이갑윤 · 이현우 2000, 153).

위의 주장과 달리 윤종빈과 황아란은 한국 선거에서 현직효과가 나타나고 있다고 주장한다. 15대 총선은 경우 황아란은 현직의원의 재선율이나 초선의원의 당선율 등 당선여부의 결과보다는 낙선한 현직선거구의 당선경쟁이 재선에 성공한 현직선거구의 당선경쟁이나 비현직 선거구의 당선경쟁과 비교해 보면 현직효과가 나타난다고 주장한다. 현직 선거구에 초점을 두고 살펴보면, 제

15대 총선에서 재선에 성공한 선거구의 당선자와 차점자간의 득표율 차이는 평균 23.7%(표준편차 22.2%)인 반면 재선에 실패한 선거구는 9.6%(표준편차 8.3%)에 불과하였고, 153개 선거구에서 당선된 신인후보들 가운데 현직의원을 교체한 77명은 현직의원이 없는 선거구에서 당선된 76명보다 치열한 경쟁을 벌인 끝에 제 15대 국회에 진출한 경우가 많았다"는 것은 현직효과가 크다는 점을 시사한다고 주장한다(황아란 1998a, 172). 지방선거에서 현직효과는 나타나고 있다. 1998년 지방선거에서 특히 단체장 선거에서 현직단체장이 재선하는 비율이 76.3%로 매우 높았다(황아란 1998b).

16대 총선을 분석한 윤종빈은 비록 17.2%라는 낮은 재선율을 보이고 있지만 현직의원들은 지역구 활동으로 현직효과를 높이고 있다고 주장한다. "이전 선거에서 2위와의 득표차가 적은 현직의원들은 지역구활동을 통해 10% 득표차…… 영남지역에서 출마한 한나라당 현직의원들은 11.8%, 민주당 소속으로 호남지역에 출마한 현직의원들은 7.2% 득표율 증가의 프리미엄을 누렸다"고 주장하였다(윤종빈 2002, 142-143). 18대 총선의 경우 공천에서 탈락한 현직의원을 제외하면 현연의원의 본선경쟁력은 매우 높다. 169명의 현직의원 중 117명이 당선되어 약 70%의 재선율을 보이고 있다(윤종빈 2008. 7). 현직효과는 총선이나 지방선거에서만 나타나는 것은 아니다. 전용주는 경선에 나타나는 현직효과를 살펴보았다. 17대 총선에서 "열린우리당의 경우 총 41명의 현직후보가 공천 신청하여 39명(95.1%)이 한나라당의 경우도 총 103명의 현직후보가 신청하여 88명(85.4%)이 최종 후보로 공천되는 등 매우 높은 재공천율을 보이고 있다. 특히 경선의 경우도 열린우리당은 현직후보 중 60%, 한나라당은 90% 그리고 민주당은 92.3%가 승리하는 등 높은 재공천율을 나타내고 있다"(전용주 2005, 229).[1]

---

[1] 미국의 경우 20세기 초반에서도 경선의 현직효과는 4% 포인트 현역의원이 유리하게 작용하였다. 특히 90년대 말 재선에 도전하는 초선의원의 경우는 약 14% 포인트가 높았다(Ansolabehere et al 2007).

18대 총선 현직효과 분석

위에서 나타난 다소 다른 주장은 현직효과를 어떻게 분석하는 가의 방법론의 차이에 따라 다른 결과를 가져오기 때문이다. 현직효과에 대한 분석이 방법론의 차이로 인해 다른 결과를 가져오는 것은 한국만의 현상이 아니다. 알포드와 브래디는 대표적인 현직효과인 재선프리미엄sophomore surge과 현직의원이 은퇴하면서 생기는 득표감소retirement slump를 조사한 결과 현직효과를 발견하지 못했다고 밝혔다(Alford & Brady 1989). 그러나 젤만과 킹은 현직효과를 지역구 서비스라는 직접적 효과direct effect, 선거운동의 기술 등 후보의 자질효과candidate quality effect, 경쟁자의 선거참여를 막는 능력인 위협효과scare-off effect 세 가지 요소로 나누고 분석하여 현직효과 나타난다고 주장한다(Gelman & King 1990). 이외에도 경쟁자의 자질(Cox & Katz 1996), 풍부한 정치자금(Jacobson 1990b) 등의 이점으로 현직효과가 나타나고 있다고 주장한다.

한국의 경우 황아란은 낙선한 현직선거구의 당선경쟁이 재선에 성공한 현직선거구의 당선경쟁이나 비현직 선거구의 당선경쟁과 비교하여 현직효과를 파악하려고 했다(황아란 1998a). 이갑윤과 이현우는 정당요인을 통제한 후 현직 여부가 후보자 득표율에 미친 영향을 분석하였다(이갑윤·이현우 2000). 윤종빈은 현직지역구의원의 득표율증감, 즉 현 선거에서 얻은 득표율을 이전 선거에 얻은 득표율을 뺀 값을 분석하였다(윤종빈 2002 ; 2006 ; 2008). 그러나 현직의원의 득표율증감은 선거구 특징에 따라 매우 크게 달라질 수 있다. 예를 들면 2인이 경쟁하던 선거구에서 3인이 경쟁하는 선거구로 변한다면 현직효과가 있더라도 득표율은 감소할 수 있는 문제점이 있다. 정당요인을 통제하고 현직효과를 파악하다는 것은 후보자요인과 정당요인을 정확히 파악하기 어렵다는 점에서 문제가 발생할 수 있다.

최근 선거제도의 변화로 인해 현직효과를 파악하는 쉬운 방법이 가능해졌다. 1인 2표제 정당명부 선계제도가 도입되어 국민은 후보자와 정당에 모두 투표를 한다. 따라서 현직후보가 정당득표보다 더 많은 지지를 받았다면 상대적으로 후보자 요인인 현직효과가 나타난다고 볼 수 있다. 이런 방식은 선거구 특성에 영향을 받는 득표율 증감 방법보다 선거구 특성의 반영이 전제되어 있기 때문에 더 효과적인 분석방법이다. 또한 정당요인을 통제하여 제한된 범위에서 후보자 요인을 분석하는데 비해 후보자와 정당요인을 같은 수준에서 보다 간편한 방식으로 현직효과를 파악할 수 있다는 점에서 편리하다. 후보득표율에서 정당득표율을 뺀 값을 후보요인투표율이라고 정의하고 후보요인득표율을 현직과 비현직으로 구분하여 분석하고자 한다.

이 연구에서는 현직효과를 파악하기 위해 선거구별 후보자 득표와 정당득표를 비교하는 방식을 사용할 것이다. 후보자의 득표율은 선관위 홈페이지의 선거정보조회시스템(http://www.nec.go.kr/index2.html)을 통해 얻었고, 정당득표율은 선거구별로 정리된 자료가 없어 각 지역 선관위에게 부탁해 자료를 얻었다.[2] 후보자 1,113명 중 원내에 진입한 정당인 통합민주당, 한나라당, 민주노동당, 자유선진창, 친박연대 와 창조한국당 후보만을 분석대상을 삼았다.[3]

분석한 결과 현직후보가 비현직후보가 보다 후보유인득표율이 매우 높았다.

[표1] 현직과 비현직의 후보득표율과 후보요인득표율의 평균(%)

	후보득표율	후보요인득표율(후보-정당득표율)
현직	48.86	12.49
비현직	16.13	1.56
합계	4.29	4.29

---

2) 정당득표에 대한 자료는 지역구선거구별로 나오지 않고 행정구역을 중심으로 제공되었다. 예를 들면 서울 송파구의 경우는 갑, 을, 병으로 세 선거구가 있지만 정당득표는 송파구를 통합한 자료만 발견할 수 있다. 지역선관위의 협조를 받아 지역구 별 정당득표율을 구했다. 그러나 부재자득표 등은 송파구 전체로 취합되기 때문에 자료에서는 제외되는 한계가 있다.

3) 무소속과 진보신당, 평화통일가정당, 한국사회당의 후보 등은 분석에서 제외되었음.

[표2] 현직, 당락과 후보요인평균득표율

	당락	평균	N
현직	당선	15.13	117
	낙선	7.51	62
비현직	당선	8.81	101
	낙선	-.13	435

평균적으로 현직후보는 12.49% 높은 반면 비 현직후보는 1.56% 높았다([표1] 참조). 이것은 현직후보는 정당지지보다 훨씬 더 많은 지지를 받는다는 것을 의미하여 현직효과가 있는 것으로 나타났다.

위의 [표2]는 당락과 현직여부에 따른 후보요인평균득표율을 살펴본 것이다. 당선된 현직후보는 15.13% 높은 후보요인 득표율을 보였고, 낙선한 현직후보는 7.51%였다. 반면 당선된 비 현직후보는 8.81% 후보요인득표율을 보였지만 낙선한 경우 후보득표율은 정당득표율보다는 낮아 후보요인평균득표율에서 마이너스를 기록하였다. 낙선한 현직(7.51%)과 당선한 비현직(8.81%)의 후보요인 평균득표율을 비교해 보면 비현직후보라도 후보자의 자질에 따라 본선 경쟁력이 있다고 조심스럽게 평가할 수 있다.

현직효과와 정치적 결과

위에서 살펴본 것과 같이 한국에서도 현직효과가 나타나는 것으로 조사되었다. 높은 인지도, 유권자의 많은 접촉, 지역구 서비스 제공 등 어떻게 보면 현직효과가 있는 것은 당연하다. 그렇다면 이런 현직효과가 어떤 정치적 효과를 가져왔는가를 살펴보는 것이 이 논문의 핵심이다. 현직효과가 정치적 의미를 가진다는 것은 현직후보가 여러 가지 유리한 위치에서 선거를 진행하기 때문에 현직후보의 당선율이 높고, 따라서 현직후보 중심으로 구성된 의회가 어떤 정치적 결과를 가져오느냐가 핵심주제일 것이다. 미국의 현직효과와 같이 의원의 재선율이 90% 정도 됨으로써 정치적 대표성, 책임성, 반응성이 왜곡되는지에 대한 현직효과의 근본적인 영향에 대한 질문이다.

먼저 미국의 사례를 살펴보자. 1980년대 이후 미국 하원 현직후보의 재선율을 보면 [표3]과 같다. 92년 재선율 88.3%를 제외하고는 모두 90%를 넘는다. 1986년과 1994년에는 97%를 넘는 재선율을 보여 국회 구성이 하나도 바뀌지 않았다고 해도 과언이 아니다. 하원에 비해 상원 현직후보의 재선율은 다소 낮

[표3] 미국 하원 현직후보의 재선율

연도	은퇴	합계	재선		낙선	
			숫자	비율	경선	본선
대선해						
1980	34	398	361	90.7	6	31
1984	22	411	392	95.4	3	16
1988	23	409	402	98.3	1	6
1992	65	368	325	88.3	19	24
1996	50	384	361	94.0	2	21
중간선거						
1982	40	393	354	90.1	10	29
1986	40	394	385	97.7	3	6
1990	27	406	390	96.1	1	15
1994	48	387	349	90.2	4	34
1998	23	404	395	97.8	1	6

자료 : 아래 홈페이지의 자료를 논문을 위해 최근 자료만 취합한 것임(검색일 : 2008. 12. 29)

지만 80%를 넘는다는 것이 상식이다. 결국 현직후보의 재선이 확실시 된다면 민주주의 기초인 선거는 무의미해지고 국민과 대리인인 의원과의 거리는 점점 멀어지게 된다. 이런 현직효과의 부작용을 해결하기 위해 임기제한이라는 방안이 제시되었다. 비록 1995년 미대법원에서 연방 의회의 의원에 대한 임기제한은 위헌이라고 판정했지만 20여 개 주가 주의회 의원의 임기를 제한한 규정을 가지고 있다(Chen 2005, 391).

그렇다면 한국에서는 현직효과가 어떤 정치적 결과를 가져왔는가? 위에서 살펴본 것 처럼 현직후보는 비현직후보보다 선거경쟁에 있어서 유리하다. 그러나 한국 역대 총선을 분석해 보면 현직효과로 인해 국회가 기존 의원들의 독점적 위치가 강화되어 문제가 발생하고 있다고 보기 어렵다. 아래의 [그림1]을 보면 12대-18대까지 초선의원은 평균 46.67%를 차지하였다. 새로운 국회 때

[그림1] 역대 총선 당선자 선수별 분포율

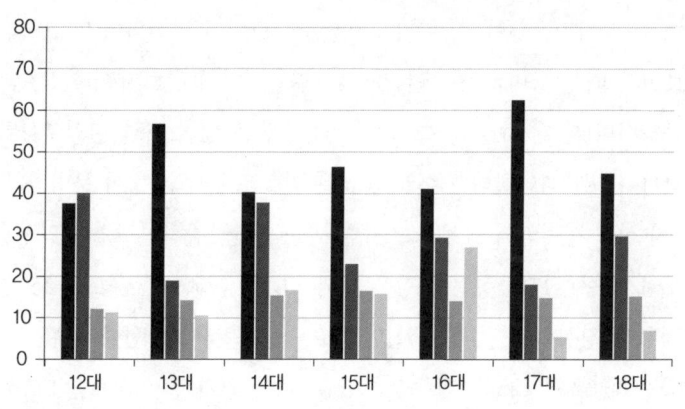

자료 : 윤종빈(2008. 8)의 자료를 그림으로 변환한 것임

[그림2] 역대 총선 공천자 중 신인 비율

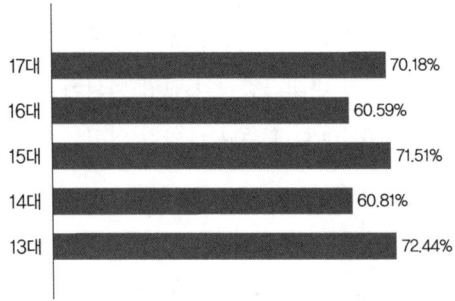

출처 : 동아일보(04/03/24 : 검색일 08. 12. 23일)

마다 약 절반의 국회의원이 초선의원으로 구성된다는 의미이다. 12대 총선을 제외하고 초선의원 비율은 40%에서 60%에 사이였다. 17대 총선의 경우에는 299명 중 187명의 초선의원이 당선되어 초선의원의 비율이 62.5%를 차지했고, 18대는 초선의원의 비율이 44.8%로 줄어들었지만 여전히 높다고 볼 수 있다.

윤종빈은 18대 총선 현직출마자 169명 중 117명이 당선되어 약 70%의 재선율을 보이기 때문에 미국 수준인 약 90%에는 미치지 못하지만 현직효과가 있다고 주장한다(윤종빈 2008, 7). 그러나 만약 공천을 받지 못한 현직후보를 포함시켜 당락여부를 파악한다면 이보다 낮은 비율로 나타날 것이 분명하다. 17대 총선까지 신인 정치인의 공천을 조사한 서울대 한국정치연구소의 연구를 살펴보자([그림2] 참조). 17대 총선의 경우 전체 299석 중 50%를 웃도는 150명 이상이 의정활동 경험이 없는 정치 신인들로 구성될 것이며 한나라당은 208명의 공천자 중 60.6%인 126명, 민주당은 168명의 공천자 중 72.6%인 122명, 열린우리당은 221명의 공천자 중 77.4%인 171명이 정치신인으로 분류되었다(동아일보 04/03/24, 검색일 2008. 12. 23). 18대 총선의 경우도 기존의 선거와 크게 다르지 않다. 18대 총선의 공천이 막바지에 접어들었을 때 연합뉴스의 보도를 보면 알 수 있다. 현역의원 공천탈락률은 한나라당이 39.0%(128명중 50명)로 민주당의 20.2%(141명중 29명)에 비해 두배에 달했다. '텃밭' 현역 탈락률도 한나라당이 영남에서 45.2%(62명중 28명)를 기록, 민주당의 호남 현역 물갈이율 32.3%(31명중 10명)보다 높았다(연합 08/3/19, 검색일 2008. 12. 22). 만약 이런 현직후보 중 공천을 받지 못해 본선경쟁에 나가지 못한 현직후보를 낙선의 범주에 포함해 계산한다면 현직후보의 재선율은 70%보다 훨씬 떨어질 것이다.

위의 내용을 종합해 보면 한국의 경우 선거에서 현직후보는 비현직후보보다 선거에서 유리하지만 경쟁력 있는 비현직후보가 선거에 나오지 않을 정도로 비경쟁적이지 않으며, 정당 공천과정에서도 현직후보의 탈락율이 매우 높다. 현직효과는 나타나지만 미국과 비교해서 현직후보의 독점적 지위가 선거와 국회구성에 많은 영향을 준다고 보기 어렵다.

한국 선거에서 현직효과의 약화 원인

현직효과의 원인으로 거론되는 요인은 여러 가지가 있다. 현직의원의 가용할 자원에 대한 것으로 의원이 사용할 수 있는 자원을 동원하여 유권자들에게 제공함으로써 유권자들로부터 쉽게 지지를 얻는다는 것이다. 미국의 경우 유권자를 위한 서비스constituency serive 제공 예산이 1980년대에 두 배로 증가했다. 지역개발사업 등을 통해 지역민의 경제나 복지에 도움을 줄 수 있기 때문이다. 지역사업이나 의정활동 내용을 담은 홍보물을 무료 우편서비스를 이용해 배포하여 본인의 인지도를 높일 수 있다. 또한 매스미디어는 현직의원에 대한 활동을 보도하여 인지도 강화효과를 가져온다. 현직의원은 이런 인지도를 이용해 비현직후보보다 정치자금, 선거자금을 모금하는데 유리하다. 특히 현직효과가 강하게 나타난다면 현직후보에게 더 많은 정치자금이 갈 가능성이 높다. 정치자금을 기부하는 후원자는 국회에서 그들을 대변해 줄 확실한 정치인을 선호하기 때문이다. 선거비용이 많이 드는 선거일수록 현직효과는 더 크게 나타날 것이다.

이외에도 경쟁자의 자질이 중요하다. 현직효과가 있다면 경쟁자의 당선 가능성은 매우 희박하게 되고, 따라서 경쟁력이 있는 후보라도 쉽게 도전하기 어렵다. 따라서 경쟁력이 낮은 혹은 경쟁자의 자질이 현직후보보다 더 떨어져 유권자의 지지를 얻기 어렵다는 것이다. 인지심리학에서는 유권자의 위험회피적 심리를 중요시한다. 유권자는 새로운 불안정한 변화보다는 현재의 안정된 상황을 선호하기 때문에 현직후보를 선호하는 경향이 있다는 것이다. 마지막으로 선거구 획정에서 자신에게 유리하게 선거구를 만들 수 있도록 영향력을 행사할 수 있기 때문이라는 주장도 있다(Levitt & Wolfram 1997; Abramowitz & Saunders 1998; Abramowitz et. al. 2005; Ferejohn 1986; Desposato & Petrocik 2003; Erikson & Palfrey 1998; Gelman & King 1990; King 1991; Jacobson 1990a).

위에서 다양한 현직효과의 원인에 대해 논의하였지만, 이 논문에서는 왜 한국 선거에서는 미국에 비해 현직효과가 적게 나타나는지에 대해 설명해야 한다. 이에 대한 정확한 답을 찾기 위해서는 위에서 논의된 변수들을 분석해야 하기 때문에 다양한 자료와 기존 연구가 필요하다. 따라서 이 논문에서는 이런 차이가 발생할 수 있는 가능성이 있는 변수를 찾아보고, 이에 대한 제한적 설명을 제공하는데 의의를 둔다.

공천 : 정당중심 대 후보자중심

먼저 후보자의 선출과정이 다르기 때문이다. 공천과정이 후보자 중심 candidate-oriented nomination으로 이루어지는지 정당중심 party-oriented nomination으로 이루어지는지에 따라 현직효과는 다르게 나타난다. 후보자 중심적 공천과정에서 현직효과가 강하게 나타날 가능성이 높다. 한국의 총선후보 공천은 점차 정당중심에서 후보자중심으로 전환되었다. 과거 3김 시대에는 정당의 당수가 공천을 결정하였기 때문에 현직효과보다는 당수에 대한 충성심, 당선가능성, 정치헌금 등에 의해 결정되었다. 그러나 정당 민주화의 요구와 3김의 퇴장에 따라 점차 상향식 경선제도가 도입되어 유권자와 후보자 중심의 공천제도가 도입되었다. 17대 총선은 상향식 경선에 의한 후보 공천 방식이 본격적으로 실시된 선거로 평가되었다(전용주 2005). 그러나 18대 총선의 공천과정은 상향제 경선방식과는 전반적인 후퇴를 보이고 있다. 대선 이후 4개월 만에 치러지는 선거라는 점이 감안되어야 하지만 18대 총선은 보편화된 공천방식인 국민경선제를 실시하지 않은 채, 공천을 실시하였고 전체적인 공천과정 자체가 유권자의 참여를 확대하는 포괄성이 제거되고 지도부 중심의 공천이 부활되어 정당중심 공천방식으로 회귀하였다고 할 수 있다(박경미 2008, 56).

이와 같이 공천과정에서의 정당의 역할이 강한 한국의 경우 현직효과는 미국에 비해 약할 수밖에 없다. 따라서 한국에서는 경선과정에서 보다는 본선에서 현직효과가 더 강하게 나타난다고 평가할 수 있다.

부정적 보도 : 매스미디어의 역효과

매스미디어 mass media의 발전이 현직효과를 강화하는데 일조했다는 주장이다. 특히 TV방송국의 출현과 확대가 많은 영향을 미쳤다. 프라이어의 연구에 따르면 현직의원은 지방방송국이 원하는 방송의 주요 뉴스의 자료를 제공한다. 지방방송국은 지방의 시각으로 값싸고 전문적으로 제공되는 공적 문제를 보도하기를 원한다. 결국 워싱턴에서 일어나고 있는 지역문제를 보도하게 되는데, 이는 지역을 대표하는 의원과 쉽게 연결되고 의원에 대한 보도는 늘어나게 된다는 것이다. 그는 지역선거구에 TV방송국의 수와 현직후보의 득표율과의 상관관계를 밝혔다(Prior 2006).

한정택은 미디어 출현 빈도와 현직의원의 재당선율의 상관관계를 밝혔다. 주요 신문과 방송의 주요 뉴스에서 출현한 현직의원의 출현빈도와 재선여부를 조사하였다. 미디어 출현 빈도가 높은 국회의원이 출현빈도가 낮은 국회의원에 비해 높은 재당선률을 보였다. 재당선한 현직의원의 미디어 출현 평균은 341.1건인데 반해 낙선한 현직의원의 출현 평균수는 259.9건이었다(한정택 2007, 88).

한국이나 미국 모두 미디어 노출이 많은 경우 현직후보의 인지도를 높일 수 있다는 점에서 재선에 긍정적으로 작용할 수 있다고 볼 수 있다. 그러나 만약 매스미디어를 통해 일반 국민에게 부정적인 측면으로 노출되었다면 그 결과는 반대로 나올 수도 있다. 국회, 정당, 의원들에 대한 부정적 시각이 언론을 통해 보도된다면 해당 정치인이나 정당은 손해를 보게 된다. 국회에 관련된 뉴스를 분석한 연구에서도 국회뉴스의 부정성이 심각하다고 결론지었다. "국회 법안처리와 관련되어 여야가 의견대립을 보이고 극단적인 방법으로 국회파행을 초해하는 거이 자주 부정적으로 기사화되었다(최선열·김학수 2002, 189). 물론 국회 파행의 원인 제공은 정치인이지만 여야대결구도로 틀짓기하는 언론인들의 보도성향도 비판받아야 한다. 정대철도 언론의 갈등 지향적 속성으로 국회와 국회의원에 대한 부정적 시각이 강하게 나타나고 있다고 주장한다. 언론은 갈등 지향적 뉴스에 높은 가치를 두기 때문에 이에 관련된 내용을 집중 보도하게 되고 따라서 국회나 국회의원에 대 갈등 지향적이고 부정적인 인식을 가지게 되며 이는 장기적이고 누적적 미디어에 노출된 결과라고 주장한다(정대철 2000).

따라서 한국의 경우 매스미디어에 많이 노출되는 것이 항상 현직효과를 강화한다고 볼 수 없다. 보도의 대부분이 부정적이기 때문에 매스미디어에 노출된 현직이 유리하다고 판단하기 어렵다.

선거비용 차이의 감소

정치자금 혹은 선거비용과 현직효과는 상관관계가 있다는 것이 일반적인 상식이다. 미국 사례연구에 따르면 현직후보가 많은 선거자금을 모금해 선거에 투입하기 때문에 인지도가 낮은 경쟁후보가 더 많은 선거자금을 지출해야 경쟁력이 있다. 또 하나 재미있는 현상은 현직후보는 일정 액수의 선거자금을 사용한 후에는 득표율이나 지지도가 늘어나지 않는 선거비용의 한계효용이 나타난다는 것이다(Jacobson 1990b). 이런 현상이 한국 선거에서도 나타나고 있다. 16대 후보자 인터뷰 조사에 따르면 현직후보가 더 많이 선거자금을 모금(약 5억 5천8백만원)한 반면 비현직후보보다는 덜 지출(약 4억9천8백만원)했다. 거꾸로 비현직후보는 선거자금을 현직후보보다 더 많이 지출(약 5억 1백만원)했지만, 모금(약 4억7천7백만원)은 적었다(임성학 2002. 49).

그러나 현직과 비현직의 선거자금 규모가 상대적으로 크지 않다. 조달액수에서 약 8천만원 정도 현직이 많이 모았지만, 지출에서는 비현직이 약 3백만원

[표4] 선거비용 보전을 받은 현직, 비현직 후보의 선거비용 평균액수

	당락	평균비용(원)	합계(원)
현직	당선	152,359,726,29	154,299,711,85
	낙선	157,667,742,35	
비현직	당선	150,797,399,91	142,211,144,59
	낙선	138,160,370,92	

더 사용했다. 2004년 정치관계법이 개정되면서 이런 차이는 더욱 줄게 되었다. 정치자금의 수요를 줄이고, 투명성을 강조한 개정된 정치자금법에 따라 선거비용의 사용에 많은 제약이 뒤따르고 이에 대한 감시도 철저해졌다. 따라서 과거와 같이 많은 선거비용이 사용되지 못해 정치자금에 따른 현직효과는 줄어들 수 밖에 없다. 위의 [표4]는 선거비용을 보전 받은 현직, 비현직 후보의 선거비용 평균액수를 비교한 것이다. 현직보다 비현직이 약 1천2백만원 덜 지출한 것으로 조사되었으나 그 규모가 선거결과에 영향을 미쳤다고 판단하기에는 충분하지 않다. 재미있는 현상은 현직후보의 경우 당선된 후보가 비현직인 경우 낙선된 후보보다 선거비용을 덜 사용했다.

위에서 살펴본 것과 같이 한국은 미국과 다른 정치제도와 환경으로 인해 현직효과가 다르게 나타나고 있다. 특히 미국보다 강한 정당, 정치인에 대한 부정적 보도, 선거자금 차이의 감소로 인해 현직효과가 약화되고 있나고 판단할 수 있다. 그러나 현직효과를 보다 정확히 분석하기 위해서는 차후 보다 경험적이고 과학석인 연구가 뒤따라 할 것이다.

결론

위에서 살펴본 것과 같이 한국의 현직효과는 민주주의의 대표성, 책임성, 반응성을 저해할 정도로 심각한 문제라고 보기 어렵다. 미국과 같이 하원의원의 90% 이상이 재선되어 기존 현직의원의 독점적 지위와 특혜가 계속 유지되지 않는다. 초선의원의 비율이 평균 50%를 넘고, 후보경선과정에서도 현직효과가 덜 나타나고 있다. 따라서 지금까지는 현직효과를 막기 위해 적극적 방안(예를 들면 임기제한)을 고려할 필요는 없을 것이다.

반대로 현직효과가 적게 나타나는 현상에 대해 거꾸로 생각해 보는 발상의 전환이 필요할 수도 있다. 심지연은 무조건적 물갈이를 주장하는 공천과정에 문제를 제기한다. "의원들의 투표로 선출된 원내대표지만 그들의 협상 결과가 당론을 구속하지 못하는 기형적인 구조다. 선진국 의회의 리더십은 중진 Seniority에 대한 경외심에서 출발한다. 다선(多選) 의원에 대한 존경심은 복잡한 문제를 풀어나가는 힘의 원천이 된다. 무조건적인 물갈이보다 옥석을 가리는 공천시스템이 자리 잡아야 한다"(동아일보 09/1/7, 검색일 2009. 1. 14). 국회와 정당의 원활한 운영을 위해 경험있고 권위가 있는 다선의원의 필요성을 주장하고 있다.

이와 더불어 국회의 전문성을 위해 특정 상임위에서 오랜 기간 동안 전문성을 의원이 필요하다는 주장도 대두되고 있다. 한국 의회 발전을 위한 방안 중 많은 사람들이 동의하고 거론하는 것은 국회의 전문성 제고이다. 미국의 경우 의원들이 같은 상임위에 지속적으로 소속되어 정책적 전문성을 키우고 이로 인해 행정부에 대한 위상이 높아지고 행정부 감시, 감독 기능도 강화되었다(임성호 1998). 한국의 의원 의정활동에 대한 평가를 보면 분야별 활동 평가에 있어 초선의원의 경우 성실성에서는 다소 높은 점수를 받았지만 정책심의와 대안제시영역에서는 재선의원이 높은 점수를 받았다. 정당별로 살펴보면 열린우리당의 초선의원은 재선 이상 의원보다는 낮은 점수를 보이고 있으며, 반면 한나라당 초선의원은 다른 의원들보다 높은 점수를 받았다(김형준 2005, 137-138). 물론 같은 상임위원회에 계속 소속되어 있다면 특정 이익집단의 로비대상이 되기 쉽고, 이로 인한 정경유착이나 부패가 발생할 가능성도 높다는 우려도 있지만, 전문성을 가지고 있어야 좋은 법안을 만들어 내고 행정부를 견제할 수 있다는 점에서 필요하다.

그러나 현재 한국의 상임위 운영은 전문성 제고와는 다른 방향을 진행되었다. 초선, 재선의원의 경우 정책개혁에 대한 열의가 높아 상임위원회 활동에 적극적이지만, 다선의원은 주요 당직을 맡으면서 주요 정당 업무에 집중하고 이는 인지도를 높여 재선에도 도움이 되고 보다 높은 정치적 지위를 추구하기 때문에 상임위 활동에 소극적이다(손병권 2004).

따라서 한국 의회의 발전을 위해서는 정치의 불신에서 오는 무조건적인 물갈이론, 즉 현직의원에 대한 비난을 극복하고 국회의 원활한 운영과 전문성 제고를 위해 현직의원의 역할에 대해 숙고할 필요가 있다. 현직의원은 상임위 활동에 적극 참여하여 전문성을 키우고, 이를 통해 좋은 법안을 만들고 피감기관을 효율적으로 감시하고, 언론기관은 상임위 활동에 대한 보도를 통해 의원들에 대한 부정적 시각을 줄이고 상임위활동을 통한 경쟁을 유도해야 한다.

■ 참고문헌

가상준. 2003. "미국 주의회 전문화에 대한연구: 전문화에 영향을 주는 요인들에 대한 분석." 〈한국행정학보〉 37집 3호, pp. 311-29.
김형준. 2005. "한국 국회의원의 의정 활동에 대한 평가: 17대 국회 국정감사를 중심으로." 〈한국정치연구〉 14집 2호, pp. 127-63.
문용직. 1997. "국회의원선거에서의 현직 국회의원 효과" 〈한국과 국제정치〉 27집 1호, pp.161-90.
박경미. 2008. "18대 총선의 공천과 정당조직 : 한나라당과 통합민주당을 중심으로" 〈한국정당학회보〉 7집 2호, pp. 41-63.
손병권. 2004. "의원의 의정활동: 의원의 상임위원회 활동 참여에 대한 평가와 전망" 〈한국정당학회보〉 3집 2호, pp. 199-224.
윤종빈. 2002. "16대 총선에서 나타난 현직의원의 득표율증감 분석 : 지역구활동 효과를 중심으로" 〈한국정치학회보〉 35집 4호, pp. 129-46.
_____. 2006. "한국에서의 현직의원 지지에 관한 연구 : 17대 총선을 중심으로" 〈한국정치학회보〉 40집 3호, pp. 145-64.
_____. 2008. 18대 총선 현직의원 득표율 증감분석. 〈한국정치학회〉 춘계학술회의
이갑윤, 이현우. 2000. "국회의원선거에서 후보자 요인의 영향력 : 14-16 대 총선을 중심으로" 〈한국정치학회보〉 34집 2호, pp. 149-61.
임성학. 2002. "16대 총선 선거자금의 조달과 지출: 후보자 인터뷰를 중심으로." 모종린 편. 《한국의정치자금 : 정치자금의 조달 패턴 연구고아 투명성 제고를 위하여》. 서울동아일보사.
임성호. 1998. "한국 의회민주주의와 국회제도 개혁방안." 〈의정연구〉 4집 2호, pp. 112-37.
전용주. 2005. "후보공천과정의 민주화와 그 정치적 결과에 관한 연구 : 제17대 국회의원 선거를 중심으로" 〈한국정치학회보〉 39호 2집, pp. 217-36.
정대철. 2000. "국회의원 지와 역할에 대한 언론의 인식연구." 〈의정연구〉 6집 2호, pp. 147-67.
최선열, 김학수. 2002. "국회보도의 부정주의 연구." 〈의정연구〉 8집 1호, pp. 158-97.
한정택. 2007. "한국 현직 국회의원의 재당선 요인 분석: 제14대부터 제17대까지 국회의원 선거를 중심으로." 〈21세기정치학회보〉 17집 3호, pp. 73-99.
황아란. 1998a. "국회의원선거의 당선경쟁과 선거구요인: 제15대 총선 당선자의 선거경

쟁도를 중심으로" 〈한국정치학회보〉 32집 3호, pp. 163-86.

_____. 1998b. "의회 정당 선거연구위원회2 : 기획 / 6.4 지방선거와 유권자 형태 : 기초단체장 선거에서의 현직효과." 한국정치학회 98년 연례학술회의 논문집, pp. 0-27.

Abramowitz, Alan I., Brad Alexander, and Matthew Gunning. 2005. "Incumbency, Redistricting, and the Decline of Competition in U.S. House Elections." *Journal of Politics* Vol.68, No.1, pp. 75-88.

Abramowitz, Alan I. and Kyle L. Saunders. 1998. "Ideological Realignment in the U.S. Electorate." *Journal of Politics* Vol.60, No.3, pp. 634-52.

Alford, John R. and David W. Brady. 1989. "Personal and Partisan Advantage in U.S. Congressional Elections, 1846-1986." Lawrence, Dodd and Bruce Oppenheimer, eds. *Congress Reconsidered*. Washington DC: CQ Press.

Ansolabehere, Stephen, John Mark Hansen, Shigeo Hirano, and James M. Snyder Jr. 2007. "The Incumbency Advantage in US Primary Elections." *Electoral Studies* Vol.26, No.3, pp. 660-668.

Chen, Kong-Pin, Niou, Emerson M. S. 2005. "Term Limits as a Response to Incumbency Advantage." *Journal of Politics* Vol.67, No.2, pp. 390-406.

Cox, Gary W. and Jonathan N. Katz. 1996. "Why Did the Incumbency Advantage in U.S. House Elections Grow?" *American Journal of Political Science* 40 (2):478-97.

Desposato, Scott W. and John R. Petrocik. 2003. "The Variable Incumbency Advantage: New Voters, Redistricting, and the Personal Vote." *American Journal of Political Science* Vol.47, No.1, pp. 18-32.

Erikson, Robert S. and Thomas R. Palfrey. 1998. "Campaign Spending and Incumbency: An Alternative Simultaneous Equations Approach." *The Journal of Politics* Vol.60, No.2, pp. 335-373.

Ferejohn, John. 1986. "Incumbent Performance and Electoral Control." *Public Choice* Vol.50, pp. 5-25.

Gelman, Andrew and Gary King. 1990. "Estimating Incumbency Advantage without Bias." *American Journal of Political Science* Vol.34, No.4, pp. 1142-64.

Hazan, Reuven Y. 2002. "Candidate Selection." Lawrence LeDuc, Richard G. Niemi and Pippa Norris, eds. *Comparing Democracies 2 : New Challenges in the Study of Elections and Voting*. London : Sage Publications.

Jacobson, Gary. 1990a. "The Effect of Campaign Spending in House Elections : New Evidence for Old Arguments." *American Journal of Political Science* Vol.34, No.2, pp. 334-62.

_____. 1990b. *Money in Congressional Elections*. New haven : Yale University Press.

_____. 1991. "Constituency Service and Incumbency Advantage." *British Journal of Political Science* Vol.21, No.1, pp. 119-28.

Levitt, Steven D. and Catherine D. Wolfram. 1997. "Decomposing the Sources of Incumbency Advantage in the U. S. House." *Legislative Studies Quarterly* Vol.22, No.1, pp. 45-60.

Prior, Markus. 2006. "The Incumbent in the Living Room: The Rise of Television and the Incumbency Advantage in U.S. House Elections." *Journal of Politics* Vol.68, No.3, pp. 657-73.

부록

1. 설문지 구성
2. 전국 지역구 후보 당선인 수(중앙선거관리위원회)
3. 전국 정당투표 득표율(중앙선거관리위원회)

부록1. 설문지 구성

2008년 한국 총선패널여론조사의 모든 설문지와 빈도표는 EAI여론자료실 웹페이지 http://www.eai.or.kr/korean/archive/arc_sub3.asp 에서 찾아볼 수 있습니다.

주제	질문내용	조사차수
정치 관심 및 투표의향	• 국회의원 선거 관심도	1차
	• 국회의원 선거 투표 의향	1차
선거지지와 투표요인	• 지역구에서 투표할(한) 후보의 정당	1차, 2차
	• 투표 만족도	2차
	• 기권요인	2차
	• 투표할(한) 후보 결정 이유	1차, 2차
	• 대선 시 투표한 후보의 정당과 총선투표 후보의 정당이 바뀐 이유	1차
	• 1차 조사 시 지지 후보의 정당을 바꾼 이유	2차
	• 정당투표에서 투표할(한) 정당	1차, 2차
	• 지역구 투표 후보의 정당과 정당투표 정당 다른 이유	2차
	• 투표결정시기	2차
선거의미와 평가	• 이번 선거의 의미	2차
	• 국회의원 선거 평가: 정책대결의 선거였다	2차
	• 국회의원 선거 평가: 지역주의가 약해진 선거였다	2차
	• 국회의원 선거 평가: 후보간 비방 정도가 심해진 선거였다	2차
	• 국회의원 선거 평가: 정부와 대통령의 개입이 심해진 선거였다	2차
	• 선거결과 만족도	2차
선거후 국정예상	• 이명박 정부가 국회와 협조하여 효율적인 국정운영할 것	2차
	• 야당의 견제가 약해서 정부와 여당의 독주 우려	2차
	• 야당이 협력하여 행정부를 견제할 것	2차
차기 국정과제	• 현 정부가 가장 역점을 두고 추진해야 할 국정과제	1차
	• 역점을 두고 추진해야 할 국정과제를 가장 잘 해결할 것 같은 정당	1차
주요 이슈	• 총선 관련(안정론 vs 견제론)	1차, 2차
	• 통합민주당의 총선후보 공천 결과에 대한 만족도	1차
	• 한나라당의 총선후보 공천 결과에 대한 만족도	1차
	• 후보 공천 과정에서 지지할 후보나 정당이 바뀌었는지 여부	1차
	• 공천 방식 관련(공천심사위원회 공천방식 vs 국민경선 공천방식)	1차
	• 한반도대운하사업 추진에 대한 찬반여부	1차, 2차
	• 총선이후 대운하사업 추진여부	2차
	• 영어수업시간을 확대하는 영어공교육 방안에 대한 찬반여부	1차
	• 이명박 정부의 첫 인사에 대한 평가	1차
	• 지역개발 공약의 투표선택에 미친 영향	2차
	• 한미FTA 체결에 대한 입장	2차
	• 친박연대의 진로	2차
경제 평가	• 현재 우리나라 경제 상태에 대한 평가	1차
	• 현재 가정살림에 대한 평가	1차
	• 5년 후 우리나라 경제에 대한 전망	1차

대통령 국정평가 및 분야별 전망	• 노무현 정부의 국정운영 평가	1차
	• 이명박 정부의 국정운영 평가	1차, 2차
	• 이명박 정부 대북정책 평가	2차
	• 이명박 정부 각 분야에 대한 전망: 경제성장과 일자리창출	1차, 2차
	• 이명박 정부 각 분야에 대한 전망: 경제적 양극화	1차, 2차
	• 이명박 정부 각 분야에 대한 전망: 노사갈등	1차, 2차
	• 이명박 정부 각 분야에 대한 전망: 남북관계	1차, 2차
	• 이명박 정부 각 분야에 대한 전망: 한미관계	1차, 2차
	• 이명박 정부 각 분야에 대한 전망: 사교육비 부담	1차, 2차
	• 이명박 정부 각 분야에 대한 전망: 부정부패	1차, 2차
현직 평가	• 현직의원의 지난 4년간 지역구 활동 평가	1차
	• 현직의원의 지난 4년간 의정 활동 평가	1차
정당 지지	• 정당 지지도	1차, 2차
	• 각 정당에 대한 호감 정도: 통합민주당	1차, 2차
	• 각 정당에 대한 호감 정도: 한나라당	1차, 2차
	• 각 정당에 대한 호감 정도: 민주노동당	1차, 2차
	• 각 정당에 대한 호감 정도: 자유선진당	1차, 2차
	• 각 정당에 대한 호감 정도: 친박연대	2차
유권자 이념성향 및 이슈태도	• 각 정당에 대한 이념성향 평가: 통합민주당	1차
	• 각 정당에 대한 이념성향 평가: 한나라당	1차
	• 각 정당에 대한 이념성향 평가: 민주노동당	1차
	• 각 정당에 대한 이념성향 평가: 자유선진당	1차
	• 이념성향 평가: 이명박 대통령	1차
	• 이념성향 평가: 자기 자신	1차, 2차
	• 외교안보정책 방향에 대한 의견	1차
	• 대북지원 방향에 대한 의견	1차
	• 재벌에 대한 정부의 규제 정도에 대한 의견	1차
정치 리더십	• 바람직한 이명박 정부 리더십	2차
	• 주요 정치인 호감도	2차
정치 신뢰 및 효능감	• 소수의 사람이 정부와 정치를 좌우	2차
	• 우리같은 사람은 정치에 대해 말할 자격 없다	2차
	• 정치인은 당선된 후 선거 때 행동과 다르다	2차
미디어와 캠페인	• 매체별 선거관련 뉴스 접촉빈도-TV	2차
	• 매체별 선거관련 뉴스 접촉빈도-신문	2차
	• 매체별 선거관련 뉴스 접촉빈도-인터넷	2차
	• 지지후보 선택위한 정보취득 매체	2차
	• 선거운동 잘한 정당	2차
	• 여론조사가 후보선택에 미친 영향	2차

부록2. 전국 지역구 후보 당선인수(중앙선거관리위원회)

시도명	당선인수	정당별 당선인수					
		통합민주당	한나라당	자유선진당	민주노동당	창조한국당	친박연대
합계	245	66	131	14	2	1	6
서울	48	7	40	0	0	1	0
부산	18	1	11	0	0	0	1
대구	12	0	8	0	0	0	3
인천	12	2	9	0	0	0	0
광주	8	7	0	0	0	0	0
대전	6	1	0	5	0	0	0
울산	6	0	5	0	0	0	0
경기도	51	17	32	0	0	0	1
강원도	8	2	3	0	0	0	0
충청북도	8	6	1	1	0	0	0
충청남도	10	1	0	8	0	0	0
전라북도	11	9	0	0	0	0	0
전라남도	12	9	0	0	0	0	0
경상북도	15	0	9	0	0	0	1
경상남도	17	1	13	0	2	0	0
제주도	3	3	0	0	0	0	0

부록3. 전국 정당투표 득표율(중앙선거관리위원회)

정당투표	1번	2번	3번	4번	5번	6번	7번
정당	통합민주당	한나라당	자유선진당	민주노동당	창조한국당	친박연대	국민실향안보당
득표	4,313,645	6,421,727	1,173,463	973,445	651,993	2,258,750	93,554
득표율	25.17	37.48	6.84	5.68	3.8	13.18	0.54
의석수	15	22	4	3	2	8	0

정당별 당선인수							
구국참사람연합	국민실향안보당	기독당	직능연합당	진보신당	통일당	평화통일가정당	무소속
0	0	0	0	0	0	0	25
0	0	0	0	0	0	0	0
0	0	0	0	0	0	0	5
0	0	0	0	0	0	0	1
0	0	0	0	0	0	0	1
0	0	0	0	0	0	0	1
0	0	0	0	0	0	0	0
0	0	0	0	0	0	0	1
0	0	0	0	0	0	0	1
0	0	0	0	0	0	0	3
0	0	0	0	0	0	0	0
0	0	0	0	0	0	0	1
0	0	0	0	0	0	0	2
0	0	0	0	0	0	0	3
0	0	0	0	0	0	0	5
0	0	0	0	0	0	0	1
0	0	0	0	0	0	0	0

8번	9번	10번	11번	12번	13번	14번	15번
기독당	문화예술당	시민당	신미래당	직능연합당	진보신당	평화통일가정당	한국사회당
443,775	33,966	17,656	12,122	16,622	504,466	180,857	35,496
2.59	0.19	0.1	0.07	0.09	2.94	1.05	0.2
0	0	0	0	0	0	0	0

찾아보기

2007 대선 136, 140-141, 146, 150, 183-184, 186-191, 195, 197, 199-200
2008 총선 113, 136, 150, 185-189, 192-194, 196-200, 222, 225, 227, 230, 234

가
개인경제투표 211, 215
경선 263, 281, 284, 288, 293, 296, 304
경제성장 148, 153-154, 156, 225-227, 228, 305
경제양극화 153-154, 225, 227-229
경제적 책임소재(economic attribution) 209, 211-212, 230
경제투표 42, 205-215, 231, 235
공천 35-37, 44-45, 57-61, 135, 137, 146, 166, 166-177, 184, 252, 261, 263-264, 284, 290-293, 297, 304
국가경제투표 208
국회의원선거 31, 129, 161-163, 165-177, 214, 243, 248-251, 256, 262-270, 273, 282
균열의 정치 181
기권 83, 116-117, 131, 133-139, 142-145, 155, 187, 216, 222, 224-225, 229-230, 252, 304

나
내생성(endogeniety) 205, 210-211, 213

다
다선 258-260, 297-298
당파성의 합리화 231
대통령선거 34, 69, 71-73, 76, 78, 80-84, 86-87, 90-95, 110, 205 -206, 208, 211-217
동기부여(motivated) 113-114, 116

마
무관심적 태도(indifferent attitude) 104-105, 108-109, 111, 112-115, 116-118, 121, 122-123

바
법안발의건수 250-252, 265, 272
보수성향 146, 182, 197-198, 200, 258, 267, 270-271, 273
보수정당 43, 78, 142, 145, 156, 194, 198-200
본회의 출석률 246, 150-151, 264-265, 270-271
부동층 161-177

사
사회균열 37, 39, 44, 155, 181-183, 198, 200
상벌투표모델 206, 209
상임위원회 246-247, 297
상충적 태도(ambivalent attitude) 99, 101, 103, 105, 108-109, 111, 112-113, 114-115, 116-117, 118-119, 120-123
선거 변동성 33, 35, 39, 45, 64
선거마진 244, 249
세대균열 41, 155, 182-183, 190-192, 194, 199-201
시니어리티(seniority) 297
심리적 고충(psychological conflict) 113-116, 118-122

아
원내투표 244
유권자 이질성(electorate heterogeneity) 205, 209, 212
의사결정(decision-making) 100-101, 106-109, 113-117
의정활동 45, 59-60, 243-247, 250, 252, 258,

261-262, 264-265, 271, 273-274, 281-282, 290-291, 297
이념 35, 49, 64, 69-73, 76-80, 82, 87-90, 92, 94, 138, 141-143, 145, 167, 181, 191, 209, 246, 257-258, 267-273
이념균열 55, 182-183, 195, 197-201
이념성 87, 243-250, 255, 257, 264, 271, 274, 305
이념성향 43, 47-48, 52-54, 140-141, 155, 165, 194-198, 209, 244, 246-247, 255, 266-268, 271, 273, 305
일방적 태도(one-sided attitude) 103, 105, 111-118, 120, 122

자

재선결과 243, 267
전망투표 208-209, 211, 223-224, 230
전문성 244, 297-298
정당 지지기반 33, 35,40, 43, 45, 47, 49
정당일체성지수 247-248
정당중심 293
정당체제의 분절화 44, 64
정당충성도 243, 245-250, 252-274
정당투표 23, 45, 56, 81, 84-86, 147, 189, 214, 248, 304, 306
정보처리(information processing) 108
정치자금 249, 270, 273, 281, 285, 292, 295-296
정치참여(political participation) 107-109, 117, 138
중도성향 47, 182, 198, 200, 267
중립적 태도(neutral attitude) 107-109, 111, 113, 117-121, 123
지역균열 155, 182-183, 186-187, 190, 198, 200, 201

지역주의 35, 37, 41-42, 44, 64, 70, 72, 94, 137, 151-152, 205, 211, 231-232, 234, 304
지지이탈 46, 49-54, 63
진보성향 48, 142-143, 149, 154-155, 182, 197-200, 253, 255-256, 258, 266-267, 268, 270-271, 273
진보정당 33, 46-47, 165, 194, 198-200, 256

차

초선 258-261, 283-284, 289-290, 296-297

타

통합의 정치 181
투표선택 37, 181, 183, 187-188, 190-197, 205, 206, 210-215, 231, 304
투표율 117, 131-134, 137-138, 155-156, 268, 286
투표이동자 41
투표참여 116, 123, 131, 133-135, 138-145

파

패널조사, 패널연구 17-25, 29, 49, 109-110, 161, 165, 182, 208, 213-214, 216, 220, 222, 224-227, 229-230, 233-235

하

학력 19, 21, 23, 25-26, 41, 50-56, 78, 131, 133, 138-140, 142-156
현직효과 281-293, 295-297
현직후보 249, 284, 286-297
회고투표 208, 211, 217-219, 221, 223, 230
후보자중심 293

필자약력

가나다순

강원택

현 숭실대학교 정치외교학과 교수. 서울대학교 지리학과 졸업. 영국 런던정치경제대학교(LSE) 정치학 박사. 동아시아연구원(EAI) 시민정치패널 위원장, 미국 듀크대학교 방문학자, 한국정치학회, 한국국제정치학회 연구이사 역임. 주요 논저로 《한국의 정치개혁과 민주주의》, 《한국의 선거정치 : 이념, 지역, 세대와 미디어》, "한국 대통령 선거에서 제3후보에 대한 지지분석", "Protest Voting and Abstention under Plurality Rule Elections: An Alternative Public Choice Approach" 등이 있다.

권혁용

현 고려대학교 정치외교학과 교수. 고려대학교 정치외교학과 졸업. 미국 코넬대학교 정치학 박사. 미국 텍사스 A&M대학교 교수 역임. "A Dynamic Analysis of Partisan Voting: The Issue Salience Effect of Unemployment in South Korea," "Targeting Public Spending in a New Democracy: Evidence from South Korea," "Economic Reform and Democratization: Evidence from Latin America and Postsocialist Countries," "세계화에 대한 인식과 고용상태 평가", "한국 소득불평등의 정치경제: 탐색적 분석" 등이 있다.

김민욱

현 연세대학교 정치외교학과 대학원 재학.

김민전

현 경희대학교 학부대학 교수. 서울대학교 외교학과 졸업. 미국 아이오와대학교 정치학 박사. 국회 연수국 교수. 한국정치학회, 한국정당학회, 한국평론학회 이사역임. 주요 논저로 《한국 정치경제 진화경로》(공저), 《리더십과 한국정치》, *American Parties and Trade Policy*, "Evolving Electoral Cleavage in Korea" 등이 있다.

김춘석
현 한국리서치 여론조사부 부장. 고려대학교 신문방송학과 졸업. 성균관대학교 국정관리대학원 박사과정. 주요 논저로서는 "10 · 26 국회의원 재선거 사후 여론조사를 통해 본 유권자 표심", "18-19세 유권자의 사회의식 및 정치의식: 20세 이상과의 비교", "제4회 전국동시지방선거 여론조사에 대한 반성", "17대 대선 패널조사의 방법과 운용"(공저) 등이 있다.

박종선
현 한국리서치 여론조사부 차장. 명지대학교 정치외교학과 졸업. 서강대학교 정치외교학과 대학원 석사. 주요 논저로는 "대응분석을 이용한 대통령 후보 자질 평가", "5 · 31 지방선거 패널조사의 방법과 운용"(공저), "17대 대산 패널조사의 방법과 운용"(공저) 등이 있다.

박찬욱
현 서울대학교 정치학과 교수. 서울대학교 정치학과 졸업. 미국 아이오와대 정치학 박사. 미국 플랭클린마샬대학교 조교수 역임, 서울대학교 미국학연구소와 한국정치연구소 소장 역임, 한국정치학회 부회장 역임. 주요 논저로 "공화당 지배 시기(1995-2006)의 미국연방의회에서 의회규칙 변화와 의사결정", "18대 총선에서의 분할투표 연구", 《제17대 대통령선거를 분석한다》(편), "Erosion of Public Confidence in the Korean National Assembly," "Professionalization and Policy Activism of the National Assembly in Newly Democratized Korea: Two Things Moving in Tandem?" 등이 있다.

서현진

현 성신여자대학교 사회교육과 교수. 성신여자대학교 정치외교학과 졸업. 미국 퍼듀(PURDUE)대학교 정치학 박사. 서울대학교 미국학연구소 선임연구원, 경희대학교 시민사회연구소 연구원 역임. 주요 논저로 《미국의 정치개혁과 민주주의》(공저), "한국의 시민사회와 민주적 거버넌스 : 낙선운동 사례를 중심으로", "한국 유권자의 정치적 신뢰와 정당정치 : 정당 지지에 미치는 영향력을 중심으로" 등이 있다.

유성진

현 이화여자대학교 정치외교학과 BK21 아메리카지역연구사업팀 박사후 과정 연구원. 서울대학교 외교학과 졸업. 미국 뉴욕주립대학교(스토니브룩) 정치학박사. 주요 논저로는 "상충적 태도의 유권자: 미국 대통령 신서에서 제3후보지지를 중심으로", "2007년 미국 이민법 개정논쟁: 과정과 함의 그리고 미국의 다원주의(공저)", "미국정치 보수화의 한 단면: 기독교 우파의 부상과 공화당 지지기반의 재편" 등이 있다.

이내영

현 고려대학교 정치외교학과 교수. 고려대학교 아세아문제연구소 소장. 동아시아연구원(EAI) 여론분석센터 소장. 고려대학교 정치외교학과 졸업. 미국 위스콘신대학교(메디슨) 정치학 박사. 경희대학교 국제대학원 교수, 세종연구소 연구위원 역임. 주요 논저로는 《동아시아의 민주화와 과거청산》(공저), 《노무현 2002 대선평가와 노무현 정부의 과제》(공저), 《변화하는 한국 유권자》(공편), 《노무현 정부의 딜레마와 선택》(공편), "국제여론을 통해 본 중국위협론의 평가와 전망", "이슈와 정당지지의 변화", "반미여론과 한미동맹", "세대와 정치이념", "Legacy Problem and Consolidation of Democratic Governance," "Changing South Korean Public Opinion on the US" 등이 있다.

임성학

현 서울시립대학교 국제관계학과 교수. 연세대학교 정치외교학과 졸업. 미국 펜실배니아주립대학교 정치학 박사. 서울시립대학교 국제교류 센터장. 서울시립대학교 캐나다센터 센터장. 거버넌스연구회 회장. 한국정당학회 연구이사. 주요 논저로 "17대 총선의 선거자금과 정치개혁의 효과", "동서양 거버넌스: 수렴과 분화", "대통령과 권력구조" 등이 있다.

정한울

현 동아시아연구원(EAI) 여론분석센터 부소장. 고려대학교 서어서문학과 졸업. 고려대학교 정치외교학과 박사과정 수료. 주요 논저로는 "이슈와 한국정당지지의 변동"(공저), "국제여론을 통해 본 중국위협론의 평가와 전망"(공저), "Fluctuating Anti-Americanism and ROK-US Alliance"(공저) 등이 있다.

진영재

현 연세대학교 정치외교학과 교수, 연세대학교 정치외교학과 졸업, 캘리포니아주립대학교(Irvine) 정치학 박사. 주요 논저로 《부동층 유권자 행태 분석》, 《한국권력구조의 이해》(편저), "Money Matters in Party-Centered Politics," "Inferring Individual Level Relationship from Aggregate Data," "정당제도화의 유형과 체제선택의 경험적 논의", "유효정당수 계산법의 문제점" 등이 있다.

동아시아연구원EAI를 후원해주고 계신 분들입니다.

강문선	김건호	김신숙	김정은	남태희	박상준	서창식
강영삼	김건훈	김연옥	김정하	노영훈	박성만	선승훈
강영준	김경순	김영구	김종진	노익상	박수진	성정은
강윤관	김경지	김영목	김준희	노재경	박순휘	소치형
강찬수	김관호	김영미	김지영	노호식	박용준	손 영
강홍렬	김국형	김영섭	김지정	노환길	박이나	손대현
고병희	김기정	김영원	김지현	라종일	박재준	손재키
고승수	김기준	김용규	김진기	류길재	박정호	송대창
고은희	김남이	김용남	김진영	류재희	박준형	송우엽
고형식	김동건	김용수	김진혁	마금희	박진원	송원진
고혜선	김동은	김용준	김창수	마정재	박찬근	송지연
공성원	김만호	김용직	김창욱	멍징보	박찬선	송홍선
공창위	김미영	김봉호	김철영	문성환	박휘락	신권식
곽노전	김병국	김우상	김하정	문윤성	방효은	신동원
곽준엽	김병표	김월명	김현전	문지욱	백승태	신동준
구상환	김부용	김유상	김형국	문진성	백진규	신부희
구윤정	김상기	김유주	김형재	민병문	백혜영	신성호
구준서	김상우	김윤호	김형준	민선식	변기호	신영준
권용순	김석우	김은숙	김형찬	민선영	서미혜	신영환
금영수	김석준	김은영	김효신	민지숙	서봉교	신윤경
김 담	김석진	김은지	김희동	박경수	서상민	신준희
김 욱	김설화	김인섭	김희정	박규호	서영민	심윤보
김 욱	김성수	김인혜	김희진	박근아	서용주	안건영
김 원	김세종	김재두	김희진	박대균	서은숙	안용찬
김 원	김수진	김정수	나정원	박미나	서의석	안준모
김 준	김시연	김정온	남윤호	박상용	서정원	안중익

동아시아연구원EAI를 후원해주고 계신 분들입니다.

양순화	이 근	이영호	이홍구	정랑호	차순만	현정은
양주명	이 항	이용자	이홍규	정무섭	채혜경	홍석현
양호실	이경애	이원종	이홍미	정병갑	최 건	황 수
엄부영	이곤수	이윤미	이효재	정아영	최관주	황석희
엄찬섭	이규호	이재섭	이희정	정연태	최동규	황성진
여동찬	이근우	이재원	임명수	정영국	최병준	황의숙
예병민	이기황	이정민	임상균	정영진	최복대	황정원
예종희	이내영	이정은	임성빈	정원칠	최신림	황효진
오명학	이달원	이정은	임재환	정재호	최신영	
오미순	이동욱	이정호	임현모	정진영	최윤준	
옥우석	이동찬	이정희	임현진	조규완	최종호	
왕 서	이동훈	이종수	임홍재	조동현	최철원	
우미경	이마리	이종진	장대환	조성재	최현순	
우병익	이미혜	이종진	장순희	조소영	추기능	
원종숙	이민교	이지원	장원호	조은희	하영호	
원종애	이민자	이지원	장의영	조홍식	한계숙	
유문종	이병인	이지희	장진호	주 한	한금현	
유성수	이상구	이진아	장태곤	주미야	한선호	
유욱상	이상협	이창원	장희진	주영아	한숙현	
유창수	이상호	이창헌	전경수	주원사우회	한승혜	
육은경	이선주	이충형	전기호	주진균	한일봉	
윤상민	이성량	이태석	전명선	지만수	한정원	
윤용집	이숙종	이해완	전혜경	지혜리	한준희	
윤정림	이승화	이현옥	정 준	진선희	한지현	
윤혜성	이여희	이현우	정금라	진지운	한하람	
은종학	이영복	이혜민	정기용	차국린	한홍일